U0066911

大智教化

——生命教育新詮

鈕則誠◎著

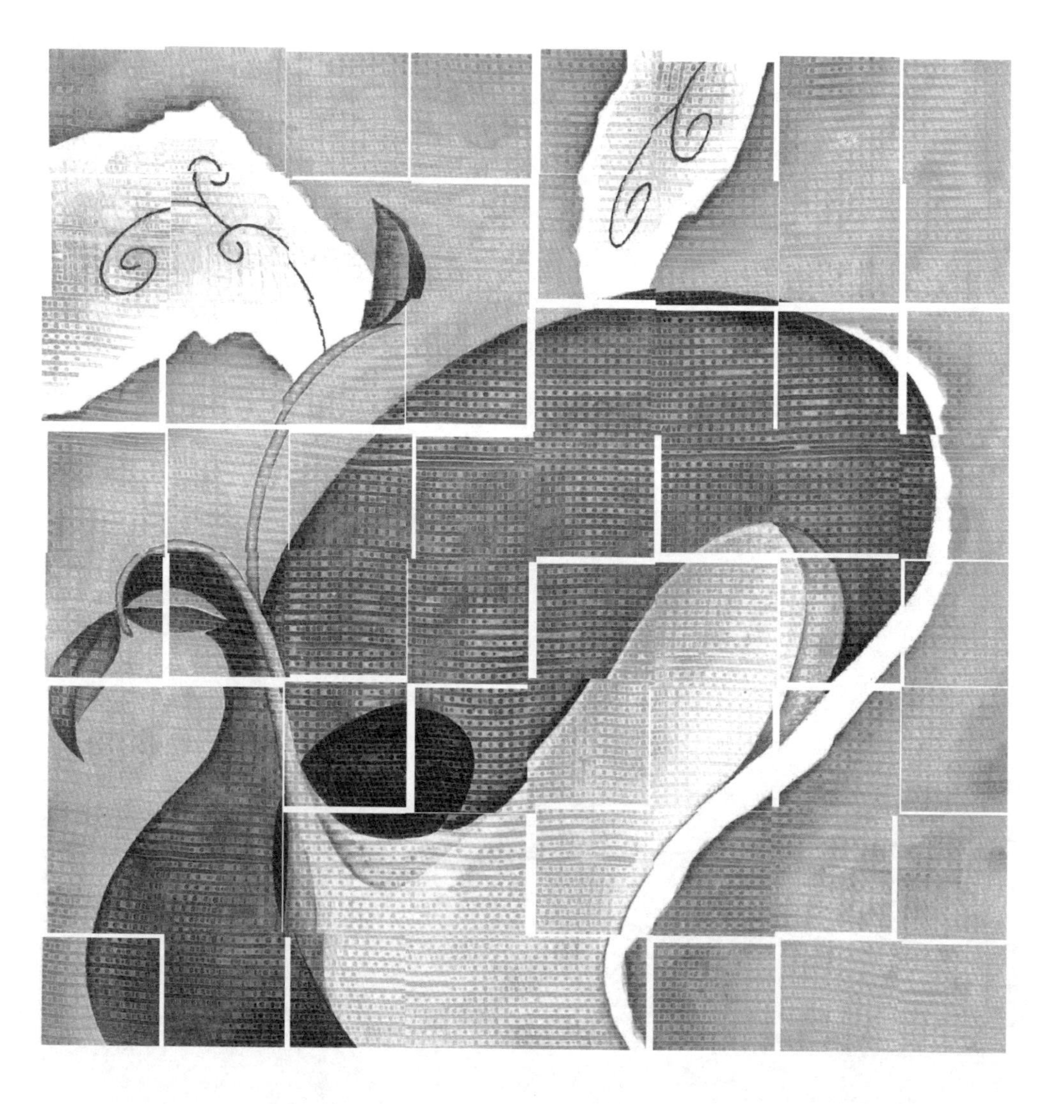

Great Wisdom Edification: A New Interpretation of Life Education

序

一九八四年我三十一歲，進入輔仁大學哲學系博士班就讀，同時踏上杏壇擔任講師，正式展開教學與研究的學者生涯，至今已歷三十一年。博士學位論文以《宇宙與人生》爲題撰寫，預示了此後教研生涯的大方向。宇宙爲天地時空，人生乃存在處境；人既無逃於天地之間，就應學會如何頂天立地、安身立命、了生脫死。這個想法構成日後我整個教學與研究的內涵及外延。教學相長、知行合一是我的基本態度，眼前這本論文集，便是我過去五年（2010-2015）用心之所得。回首來時路，吾道一以貫之，「生命教育」而已。然而於花甲前後，我更悟出「大智教化」的理路，以此對生命教育做出新的詮釋。經歷一番探索和反思，我將大智教化視爲生命教育的民間版、擴充版與升級版而加以宣揚推廣。

本書收錄並修訂了十八篇議論文章，包含會議論文、專書章節、授課講義，以及憶舊記事，還有一篇較長的後記以概括綜論，全書近十九萬字。它們依完稿先後呈現，前九篇屬「生命教育」論述，後九篇則歸「大智教化」，分段點剛好落在人生六十大關。此前心路歷程已撰成《觀人生》一書，得以細說從頭。至於本書的編排，因爲我傾向於文以載道、借題發揮，順序羅列多少可以反映出思想的連貫性。依我看來，生命教育就是現代倫理道德教育，它逐漸在學校內取代傳統德育，卻未能兼顧美育。在我的心目中，美育不全然是美感藝術教育，尚須傳授自然美與人生美。大智慧正是眞、善、美無所偏廢的融會貫通。尤有甚者，大智慧的推展更應超越校園，形成爲普世人間的自我教化。本書正是我的安身立命、了生脫死之道，出版以推己及人，廣結善緣，希望讀者朋友欣賞它。

在安身立命途徑的探索與開拓上，我傾向於獨善其身而非兼濟天下，雖然鮮少擁抱治國平天下的理想，但是勤於修身主要用於齊家。家和萬事興，謹以本書獻給牽手三十載的遠梅，謝謝妳我一路相伴，共同建立小而美的家庭，讓我得以無後顧之憂地著述不輟，盡情揮灑，終於摸索出「大智教化」道路。

鈕則誠 謹識
2015年7月　珍珠婚前夕

目　錄

序　i

第一篇　生命教育　1

1. 教育倫理學本土化重構　3

引言：教育與倫理　4
壹、基本問題的釐清　5
貳、「西學」脈絡下的論述　9
參、「中學」義理的可能　13
肆、重構的主體性考量　17
結語：倫理的教育　21

2. 生命教育再思　25

引言：生命教育的啓蒙　26
壹、生命教育的提法：概念分析　27
貳、作爲教育實踐的生命教育：外緣考察　31
參、作爲教育實踐的生命教育：內容探究　36
肆、回顧與前瞻　40
結語：教育生命的延續　45

3.教育哲學與教師教育　49

引言：教師教育的哲學　50
壹、教育哲學：理論　51
貳、教育哲學：實踐　55
參、教師教育：外爍　59
肆、教師教育：內斂　63
結語：哲學的教師教育　67

4.生命教育與教師教育　69

引言　70
壹、生命教育　71
貳、教師教育　74
參、教師的生命教育　77
肆、生命的教師教育　80
結語　83

5.從哲學生死觀看殯葬改革　85

引言　86
壹、哲學生死觀　87
貳、儒、道、佛「三教」的喪葬文化　90
參、儒、道、佛「三家」的生死觀　93
肆、臺灣殯葬改革　96
結語　99

6.清明文化與生命教育　103

引言　104
壹、清明文化　105
貳、生命教育　108
參、清明的生命教育　111
肆、生命的清明文化　114
結語　117

7.殯葬活動的生命教育　119

引言　120
壹、臺灣人的傳統想法與作法　120
貳、《殯葬管理條例》：殯葬行為的管理　124
參、新世紀的展望　128
結語　132

8.殯葬行業的生命教育　135

引言　136
壹、近代臺灣殯葬行業的興起　136
貳、《殯葬管理條例》：殯葬設施與服務的管理　140
參、從行業走向專業　144
結語　147

9.殯葬知識的生命教育 149

引言 150
壹、殯葬文化的構面 150
貳、《殯葬管理條例》：禮儀師 154
參、殯葬專業知識與教育實踐 158
結語 162

第二篇 大智教化 165

10.大智教化與清明習俗 167

引言：朝向死亡的存在 168
壹、移風易俗 169
貳、生命教育 172
參、大智教化 175
肆、了生脫死 178
結語：從心所欲不逾矩 181

11.四十載哲思心路歷程 183

壹、鵝湖之會 184
貳、移風易俗 185
參、大智教化 186

12.從中華文化到大智教化　189

引言　190
壹、中華傳統文化　190
貳、現代認知體系與價值體系　191
參、後現代文化教育與生命教育　194
肆、生命教育與大智教化　196
結語　197

13.大智教化的知情意行　199

引言　200
壹、認知面　200
貳、情意面　204
參、行動面　208
結語　212

14.大智教化的理念與實踐　215

引言　216
壹、大智慧：由死觀生　217
貳、自我教化：反身而誠　223
參、人生信念：知行合一　230
結語　237

15.大智教化的哲理基礎　239

引言　240
壹、從西方哲學到應用哲學　241
貳、從中國哲學到應用哲學　247

參、華人應用哲學　253
結語　259

16. 自然哲學的再視與再思　261

引言：愛好智慧　262
壹、再視：哲學史觀點　263
貳、再視：科學史觀點　268
參、再思：收斂性思考　273
肆、再思：發散性思考　278
結語：大智教化　283

17. 天然論哲理學的初步建構　287

引言：標新立異　288
壹、哲學思想與愛智慧見　289
貳、生命教育與大智教化　293
參、自然主義與天然論　298
肆、哲學諮商與哲理學　302
結語：語重心長　306

18. 後記：從愛智慧見到大智教化　309

引言：愛智即生活　310
壹、文理並重　311
貳、東西兼治　312
參、儒道融通　313
肆、天人合一　315
結語：教化亦生活　316

第一篇

生命教育

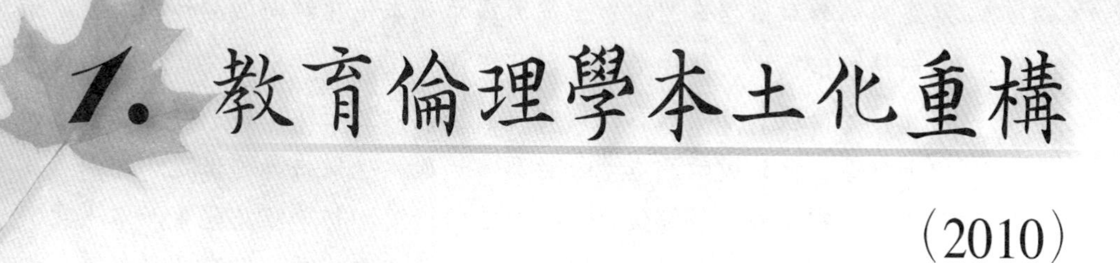

1. 教育倫理學本土化重構

（2010）

- 引言：教育與倫理
- 壹、基本問題的釐清
- 貳、「西學」脈絡下的論述
- 參、「中學」義理的可能
- 肆、重構的主體性考量
- 結語：倫理的教育

摘要

本論文嘗試提出對教育倫理學本土化重構的可行方向，建構重心主要放在教師倫理方面，希望彰顯中華文化、教育專業、教師人格三者的主體性。論述先從基本問題的釐清著手，對教育倫理學的教育與倫理兩大面向，以及西方知識與中土學問兩層進路加以分判。其次即依西方進路勾勒教育倫理學的內容，從而提示朝本土化轉向的論述之可能。最後則鋪陳出三大主體性要求：以「中體西用」彰顯中華文化的主體性、以「專業倫理」呈現教育專業的主體性、以「中隱之道」落實教師人格的主體性。傳統教師原本地位崇高，一般人也懂得尊師重道；如今身處西式學校體制中，教師僅為科層組織的一員，彷彿無足輕重。本土化教育倫理希望激發教師自我覺醒，做出生涯存在抉擇；以專長貫徹個人志業，同時採行「中隱」對抗社會宰制。

引言：教育與倫理

本論文嘗試對教育學之下的三階學科教育倫理學，提出概念重構的可行方向。其學科分支階層關係爲：教育學→教育哲學→教育倫理學；一般教育系所開課，大多只及於二階的教育哲學，較少涉足教育倫理學。事實上，教育倫理學既可作爲教育哲學的課題進一步探討，也可以從倫理反思的途徑另行發揮。本論文採行後者進路，且著眼於本土化試探，即是將教育倫理學銜接上中土學問脈絡，希望能夠推陳出新，以有助於臺灣在地教學實踐。根據《說文解字》，「教、育、倫、理、學」五個字的意思，分別爲「上所施下所效也、養子使作善也、輩也、治玉也、覺悟也」；由此可見，教育與倫理的關係，反映出上行下效的師生倫常。老師的道德修養在教學活動上，無疑具有舉足輕重的影響力，本論文即針對此等修養的內涵設計而作。

壹、基本問題的釐清

一、「西學」和「中學」的問題

一般談論教育倫理學，多少想起師德的重要，有時也會聯想到德育方面去，這些都是今日教育倫理學探究的內容。但是往深一層看，眼前大家所見到的教育學、教育哲學、教育倫理學論述，可說都是西方學術界和教育界的產物。像教育學在十八、九世紀草創之初，幾乎完全來自德國學者的貢獻。而著名的美國學者杜威，則在十九世紀末追隨德國傳統，在大學中首開「教育倫理學」課程，並由此發展出他的教育哲學思想（黃向陽，2006）。這段歷史軌跡在西方世界不成問題，但搬到中華文化的脈絡裏來談，總覺得缺少些什麼。事實上，無論是教育活動或倫理實踐，在本土文化當中都是源遠流長、歷久彌新的。別的學科不說，光是「教育倫理學」一科，便無以規避「西學」和「中學」的問題，亦即西方知識與中土學問兩層進路的分判。

爲興國圖強，又不願全盤西化，清末乃有「中學爲體，西學爲用」的提法，以凸顯改革的先後本末。但隨著清朝積弊不振而覆亡，此一口號遂被後人嗤之以鼻，代表阿Q式自我安慰的精神勝利法，甚至視爲僞命題。然而事過境遷，百餘年後的今天，中國已蔚爲大國強國，且躍升爲世界第二大經濟體。正視本土文化，非但不是癡人說夢的無稽之談，甚至應該讓它浮上檯面，重新予以去蕪存菁地肯定。倘若我們確認這種努力有其重要和必要，它就應該放在「西學東漸」的歷史景深中，來加以回顧與批判。「西學東漸」早在明末清初即已發生，但眞正形成全方位影響力則在清末民初。其餘緒至今仍存在著西方論述霸權氾濫，以及中國長期患上「失語症」的問題，改善之道唯有從對於教育體制的反思與革新著手（王樹人，2008）。

二、教育學問題

不可諱言地，隨著華人留學生不斷湧向西方，尤其是美國，部分學有所成者又以「歸國學人」或「海歸派」身分返回母國，躋身大學講壇，開始培養碩士及博士研究生，這種現象使得海峽兩岸的教育學界，幾乎唯美國馬首是瞻。別的不說，光看課程設計和教科書的應用便可見一斑。不過美國教育學科的發展並非一帆風順，而是爭議不斷；像是領導群倫的杜威雖然在哲學方面貢獻甚大，但多數學者卻希望教育學屬於紮實的「教育科學」。有一本出版於二〇〇〇年，題爲《一門捉摸不定的科學：困擾不斷的教育研究的歷史》的專著，便傳神地記錄了美國教育學科的發展歷程（花海燕等譯，2006）。然而教育學畢竟已經在大學裏生了根，它被定位爲一門專業實踐導向的應用性中游社會科學學科已無疑義。當教育學必須存在於西方體制中始能紮根，討論教育學相關學科，就得從西方論述開始。

顧名思義，教育學是探索研究教育現象與活動的學問；而正是在看待「教育」的視角上，中國和西方的見解大相逕庭。簡單地說，中式教育觀以「外爍論」占主導地位，而西式觀點則以「內發論」爲主；前者把教育當作外在過程來檢視，後者則視之爲內在影響進行考察（陳桂生，1997）。換句話說，中國人講究「上行下效」，西方人注重「潛移默化」；平心而論，西方觀點相對比較高明。依此觀之，以通過升學考試爲目標的課輔補習，嚴格講在東西方都算不上「教育」，它充其量只能視爲師生共同參與的一套教學演示而已。因此像所謂補教名師爲緋聞鬧上媒體，大家只當作連續劇看，無人以師德要求之，亦都見怪不怪。教育倫理學的出發點順著西方的路徑走，似乎較爲合理，但其結論並不一定要全盤西化。

三、倫理學問題

教育倫理學作爲一門跨界的科際學科，除了必須先行釐清教育學方面的問題外，還存在著倫理學方面的問題有待考察。一般多將倫理與道德擺在一道來談，像過去國小和國中分別開授「生活與倫理」、「公民與道德」等科，就算是德育課程。從這個意義上看，教育倫理學理當歸爲德育，探討並實踐教育活動中的道德規範。由於師資培育或教師教育課程多列有「德育原理」一科，教導老師如何講授德育課程，其目的是促進「生德」。相形之下，傳授「教育倫理學」的目的，大可朝向培養「師德」的自覺去開發；它可視爲老師本身的德育。德育與教育倫理相輔相成，一方面對學生「教人求善」，一方面讓老師「以善律教」，教育活動方得永續發展，人的素質始能不斷提升（王淳、張勇，2009）。

話說回來，把「教育倫理學」開成教育系所的專門或專業課程，仍是典型的美式大學作法。而英語國家的倫理學在上世紀中葉，有一陣大幅轉向語言分析的途徑，對倫理實踐所涉及的概念，從事咬文嚼字的邏輯分析，幾乎與道德規範的意旨背道而馳。臺灣的教育哲學及教育倫理學，基於一些歷史因素，其發展過程相當偏重英美分析傳統。不過語言概念分析也並非一無是處，例如將中國與西方所說的「倫理」一辭之差異加以分辨，就頗能起到正本清源的作用。簡言之，華人倫理著重個別關係的道德觀，而與追求普遍性及無偏私的西方道德觀，形成了強烈對比（余錦波，1997）。此種西方「異中求同」跟中土「同中存異」的道德訴求差異，源自於更爲根本的民族文化價值系統，在教育活動中不可不辨，畢竟教育乃是文化傳承最重要的管道。

四、教育學的倫理學背景

如今一旦談到教育與倫理，我們一定會想起孔子的有教無類和儒家的倫理道德，這些都已經內化而深入華人之心，沒有什麼好質疑的。不過要是論及教育學與倫理學，以及兩者之間的關係，就不能不考慮十八、九世紀德國哲學家赫爾巴特的思想。他曾指出，教育學作爲一門新興學科，是以倫理學和心理學爲基礎；前者顯示文化的目的，後者表明教育的途徑、手段及根據（王川，2000）。由於他曾於一八〇六年著有《普通教育學》一書，遂被視爲「現代教育學之父」。在他手上漸趨完備的教育學，其實有著深厚的哲學背景；因爲倫理學至今仍屬哲學分支，而心理學則在他的著作出版七十三年後的一八七九年，始從哲學中獨立分離出去。如今心理學蔚爲行爲社會科學的核心學科，但教育學的倫理學背景，仍然扣緊民族文化的目的。科學與人文精神由是並存於教育學之中，兩者須有所辨明。

赫爾巴特在其《普通教育學》一書內，從倫理學作爲實踐哲學的立場出發，楬櫫了教育的最高目的爲道德實踐，而這也是人類存在的最高目的。他歸納出五種道德觀念：內心自由、完善、仁慈、正義、公平，並將提倡這些觀念，當作道德教育的任務（巨瑛梅，2000）。在如今智育高懸的時代，德育不受重視有跡可循。而當赫爾巴特立足的十九世紀初期，人類知識的詳細分工尚未成熟到位，教育學向哲學靠攏，並強調道德實踐和文化目的，乃是自然而然的事情。兩百多年過去了，時下智育當道、科技掛帥，方向不免偏頗，實有必要重振以德育爲中心的教育目的。而當此種德育目的放在中華文化的背景中考量，本土化非但不可或缺，更有其必要性。西方德育源自基督宗教信仰，此與中土倫理歸於儒道人生信念，畢竟屬於兩種不同的道德實踐路數。

貳、「西學」脈絡下的論述

一、教育倫理

以上所論，乃是爲彰顯教育倫理學論述，必須放在「西學」與「中學」並存的脈絡中考量，始能面面俱顧，無所偏廢。然而不可否認的是，今日華人社會的教育體制及內容，幾乎全盤西化，而且行之已有百年之久。在西式教育隨處充斥、西方思想深入人心的時代，有必要先行對此一現象加以考察。就以教育實踐最直接表現的教學活動來看，一部在兩岸都有譯本且頗受歡迎的教材《教學倫理》，開宗明義即列出〈教育專業倫理典章〉，包括「對學生的義務」、「對教育專業的義務」兩部分。而後作者再將倫理學分爲「效果論」與「非效果論」兩大類，把頒布典章、看重義務的作法歸入後者（洪成文等譯，2007）。這是典型講原則、重義務的「異中求同」西方倫理學，要求不同的人遵循相同的倫理道德規範。

放大到教育政策層面看，教育政策的倫理考量，也不脫上述「異中求同」的傳統思維。簡言之，教育政策倫理是指國家政府部門，爲實現特定教育目標，在調節與分配有限的教育利益資源的過程中，所遵循的倫理價值原則，它總面臨讓誰受益或受損的抉擇（劉世清，2009）。此一抉擇涉及到公正與否，而西方倫理學在探討公正議題上，存在著「互利的公正」與「公平的公正」兩大相對流派，這其實就是上述「效果論」與「非效果論」對立的放大來看。這種觀點上的對立，從十八世紀爭議至今未絕，但並未影響及倫理學重視道德原則的大方向，而相對雙方也都收編在「原則主義」大旗下。眞正與「原則主義」相對峙的，乃是傾向「同中存異」、看重人際關係的「脈絡主義」思想，它才是能夠跟中國倫理學充分對話的理想對象。

二、教師倫理

持平地看，中國經歷百餘年西化過程，也不可能走回頭路；但是全盤西化畢竟不能盡如人意，文理並重、東西兼治才是妥善安頓之道，尤其在人文社會方面更應如此。以教育倫理學的課題爲例，「異中求同，同中存異」只是基本考量，但求無所偏廢；具體作法上則須「大處著眼，小處著手」，權宜考慮中西作法的利弊得失。像前述教育資源分配的抉擇，就必須從大處著眼，採行西式扣緊大原則的方式來落實。至於課堂教學的師生互動，以及教師個人素質修養，則應小處著手，並將本土文化因素納入思索。當然隨著時代與社會的變遷，我們不能也不必再用傳統儒家倫理標準來期待老師，而是要求老師們朝向專業化成長與發展，同時受到專業倫理的規範（但昭偉，2006a）。專業倫理不必然全盤西化，本土價値觀亦可作爲活水源頭。

教師職能專業化係大勢所趨，如此一來，不但能讓受教者更加受惠，也會使教師的社會地位得以提升。像臺灣的教師檢定考試由考選部接辦，升級爲國家考試，而與醫師、律師、心理師、社會工作師等「師」級專業人員，眞正地平起平坐。事實上，專業化乃是道地的西方作法，一般多有配套的專業倫理守則或典章予以規範。這並非壞事，我們努力的方向，其實是讓這些典章守則的內容本土化，以更爲貼近中華文化精神。就以教師倫理所涉及兩種最基本的人際倫理而言，師生倫理首先必須破除關係間可能的矛盾和衝突，進而尋求「亦師亦友」的可能；而同僚倫理更應主動積極擺脫利害糾葛，建立切磋論學的情誼（劉雲林，2009）。「獨學而無友，則孤陋而寡聞」、「以文會友，以友輔仁」，不正是傳統文化所提示的倫理實踐嗎？

三、道德教育

系統化的教育學理念肇始於赫爾巴特，他不但受到前輩德國哲學家康德的教育思想影響，更繼承了其在大學中的講座職位。康德對西方倫理學貢獻極大，前述看重內心義務而非外在目的或效果的「非效果論」倫理學，即以他爲宗師。事實上，由於專業化的結果，幾乎每一種「師」級專業都發展出自身的倫理守則，作爲對於從業人員的規範。而這類守則又多半以條文列出一些基本道德原則和應盡義務，大家也都照章行事。同樣形式的要求放在學校裏，就出現青年守則、共同校訓等文字；它們不只在課堂上提及，更成爲訓導工作的基礎。然而道德教育作爲課程而論，灌輸一些空泛的大道理，成效肯定不彰；倒不如採行西方流行的個案討論或組成委員會進行對話等方法，來得更切身且更具參與性（黃藿，2002）。

臺灣中小學的道德教育在形式上追隨西方，近年更模仿美國而標榜「品格教育」；但於內容卻不脫傳統四維八德的教訓，卻又停留在皮毛表象，未及深入。至於教育改革下的九年一貫課程，更把形式上的德育都給排除了，遂被譏爲「缺德」教育。放下道德教育再擁抱品格教育並非不可，但必須明瞭品格教育乃是在美國特定時空下的產物，而華人社會也不宜對源自古希臘重品格的德性倫理思想照單全收（簡成熙，2009）。值得一提的是，當道德教育式微、品格教育流於口號的同時，「生命教育」卻在一片期待與叫好聲中，大張旗鼓地推動，終於成爲高中正式課程。臺灣官方生命教育源自天主教會學校的倫理教育，至今仍深受教內人士影響而全盤西化。但其良法美意仍應予以肯定，接下去就看我們如何促使其朝著本土化轉向。

四、教育與民主

教育倫理學可以是反身地探問教育的倫理性質，或順勢推展倫理道德教育；對後者而言，尚有「小我」與「大我」之分。大陸上把針對個人小我的德育看作一般性的道德教育，而特別把涉及國家民族大義的思想政治教育視爲「大德育」。臺灣也有人權教育、法治教育，但不會跟道德教育混淆。不過我們景仰師從的杜威，卻十分強調民主政治與教育的關聯，並據此著書立說。杜威於一九一六年出版《民主與教育》一書，副題爲「教育哲學導論」。他在書中對三種教育哲學思想進行批判：柏拉圖的精英教育、盧梭的自然主義，以及德國的國家主義，從而提倡美式民主對教育的正向作用（單中惠，2000）。由此可見，倫理生活跟政治經濟社會生活脫不了關係，小我的角色必須同大我相輔相成，人生方能順利開展。

杜威受到赫爾巴特主張以倫理學奠定教育目的說法的啓發，成爲西方頭一位建構教育倫理學理論體系的學者，更是首先以此爲題開課的人，而他的教育哲學正是由教育倫理學擴充形成。在杜威心目中，民主乃是一套民衆共同生活的方式，且每個人都可以參與決定此一方式。民主必須包容多元文化，而每種民族文化都有其希望傳遞給下一代的價値，教育工作正是讓這些價値對年輕生命形成獨特的意義（曾漢塘、林季薇譯，2000）。臺灣實行的乃是美式民主政治，符合杜威的教育倫理期望，尤其是尊重包容多元文化。華人社會處於以漢民族爲主的中華文化氛圍中，近百餘年受到西方文化強烈衝擊甚至宰制，始見「西學」與「中學」相對之爭。時代潮流已走進後現代，「肯定多元，尊重差異」的呼聲四起，「中學」義理遂有復興的可能。

參、「中學」義理的可能

一、儒家取向

「中學」義理指的是中土學問，以儒道兩家思想爲主；近年已通過西化洗禮，開出新儒家與新道家。儒道思想在理念上雖有所對立，但千百年來卻巧妙地在文人士子身上，醞釀出儒道互補融通的人生實踐。從隋代到清末實施了一千三百年的科舉取士制度，形成以儒家思想爲核心價值的教育傳統，學而優則仕。但是文人不一定能考試上榜，做官也未必一路風光得意；安撫人心的道家隱逸思想，始終存在於士子的生涯抉擇中。儒家思想雖然陳意甚高，但在孔孟所身處的先秦時代，卻有著具體可操作性。令「五倫」關係採取不同對待方式，即是相當符合人性的「同中存異」作法。時至今日，部分新儒家學者受到西方現代性的影響，反倒追求起「異中求同」的普遍道德戒律，並將之投向德育（黃慧英，2005）。爲正本清源，亟待通過後現代轉向，而重拾古典儒家的生命力。

與其說孔孟是哲學家，不如視爲思想家；相較於思想家的海闊天空，哲學家常畫地自限。孔子被後世視爲民間教育的開創者，以示其與官學的不同。這是十分親民的角色，無奈在漢代獨尊儒術後，將之抬舉成「至聖先師」而漸趨神格化。以孔子爲理想教師形象、以儒家爲倫理核心價值的作法，直到一九九九年《教育基本法》公布實施後，才算正式宣告終結（但昭偉，2006b）。新法以西方個人主義價值觀取而代之，強調教育是爲「開發個人潛能」、「協助個人追求自我實現」。這種追求個人自我實現的人生方向，在今日看來固然無可厚非；但是它必須放在人倫關係的脈絡裏實踐，方能彰顯出意義。事實上，人既無逃於天地之間，就應學會如何頂天立地。天地即是我們生存於其中的外在自然與社會環境，儒家思想指向社會性的和諧，道家則提示了自然性的智慧。

二、道家取向

「自然」不只包括大自然環境，也蘊含了人性本然。如今我們已是文明人，不再茹毛飲血，這是社會化的作用。但作爲人類集體的社會，有時也會回過頭宰制個體人心，亟待通過靈明自覺擺脫社會羈絆，而道家思想於此正得以爲功。道家的代表人物爲老子與莊子。不同於儒家，老子並不看重人倫關係，只強調生活的自然無爲；而莊子則更進一步，看清人生價值乃在於個體自身的感受，從而嚮往追求精神自由。依教育哲學的考察，老莊式的教育可視爲「反向教育」或「淨化教育」（陳超群，2000）。如果儒家式教育是給學生的心智添增道德學問，道家式教育則嘗試抹去學生心智靈明上的污染偏見。在現實教育實踐中，道家式教育難以單獨施行，必須在「儒道融通」的前提下方得以發揮。至於推廣施展的對象，又以成人爲佳。

前述西方教育倫理中，曾論及教師倫理；它至少包含師生倫理和同僚倫理，有待教師自覺地強化個人修養。個人修養的完善，雖於各級教師皆有所必要，但對中小學教師尤其迫切，其原因來自臺灣教師的現實困境：學生不夠成熟、教師能力有限、學校日趨功利（林秀珍、徐世豐，2006）。中小學生原本即是未成年人，身心未臻成熟是正常現象；但這些孩子處於目迷五色的社會，要使其不致沉淪，就需要教師格外付出關懷。一旦教師付出太多，便難以同時自我充實；且中小學教師不像大專教師身兼學者，更有必要通過終身學習管道，以促進個人專業能力。至於當前中學以下學校，仍瀰漫著望子成龍及升學主義的功利氣氛，同僚相處也不乏矛盾和陷阱。凡此種種，無不需要道家式「退一步海闊天空」的修持努力。

三、生命教育

儒道兩家思想屬於中土智慧自不待言，而即使它們受到西學影響，被重新嫁接或詮釋，依然不脫中國傳統文化的根源。接下去要討論的臺灣「生命教育」及大陸「大德育」，卻是道地西方外來思想，有待通過本土轉化，方能呈現「中學」義理的可能。有關「生命教育」的提法，西方國家如澳洲早已有之；但它在臺灣應運而生純屬偶然，跟外國說法關係不大。不過話說回來，臺灣官方的生命教育之內容，一開始卻的確是全盤西化的；因為它照單全收一所天主教女子中學的倫理教育教材，而該校倫理教育的前身則為傳授教義的宗教教育（徐敏雄，2007）。生命教育從一九九七年躍上教育舞臺，到二〇一〇年啓動為高中正式課程，其主要推手皆有深厚宗教背景。雖然政府所設的「推動生命教育委員會」後來納入佛教徒學者，但這些都屬於外來宗教系統，卻鮮見本土儒道兩家甚至道教學者參與。

「生命」一辭具有相當正向的意涵，被政策推行者相中而廣為運用，終究是件好事。但是在教育部所頒布的高中生命教育類課程綱要內，卻不時出現西方倫理學及宗教教義的斧鑿痕跡，難免令人覺得有所不足且感憂心。為正本清源、推陳出新，我曾針對主流官方課綱加以批判而撰成一書，特別標幟立足本土的「華人應用哲學取向」，以示民間觀點「各自表述，各取所需」的另類路線（鈕則誠，2004）。在華人社會推動生命教育，其實踐背後的內涵與精神，較適於走向新儒家學者牟宗三之「生命的學問」、劉述先之「生命情調的抉擇」等提法的中華本土文化傳統理路，而非大幅擁抱西方倫理與宗教教義。不過倫理和宗教皆不脫勸人為善，對年輕學子多少仍舊有所啓迪作用。近年我的學問關注先是從臺灣生命教育擴充為華人生命教育，繼而由學生生命教育轉向至教師生命教育，由此發展出一套新的教育倫理學論述。

四、大德育

「大德育」是大陸特有的馬克思主義、社會主義教育理念，它指的是一套廣義的德育，其內容除了包括一般規範個人言行的道德教育外，還納入思想政治教育、法制教育，以及心理健康教育，其中又以傳授意識型態的思想政治教育最受爭議（檀傳寶，2008）。目前的情況是，在大陸學術教育界，搞道德教育的跟搞思政教育的屬於兩批人馬，基本上壁壘分明，各行其道。這種情況有點像過去的臺灣，搞哲學的同搞三民主義的圈子各自爲政，不能混爲一談。但是理論一旦落到實務上，就會出現「知識—權力」的糾葛。大陸是以黨領政的集權政體，意識型態不但獨樹一幟，而且還唯我獨尊，這使得思政教育滲透到各級學校德育教學中。雖然近年教育界不斷呼籲將德育焦點限制在狹義的個體道德教育上，但強調集體的大德育仍然揮之不去，占著素質或通識教育的據點，甚至以「生命教育」爲名來提倡。

思想政治教育是頗具「中國特色」的，既然無法跟道德教育切割，倒不如和諧相處，和平共存。以大陸高校爲例，二〇〇六年以前每個本科生都要修習「兩課」，亦即「思想品德課」與「馬克思主義基本理論課」；它們其實包含了九至十門必修課，後來進行課改濃縮成四門。這其中有一門課論及「思想道德修養」，係結合人生哲理和大學生修養來加以討論；依我之見，很適合轉化創新爲帶有「中學」義理的素質教育課程（鈕則誠，2008）。大學生差不多已是成年人，藉著思政教育的管道上些人生哲理的課，只要不講成黨八股，應當不會被學生所排斥。尤其是針對未來以當老師爲志業的師範生，倘若能夠因材施教，將部分大德育課程轉化爲本土化的教育倫理論述，則不啻爲順水推舟、事半功倍的作法。

肆、重構的主體性考量

一、「中體西用」

縱使「中體西用」是個一度爲人詬病甚至嗤之以鼻的說法，但我仍樂於爲它重新打造，賦予新意。這是一種後現代的學問途徑，其特色爲「質疑主流，正視另類；肯定多元，尊重差異」。一百多年前「中學爲體，西學爲用」論述中的「體」指「本體」，「用」指「器用」，如今我則將之分別轉化詮釋爲「主體」及「應用」。雖然西方後現代思潮有意顛覆現代意義的「主體性」，然而華人在中華文化的氛圍中生活，討論人文社會議題時彰顯民族文化主體性，其實並不爲過。在主體性自覺之下善用西方知識，方能收放自如而不受其宰制。西方知識系統源自古希臘理性傳統，以追求「眞知」爲目的，至近代而開出科學；中土生命學問途徑以儒道爲主脈，希望安頓人生「美善」，其性質可與西方情意面的宗教信仰相呼應（方朝暉，2004）。「求眞」偏重事實認定，「行善」與「審美」屬於價值判斷，兩者不宜混爲一談。

有些西方學者並不認同事實與價值二分，但每個人都可以根據常識辨認出，「眞假」的認定與「是非」、「善惡」、「好壞」、「美醜」的判斷，絕非同一層次的事情。現代管理學很強調策略規劃，其主旨爲「在把事情有效管理之前，先決定哪些事情值得去管理」，「中體西用」的精義即在於此。以教育理論建構與活動實踐爲例看，本土民族文化的主體性代表核心價值，必須維繫於不墜；順此前提有效行事，其採取「中學」或「西學」的分寸拿捏，就屬於應用層次的事情了。百年前的「中體西用」說，既是看待文化的觀點，也是知識配置的模式（左玉河，2004）。不同於過去次殖民處境的積弊，如今中國已呈現後殖民時代的興盛；重提「中體西用」以彰顯民族文化主體性，可謂順天應人的治學與施教方向。

二、專業倫理與職業道德

本著中華文化主體性，通過對西方知識去蕪存菁的應用，進而重構教育倫理學，就可以較爲清楚地看見此一學科的新輪廓了。教育倫理學雖爲跨領域的科際學科，但教育學和倫理學在其中並非平起平坐，而有主從之分。照理說它乃是一門應用倫理學，以倫理爲中心議題，教育爲關注方向；它要處理的是教育方面的倫理問題，而非在教育問題中置入倫理考量（余秀蘭，2006）。應用倫理學不完全等於倫理學的應用，因爲倫理學本身就有豐富的實踐旨趣。西方應用倫理學興起於一九八〇年代，起初主要關注諸如生命倫理、環境倫理、企業倫理等特定議題，近年則大幅開發至專業倫理與職業道德的考察上，目的則是對各行各業人士進行倫理規範和道德訴求。教育界的專業人士主要爲教師，再加上學校行政主管及職工；但兩者專業內容與性質並不盡相同，此處主要談的是教師倫理。

人是社會的動物，教育的作用有很大一部分是針對個人進行社會化。社會化的人置身於社會賴以生存，但也不時被社會所宰制異化。理想的教育倫理不只要教人符合社會規範，更應該培養其反思批判及擺脫羈絆的能力。中國在二十世紀初廢除科舉後，相對應的傳統社會教化轉變爲西方制式教育，大中小學的老師教席始應運而生。時至今日，各級教師都有國家頒發的教師證書，儼然已成專業階層。作爲教育倫理核心部分的教師倫理，其外爍的師生及同僚關係，講究的是「主體際的溝通」，亦即彼此尊重對方的人格主體性（龔群，2008）。而其內斂則指向個人，處理外在人際關係的倫理學，從而轉化爲「萬物靜觀皆自得」的人生美學，用以安頓職場生涯的心情感受。人生不如意者不見得十之八九，但總有十之四五或五六。專業教師如何趨吉避凶、逢凶化吉，這其中有著深厚的倫理意涵。

三、「仕」與「隱」

本論文嘗試提出重構本土化教育倫理學的可行方向，著眼於作爲教育活動施爲主體的教師自處之道；放在中華傳統文化的脈絡裏面看，即是讀書人「仕」與「隱」的存在抉擇。但華人倫理原本主要在於處理外爍的人際關係；至於內斂的人生美學，則有待通過西方論述的應用，自倫理學當中提煉出美學旨趣。對此較著名的論述，乃是一九八七年諾貝爾文學獎得主布洛德斯基的「美學是倫理學之母」提法。在西方學術傳統中，這並不代表美學較倫理學更高階；它毋寧是指倫理學仍保持其學理上的優位性，但美學卻擁有價值判斷的根源性（蕭振邦，2009）。用簡單的話說，無論是西方還是中國倫理學，談原則或論關係，都必須訴諸知性地「講理」；但是人生所面臨的各種存在抉擇，大多爲訴諸感性地「抒情」。唯有把理性看作是高度的感情，倫理生活才有可能從道貌岸然的典型與模範，走向和藹可親的意境與藝境。

在中華文化脈絡裏，教師專業精神無疑要被上溯至儒家傳統，要求既是「經師」更爲「人師」；「尊師重道」正是尊重教師身上所承載的「道」，這是相當沉重的負擔。當代教師在西式學科分工的角色配置下，其實只不過是各門知識的傳授者；雖然也有規正學生言行的責任，但不必再扮演儒者的道貌角色。不過今天華人社會的老師，作爲古代「士」的傳人，即使不全然歸於嚴格意義下的知識分子，總還是傳統意義下的讀書人。既然類似傳統讀書人身處「仕」與「隱」的夾縫中，不妨努力尋求「中國傳統文人審美生活方式」，以期自我解套與安頓（羅中峯，2001）。科舉時代讀書人的生存之道，只有通過考試做官一途；無官可做或辭官歸隱，生活恐將無以爲繼，陶淵明即是一例。過去的官場已轉型爲今天的職場，卻仍予有識之士「人在江湖，身不由己」之感。我們當老師的碰到這種情況如何自處？答案是「中隱」。

四、「中隱」之道

「中隱」又稱「吏隱」，可謂「既仕且隱」，是身在職場卻有能力積極從事身心轉換適應，化逆境爲順境、化危機爲轉機者，其提倡最力者爲中唐詩人白居易。白居易二十八歲考取進士，三十出頭開始爲官，至七十歲致仕辭官退休，而後活到七十四歲。他做官前期憂國憂民，以進諫著稱，卻因此得罪當道，在四十三歲被貶至數千里之外當閒官，而於困境中悟出反求諸己、不問世事的吏隱之道。後來雖然一度回到朝中，又自請外調，竟然幸運躲過政爭的殺身之禍。回首反思，白居易在五十七歲寫下一首題爲〈中隱〉的詩，充分表達了他的生存哲學（蕭偉韶，2009）。「中隱」反映於現實生活內，即爲「無求於人，亦不爲人所求」的道家式避世態度。但白居易畢竟屬於儒家傳統下的官吏，他識時務地選擇靠邊站，既能明哲保身，又得自求多福。

白居易詩作產量居全唐之冠，近兩千九百首之多。他自行將之歸類爲四種，後人最常談論的爲「諷諭詩」及「閒適詩」兩種，它們分別代表詩人前半生的儒家入世胸懷，以及後半生的道家避世心態。閒適詩的精神可上溯至莊子，而其「回歸本性，物我兩忘」的特質則來自陶淵明，「亦官亦隱，閒遠清幽」的作法又歸於王維（毛妍君，2010）。這些大詩人都做過儒家的「仕」，卻走向道家或佛家的「隱」；其爲傳統文人的寫照，也適用於現今讀書人與教師。教師身分的優勢，是有獨自發揮空間的「師」級專業；然而一旦涉足學校行政工作，就等於進入官場，利害關係便接踵而至。從本土化教育倫理學的立場看，教師倘有志於行政工作，當「盡力而爲，適可而止」；若無心於此，則盡量「明哲保身，自求多福」。存在抉擇的主觀條件理當操之在我；至於客觀形勢雖然成之於人，還是要善盡人事再聽天命。

結語：倫理的教育

在我對教育倫理學所提出的本土化重構試探中，其內容即是以華人應用哲學爲核心的在地教師生命教育。臺灣生命教育如今背負著德育的重責大任，事實上它本身正是從倫理教育蛻變而來；而我本著「各自表述，各取所需」的策略運用，將其西化內容大幅改造爲本土論述，則屬於一套後現代轉化。生命教育乃是兼具倫理實踐與美感體驗的情意教育，我對教育倫理學內涵的重構，便是將儒家式的倫理實踐與道家式的美感體驗加以融會貫通，使之成爲「後現代儒道家」人生哲理。「後現代儒道家」的精義爲「後西化、非宗教、安生死」，看看當前教師對退休年金的高度重視，便知生涯發展順著「中隱」之道走去，方爲務實地「在安定中求進步」的眞諦。將教育倫理學重構爲教師生命教育，不啻爲開展倫理化的教育歷程。

參考文獻

方朝暉（2004）。《「中學」與「西學」——重新解讀現代中國學術史》。保定：河北大學。

毛妍君（2010）。《白居易閒適詩研究》。北京：中國社會科學。

王川（2000）。《西方經典教育學說——從蘇格拉底到蒙臺梭利》。成都：四川人民。

王淳、張勇（2009）。〈教育倫理〉。載於王小錫編，《中國倫理學60年》（頁204-218）。上海：上海人民。

王樹人（2008）。〈關於西學東漸的經驗教訓——兼論話語霸權與「失語症」問題〉。載於中山大學西學東漸文獻館編，《西學東漸研究・第一輯》（頁28-38）。北京：商務。

巨瑛梅（2000）。〈普通教育學〉。載於單中惠、楊漢麟編，《西方教育學名著提要》（頁179-187）。南昌：江西人民。

左玉河（2004）。《從四部之學到七科之學——學術分科與近代中國知識系統之創建》。上海：上海書店。

但昭偉（2006a）。〈知止而後有定——論教師的新定位暨專業倫理的建構〉。載於但昭偉編，《教師的教育哲學》（頁141-158）。臺北：高等教育。

但昭偉（2006b）。〈儒家的教育思想與教育哲學〉。載於但昭偉編，《教師的教育哲學》（頁1-20）。臺北：高等教育。

余秀蘭（2006）。〈兩種「教育倫理問題」研究方式比較〉。載於陳桂生等編，《教育理論的性質與研究取向》（頁402-422）。上海：華東師範大學。

余錦波（1997）。〈倫理與道德〉。載於陶黎寶華、邱仁宗編，《價值與社會（第一集）》（頁3-13）。北京：中國社會科學。

林秀珍、徐世豐（2006）。〈從道家思想談教師修養〉。載於但昭偉編，《教師的教育哲學》（頁21-41）。臺北：高等教育。

花海燕等（譯）（2006）。《一門捉摸不定的科學：困擾不斷的教育研究的歷史》（E. C. Lagemann著）。北京：教育科學。

洪成文等（譯）（2007）。《教學倫理（第四版）》（K. A. Strike與J. F. Soltis著）。北京：教育科學。

徐敏雄（2007）。《臺灣生命教育的發展歷程：Mannheim知識社會學的分析》。臺北：師大書苑。

陳桂生（1997）。《「教育學視界」辨析》。上海：華東師範大學。

陳超群（2000）。《中國教育哲學史・第一卷》。濟南：山東教育。

單中惠（2000）。〈民主主義與教育〉。載於單中惠、楊漢麟編，《西方教育學名著提要》（頁338-350）。南昌：江西人民。

曾漢塘、林季薇（譯）（2000）。《教育哲學》（N. Noddings著）。新北：弘智。

鈕則誠（2004）。《生命教育概論——華人應用哲學取向》。新北：揚智。

鈕則誠（2008）。〈中國大陸高校「兩課」的教育哲學解讀：臺灣觀點〉。《哲學與文化》，408，95-108。

黃向陽（2006）。〈「教育倫理學」問題研究〉。載於陳桂生等編，《教育理論的性質與研究取向》（頁301-372）。上海：華東師範大學。

黃慧英（2005）。《儒家倫理：體與用》。上海：上海三聯。

黃藿（2002）。〈道德教育的實施方法〉。載於黃藿、但昭偉著，《教育哲學》（頁269-296）。新北：空中大學。

劉世清（2009）。〈論教育政策倫理及其基本取向——倫理學的視角〉。載於朱小蔓、金生鈜編，《道德教育評論2008》（頁24-46）。北京：教育科學。

劉雲林（2009）。〈教師中的人際倫理〉。載於錢煥琦編，《教育倫理學》（頁223-249）。南京：南京師範大學。

蕭振邦（2009）。〈「美學是倫理學之母」涵義探究〉。《應用倫理評論》，46，1-16。

蕭偉韜（2009）。《白居易生存哲學本體研究》。南京：南京大學。

檀傳寶（2008）。《德育原理》。北京：北京師範大學。

簡成熙（2009）。〈臺灣德育的推展與研究何去何從〉。載於朱小蔓、金生鈜編，《道德教育評論2008》（頁189-205）。北京：教育科學。

羅中峯（2001）。《中國傳統文人審美生活方式之研究》。臺北：洪葉。

龔群（2008）。《社會倫理十講》。北京：中國人民大學。

2. 生命教育再思

（2011）

- 引言：生命教育的啓蒙
- 壹、生命教育的提法：概念分析
- 貳、作爲教育實踐的生命教育：外緣考察
- 參、作爲教育實踐的生命教育：內容探究
- 肆、回顧與前瞻
- 結語：教育生命的延續

摘要

本論文主要針對華人社會特定時空脈絡中的生命教育進行觀察與反思：目的則在於對兩岸學者多所呼籲，希望能夠建構一般性的華人生命教育論述，以期提供並充實各種在地實踐之參考。華人社會至少須有一套能夠落實紮根於本土文化的生命及生命教育基本理念，本論文即係對此所做的後設思考。而由於教育實踐的關鍵在於教師，本論文乃將生命教育聯繫於教師教育。文章首先對生命教育的提法從事概念分析，以呈現「生命」與「教育」諸面向。接著便就作為教育實踐的兩岸四地生命教育之外緣與內容加以考察及探究，尤其是臺灣在地推動十餘載的「生命教育」，以及剛起步不久的雲南省「三生教育」。文末即提出批判性回顧和創新性前瞻，一方面發掘出它們所蘊含的德育傳統之情意特質，另一方面則將之擴充至其他教育範疇。本論文肯定智育型態的知識傳授不可或缺，如是方能五育並重，面面俱顧，達到全人發展的理想。

引言：生命教育的啓蒙

一九九七年生命教育在臺灣應運而生，繼而蔚爲流行，至今仍具方興未艾之勢。作爲漢語中文概念，「生命教育」自始雖係臺灣在地產物，但不久便於跨入新世紀之際，擴散至港澳和大陸，成爲中華本土的教育實踐。時至今日，生命教育已形成爲臺灣各高中的正式課程；而雲南省更以「三生教育」之名，將其於幼兒園至大學一以貫之落實。乍看之下，或可謂形勢一片大好；但深入考察，其永續發展似又非必然。平心而論，新興的生命教育與既有的道德教育即使不盡類同，卻有大幅的重疊面。爲避免「新瓶裝舊酒」之嫌，並在推陳出新中體現本身的特色及風格，生命教育於站穩腳跟之餘，理當深自反省，探索如何走出自己的路。身爲生命教育教師，我對此有所領悟，本論文即個人用心之所得。

壹、生命教育的提法：概念分析

無庸置疑，「生命教育」之說的確具有相當正向、光明的意味，以至於很容易爲教育工作者和社會大衆所認同，從而在很短時間內被人們欣然接納，甚至經常躍上媒體版面；但也正因爲如此，它不免呈現出「各自表述，各取所需」現象。這種後現代狀況雖無可厚非，卻有待通過概念分析以正本清源。

一、「教育」

(一)教育學

在華人世界從事教育工作，必須正視自己的實踐脈絡，以及其後的文化背景。「教育」一辭最早出自孟子所言君子樂事之一的「得天下英才而教育之」；而「教」、「育」二字於《說文解字》的說解字義分別爲「上所施下所效也」、「養子使作善也」， 由此可見教育活動在傳統社會的啓蒙意義。時至西學東漸百餘年後的今日，教育已非教幾名小小蒙童一般單純。它既屬國家民族千秋大業，亦是有跡可循的專業技能；爲精進教育，乃有教育學的誕生。

如今學界公認現代教育學由德國哲學家赫爾巴特於一八〇六年首創，但要將源自西方的教育學轉化銜接上中華傳統，需要自覺地站在後設立場重新建構（陳桂生，2009）。此外隨著社會變遷和知識積累，各種理論及應用學科在上世紀中葉前後皆出現細密分化局面，教育學也不例外。然而在世紀之交時，分化的學科又辯證地產生綜合現象；但它們並非重新組合，而是形成科際整合下的交叉學科（石中英，2002）。生命教育相關課程，便在這層時代氛圍中步上課堂講臺。

(二)教育科學

赫爾巴特於十九世紀初期有意自哲學分化出一門獨立學科，稱之為「普通教育學」。它借用哲學中的倫理學為教育活動樹立宗旨，並由心理學提供教育實踐應用以方法。當時心理學雖有科學化傾向，卻仍屬哲學的分支；如今心理學則因為跟認知、行為、神經等方面的研究密切交織，無疑已成為一門更趨近於自然科學的社會科學學科。基於這份歷史因緣，西方學界在過去兩百多年間，已將教育學打造成應用社會科學學科。但也正因為它所必然帶有的實踐應用性質，使其進一步深化為更具實證經驗性質的「教育科學」之努力，也就益形複雜困難。

現今屬於科學加技術掛帥的時代，但此一現象並非自古皆然。西方的「科學化」運動晚至十七世紀的「科學革命」方才萌芽，原本根植於哲學的各類知識，為追求精確表達及可計量性，乃取作為實證科學代表的物理學為標竿，紛紛效法之，整個社會科學正是在十九世紀以模仿自然科學起家的。當心理學自一八七九年由哲學分化獨立後，便有意向科學靠攏而遠離人文。有待深思的是，哲學家暨教育學家杜威於一八九九年出任美國心理學會會長時，也強調「教育科學首先是一門社會科學」（花海燕等譯，2006）。而教育科學在當代德國教育學家布列欽卡的心目中，更是必須跟思辨哲學及實踐應用加以區分的嚴謹經驗科學（胡勁松譯，2001）。

(三)教育實踐

知識的理論與實踐二分，早在古希臘時期即是柏拉圖所執持的觀點。就知識探索而言，古代哲學家對理論純粹性的嚮往，頗似現代科學家對量化精確度的要求。至於實踐，則跟人們的社會活動和技藝運作息息相關。由於「教育」一辭的西方語意具有「引領導出」的潛移默化作用，使其勢必脫離不了實踐；但作爲社會科學領域內的一門學科，教育學若提不出堅實的理論基礎，則本行學者便無法在整個學術共同體當中立足。因此如何在理論與實踐之間找到平衡點，遂成爲必須先行解決的前置問題。

前置問題在學理上往往屬於後設議題或元問題，例如當教育學在探討教育實踐之際，後設教育學則退一步去關注教育學本身的基礎是否穩固。衆多西方學者中，布列欽卡對此最爲堅持與費心。他師法科學哲學家波普的「區分」概念，認爲教育學知識必須區分認知和決定、描述和評價、事實和規範等二元性，並盡量將涉及實踐的評價及規範「最小化」（楊明全、宋時春譯，2006）。用嚴謹的教育學甚至教育科學理論知識去釐清教育實踐活動，是避免讓意識型態過度滲入；但教育實踐並不能遺世獨立，而是跟勞動、道德、政治、審美、宗教等各種實踐緊密相連，難以分割（彭正梅等譯，2006）。源自德育的生命教育尤其如此。

二、「生命」

(一)生命科學與倫理

生命教育的提法係由「生命」與「教育」兩個概念連綴而成，實有必要分別加以釐清。其中「教育」作爲一套華人社會實踐，在現行全盤西化體制下，既然西方學者已對之提出較爲全面的深入分析，乃爲本土學者所引進。相形之下，「生命」作爲教育實踐的內容，卻有著具體與象徵、西方與中國、科學與人文等相對蘊義，必須更仔細分判，以免誤導。在當前漢語中文語境脈絡之內，「生命」既屬一種具體現象，亦指某些理想特質；前者爲生命科學及生命倫理學所關切，後者則彰顯出生命教育的眞義。

生命科學可視爲既有生物學與其他科學學科整合深化後的統稱，當其一日千里發展之際，不免衍生出許多倫理與社會問題，進而促成相關學科的誕生，生命倫理學及生物法學便屬於其中產物。近年有一問題亟待立法以維繫社會倫理底線，此即研究人造細胞的合成生物學（張盈恩，2010）。此外，西式醫療活動也與現代人生活密切關聯。在高度醫學化的今天，生命倫理學的重心落在醫療倫理方面並不令人意外。而衛生保健政策的制定，也正是各種意識型態的體現與實踐（范瑞平譯，2006）。

(二)生命的學問

「意識型態」屬外來語，又稱作「意理」。其形成於法國大革命時代，原始字義係「觀念的學問」，後來被引申爲指涉任何著眼於實踐的價值系統，尤其是針對政治與社會改造的運動。此一概念褒貶互見，教育哲學家擔心教育政策會被威權僵化意理所左右，生命倫理學家卻期待民主價值能爲衛生政策帶來福祉。以如今已蔚爲中學正式課程的臺灣「生命教育」爲例，不但生命倫理與科技倫理結合而單獨設科，七門進階課程更有四門歸於哲學倫理方面的價值判斷。

現行大學哲學課程有西方與中國之分，前者強調理性思辨，後者則契入心性體驗。在以儒道兩家爲宗的中國思想家與哲學家心目中，一旦偏重西方「知識中心」的哲學及科學，便會造成本土民族文化「生命中心」的「生命學問」之喪失（牟宗三，2005）；但是身處於當前的西式教育實踐環境，實難以擺脫西化知識氛圍，也就不易施展眞正「生命的學問」。面對此一困境，「生死學」創始人傅偉勳（1994）嘗試分判知識性探索之「學問的生命」與精神性探索之「生命的學問」，或可視爲出困之路。生命教育由是得以從知識傳授出發，向生命圓滿求緣。

(三)生命化教育

「生命教育」倡議之說源自臺灣，「生命的學問」則是寓居港臺兩地新儒家學者的提法，起初皆與大陸學術教育界無涉。大陸學者其實另有自己的理念，例如「生命化教育」；其理念基石為「接受知識，開啓智慧，潤澤生命」，據此更於實驗學校中具體加以實踐（錢理群，2006）。「生命化教育」的目的是爲了「立人」及「對人生命的成全」，與臺灣不少學校所提倡的「全人教育」理念相近。值得一提的是，其於實驗學校裏列有二十條目標，頭條竟是「學校確立『教師第一』的理念」，可見它所反映的普遍問題。

凸顯教師在學校中的地位，其背景實爲缺乏對教師的民主權利、生命自由與健全發展的制度保障。這或許是大陸特有的教育實踐困境，有學者對此進行反思，認爲問題出在教師教育中的道德教育內容之「異化」；亦即道德教育成爲政治意識型態的規訓，以維護統治階級利益和鞏固既有社會穩定，終至扼殺了教師的「生命性」（馮建軍，2007）。教師既爲站在教育實踐第一線的推手，教師教育內涵的開放性便不可或缺。是否將生命教育融入教師教育之中，無疑會對學校生命教育的成敗起到關鍵作用。

貳、作爲教育實踐的生命教育：外緣考察

生命教育一開始便是以教育政策的推動浮上檯面，具有高度實踐意義。而作爲華人社會的教育實踐，它分別在臺灣、大陸和港澳地區開出自己的途徑。從各自的發展緣起考察，臺港澳三地的濃厚宗教色彩是其特徵；至於大陸所標榜的「中國特色」則指向社會主義。

一、臺灣經驗

(一)省府政策

雖然分別以日文及英文表達的生命教育提法，早在上世紀七〇年代即已先後出現，但明確使用中文漢字指涉的政策性概念，無疑是一九九七年臺灣省政府教育廳決定開辦的「生命教育」（徐敏雄，2007）。當時的廳長陳英豪指示於次年由省屬國中開始推動這項新興政策，並逐年推廣至高中職。需要注意的是，此一作法完全屬於地方政府的政策，與臺灣省位階平行的臺北市、高雄市及福建省則不在此限。北高兩市其實也分別擬定有類似的「心教育」和「生死教育」政策，卻不像省府那般大力宣導與積極推廣。

平心而論，省府生命教育政策雖匆促上馬，卻是有備而來；它移植進而修訂了一所國高中齊備的天主教曉明女中實施多年的倫理教育課程，希望將之擴散落實於全省各國高中職。其六年十二學期的學習主題依次爲：欣賞生命、做我眞好、生於憂患、應變教育與生存教育、敬業樂業、信仰與人生、良心的培養、人活在關係中、能思會辨、生死尊嚴、社會關懷與社會正義、全球倫理與宗教（鈕則誠，2004a）。由此可見其正向光明的一面，更可視爲傳統倫理道德教育的推陳出新。

(二)中程計畫

好景不常，臺灣省「生命教育」從規劃到實施僅度過短短兩年，一九九九年便因爲精省效應戛然而止；後來雖由於地震災後心靈重建的需要暫時復興，卻又在總統大選下歸於沉寂。令人欣慰的是，二〇〇〇年政黨輪替後出任教育部長的心理學者曾志朗，意識到生命教育的重要性與可行性，乃將之提升爲中央層級的教育政策，積極成立「教育部推動生命教育委員會」，並宣布次年爲「生命教育年」。而一份長達二十一頁的〈教育部推動生命教育中程計畫〉，也在二〇〇一年中頒布至各級學校，確定其自幼兒園至大學的全方位覆蓋面。

〈中程計畫〉以二〇〇一至二〇〇四年爲期，共編列新臺幣一億七千萬元預算，其目標強調多元智慧、終身學習、家庭學校與社會「三合一」，以及科技與人文對話等創新觀念，確屬良法美意。然而四年下來不但目標達成率有限，預算執行率亦甚低，這多少跟部長連番更迭有關（陳立言，2004）。即使不論這些外在因素的干擾，還是有人質疑它是否會陷入曲高和寡的困境，甚至淪爲反映特定中產階級價值體系的窄化觀點（但昭偉，2002a）；不過到頭來「生命教育」仍然能突破重重難關，且更上層樓，發展成爲一套八門十六學分的高中正式課程。

(三)正式課程

臺灣在地的「生命教育」從一九九七年躍上檯面，至二〇一〇年正式啓動爲高中選修課程，其中曲折浮沉經歷，被社會教育學者徐敏雄申請爲國科會專題計畫課題進行研究。研究報告於二〇〇七年出版成專書，是內容很有系統的參考文獻。論著將這段教育實踐回溯至一九六三年曉明女中初授「生活指導」課程。而當中程計畫於二〇〇四年暫告一段落之際，教育部也正好在同年中公布〈普通高級中學「生命教育類」課程暫行綱要〉，確定其正式課程地位（鈕則誠，2004b）。雖然從公布課綱到眞正排上課表又經過了六年，但總算「修成正果」，剩下就看教學之後的成果驗收了。

當初省政府爲推動「生命教育」而援引天主教曉明女中「倫理教育」的教材教法與教學經驗，就注定這項教育實踐會跟宗教教誨糾纏不清。事實上，後來不少民間宗教團體亦對生命教育趨之若鶩，其中因緣於上述專書內載之甚詳。該書回顧過往，發現臺灣「生命教育」實踐足以維繫不墜，實得力於擁有深厚天主教背景的倫理哲學學者孫效智，書中稱其爲具備宗教領袖特質的「卡理斯瑪」型人物。但對於如此重大的

教育政策推動，卻非出自教育學者之手，不免引來教育學界的非議，甚至斥言孫效智不懂教育專業而輕率行事（李崗，2008）。

二、大陸及港澳實踐

(一)中國特色

在特定時空脈絡下應運而生的臺灣「生命教育」，沾染上豐富的宗教色彩並非偶然；而當它蔚爲教育政策甚至形成爲正式課程之際，宗教團體更是積極參與並寄予厚望。相形之下，海峽對岸的大陸，即使在本世紀初這十幾年間，不斷有人倡議生命教育或類似的教育實踐，其性質卻頗具「中國特色」，亦即堅持社會主義道路，自覺地不觸碰任何宗教性議題。若說有一些突破窠臼的觀點與作法，也只是以生命教育去銜接西方的心理諮商或本土的儒家傳統。

大陸學者看待生命教育有著層次之分，落實於中小學的生命教育屬於基層實踐，發揚於整個教育界的作爲則是高層理念；前者如上述的「生命化教育」，後者可以「生命・實踐」教育學派的提倡爲代表（鄭金洲，2009）。此一學派取「生命」當作教育學的基礎性、核心性概念，認爲教育學應以理解和探索「生命」爲已任。這種「生命・實踐」取向主要用於道德教育，它秉持馬克思主義的思維方式，試圖重建學校道德教育（易連雲，2007）。光從此點看，它跟源自倫理教育的臺灣「生命教育」，仍然能遙相呼應。

(二)政策施行

臺灣自一九九七年拈出「生命教育」政策，後來雖一度沉寂，卻從二〇〇一年大張旗鼓推動實施，其聲名在外不脛而走。中國大陸便不斷有地方政府以其爲名推行試點，光是二〇〇四、二〇〇五兩年即包括遼寧省〈中小學生命教育專項工作方案〉、黑龍江省〈生命教育指導意見〉，以及上海市的〈中小學生命教育指導綱要〉（羅伽祿，2007）。它們雖然也類似臺灣標榜倫理道德教育，卻絕不具備宗教信仰的淵源和底蘊，反倒是跟學生的心理素質教育及思想政治教育等教學實踐加以銜接。思想政治教育在大陸雖然被視爲「大德育」的一環，但其相對獨立的豐富教學資源，不見得要倚仗新興的生命教育，反倒是生命教育有時須向其靠攏求緣。

不過在大多情形下，大陸的生命教育還是比較偏重學生身心問題的改善。像遼寧省是將心理健康、法制、安全、公共衛生、預防愛滋病、環境保護、性教育等專項教育加以整合，上海市則規定要著眼於學生個性健康發現、身心和諧發展，並營造健康和諧的生命環境（鄭曉江，2007）。值得一提的是，二〇一〇年中，國務院頒布了一份〈國家中長期教育改革和發展規劃綱要（2010-2020年）〉，在其「戰略主題」內，明確指示要「重視安全教育、生命教育、國防教育、可持續發展教育」。這是中央文件首次提及生命教育，雖然沒有進一步加以說明規範，卻爲各級地方政府提供了合法的發揮空間。

(三)港澳現象

基於執政的共產黨所持政治及無神立場，大陸生命教育完全無涉於宗教信仰，臺灣則以政教分離令其隱而不顯，而同爲華人社會的香港卻大異其趣。長期屬於英國殖民地的香港，如今雖然回歸中國，但在「一國兩制」政策包容下，一些殖民母國的作法或有所保留。像英國在政教合一的傳統下，清楚表明以國教理念治國，其宗教教育課程乃爲各級學校所必修。受此一傳統影響，香港歷來不但有大量民間宗教團體熱心辦學，其生命教育與價值教育的根本意涵，也正是道德教育與宗教教育（吳梓明，2009）。

至於澳門的教育現象，由於人口相對稀少，加以信仰天主教的葡萄牙殖民政府未曾積極經營，其西方宗教色彩並不若香港明顯。迄至回歸統一後，特區政府將生命教育跟社會工作、青少年輔導等活動予以整合，加上有臺灣相關學者前往大學任教，因此生命教育雖然興起較晚，卻吸納了臺灣和大陸的不同特性，逐漸發展出自己的道路（蘇肖好，2005）。依此看來，生命教育在中港澳臺四地各自為政，可謂「各自表述，各取所需」。如此多元爭鳴景象，對華人下一代的福祉，大致具有正向積極的作用。

參、作為教育實踐的生命教育：內容探究

生命教育在兩岸四地「各自表述，各取所需」，呈現一片多元論述的盛景。臺灣跟雲南更落實為教育政策，加以大規模、全方位地推廣，其課程內容及教學活動，值得當作實踐案例予以檢視。相對於臺灣的「生命教育」，雲南推動的乃是簡稱「三生教育」的「生命教育、生存教育、生活教育」。

一、臺灣例證的檢視：「生命教育」

(一)終極關懷與實踐

臺灣「生命教育」從國高中職的融入課程，走到普通高中的正式課程，共花了十二年。十二年的經驗積累凝聚出八門科目，除一科入門的「生命教育概論」外，進階的七科分為三大主軸。列入主軸之一「終極關懷與實踐」的三科包括：「哲學與人生」、「宗教與人生」、「生死關懷」；從名目上看，它們分別對應的學科即是哲學、宗教學、生死學。哲學作為人文領域內的基本學科自不待言，其餘兩者則屬於跨領域的科際學科，大陸稱為交叉學科，反映出其屬性的多元面貌。

教育部於一九九九年接手省府「生命教育」後，曾頒布〈中程計畫〉，跨度爲二〇〇一至二〇〇四年，卻因執行不力，出現五年延宕。近年另頒計畫，跨度爲二〇一〇至二〇一三年。在這份較精簡的計畫內，提及「生命教育」應從回應社會需求的自殺防治取向，擴充至全人發展及全人關懷取向；亦即從遠離憂鬱及自我傷害的改善負向生命，提升爲活出意義及美好價值的尋求正向生命。此種正向價值的追求，在本質上接近「陶養生命智慧」（劉慧，2008）。西方「哲學」本意即以研究「眞善美」表示「愛好智慧」（鈕則誠，2004c），於生命教育中親近哲學實屬必然。

(二)倫理思考與反省

宗教講究虔信，同時勸人爲善；學習生死學助人了生脫死，對於自殺防治多少有所裨益；而通過哲學思考樹立自我人生觀，更是開啓個人智慧的重要步驟。雖然在近百年前胡適（1996 / 1918）曾視人生哲學跟倫理學爲同一回事，但作爲哲學核心分支的倫理學，百年來已發展出相當多元的內容，蔚爲熱門的應用倫理學便是特色。爲呼應此一趨勢，源自倫理教育的「生命教育」，其第二主軸「倫理思考與反省」，即涵蓋三門倫理科目：代表基本倫理學的「道德思考與抉擇」，以及歸於應用倫理學的「性愛與婚姻倫理」、「生命與科技倫理」。

根據現行學術認定及教育體制，倫理學並非獨立學科，而是納入哲學系授課，屬於哲學五大分支之一，其餘四者爲邏輯、形上學、知識論、美學。不過當應用倫理學在上個世紀下半葉應運而生，倫理學與各種專業活動頻繁切磋，便形成許多專業倫理學，例如醫療倫理、企業倫理、教育倫理、諮商倫理等。西方倫理學自古代至近代，先後發展出三大主流學派：德性論、義務論、效益論，後兩者尤其看重理性思辨下的公平正義。至上世紀八〇年代，另類以情意互動爲主的關懷論出現後，立即對道德教育及生命教育產生衝擊和影響（方志華，2004）。

(三)人格統整與靈性發展

「生命教育」的第三主軸「人格統整與靈性發展」，在高中正式課程裏，單獨構成同名的一科，其目的在於「超過小我、肯定自我、找到眞我」。從課綱中可以發現，該科內容與心理學淵源深厚；尤其是在提倡「自我實現」的美國心理學家馬斯洛所作學派「四大勢力」分判下，多歸於第四勢力「超個人心理學」。此一學派勢力爲馬斯洛所創，其他三大學派分別爲行爲主義、精神分析、人本心理學。若從上述目的看，它可視爲精神分析學派創始人佛洛伊德「本我、自我、超我」學說的轉化與擴充。

「生命教育」三大主軸構成一體三面，即以終極課題、倫理思考、全人發展三方面，彰顯並強化「生命教育」的內涵（孫效智，2004）。主事者將之繪出一幅圓形圖，對中小學教師廣爲宣導，但普遍反應並不盡理想，甚至引來教育學者的責難。尤其是「靈性發展」的提出，乃爲原本構想中較平實的「情緒教育」之更動，但到頭來恐怕適得其反。正因爲高度西化的「靈性發展」理念銜接於超個人心理學，而此一學派的缺點，卻是過於理想主義和陷入神秘主義（車文博，2003）。曲高和寡遂成爲推動「生命教育」難以擺脫的困境。

二、雲南例證的檢視：「三生教育」

(一)生命教育

相對於臺灣「生命教育」經歷多年調整修正最終僅形成爲高中一學分選修課，雲南「三生教育」則大張旗鼓且大刀闊斧地制定爲從幼兒園到大學每週開授一學時的必修課（雲南省教育廳，2008）。「三生教育」自二〇〇九年起全面實施，它強調生命教育是前提和根本、生存教育是基礎和關鍵、生活教育是方向和目標，三者互爲條件，屬於有機統一的整體。尤有甚者，它更是素質教育的基礎工程、道德教育的基本內容、思想政治教育的基本要求。由此可見，它的確是頗具「中國特色」的教育實踐。

從官方說帖中可以看出，「三生教育」中的生命教育內容，跟臺灣早期由省府所推行的課程大同小異。面對諸如「認識生命、尊重生命、珍愛生命」的崇高理想，有學者進一步呼籲應奠定其學理基礎；思考如何建構「生命教育學」並探索作爲其基礎的「生命學」，或爲一條可行途徑（何仁富、汪麗華，2009）。不過「生命學」之說早於一九八八年即由日本生命倫理學者森岡正博所提出，而傅偉勳亦於一九九六年爲文主張現代生死學係由中國生命學與西方死亡學統整而成。這些先前的學術觀點，均可作爲當今建構生命教育學的參考。

(二)生存教育

平心而論，「三生教育」的提法面面俱顧，的確較「生命教育」更無所偏廢，也不像後者偏重哲學倫理議題。乍看之下，「生存教育」接近生涯教育，同時也具有自殺防治的生死教育功能；而「生活教育」則類似傳統的群育，希望引領學生和諧融入社會生活。官方說帖對於「生存教育」的預期，是讓學生「學會判斷和選擇正確的生存方式，學會應對生存危機和擺脫生存困境，善待生存挫折，形成一定的勞動能力，能夠合法、高效和較好地解決安身立命的問題」。這是教人正當謀生，不要違法亂紀、自絕生路。

從演化觀點看，生存便意味競爭，優勝劣敗。但人類創造了文明，體現出文化，亦即「人文化成」，可以用合作代替競爭，互利共榮。兩岸四地除港澳原屬西方殖民地，臺灣和大陸則先後步上高度西化途徑，包括對個人主義的接納。然而年輕人太個我化容易失去適應力及抗壓性，稍遇挫折就可能輕生。學生自殺防治在兩岸不約而同地倡導並非偶然，大陸學者更藉此推廣生命倫理學（韓躍江，2009）。至於我則針對人們「安身立命」之所繫，拈出「三生二育論」，將論述內容從德育擴大至美育（鈕則誠，2010a）。

(三)生活教育

生活跟教育的關聯最爲大家所熟知的，便是杜威「教育即生活」的提法。他教過的華人學生中，除了胡適之外，目前在大陸更著名且爲官方普遍推崇者，乃是提倡「生活即教育」並推廣「生活教育」的陶行知，由此可見生活教育在中國的根深柢固。大陸以社會主義立國治國，集體性高於個體性，合群乃理所當然，所以教育只講「德智體美」四育，不特別突出群育。然而當社會主義實施市場經濟後，讓學生具有社會責任感，「能夠處理好收入與消費、學習與休閒、工作與生活的關係」，就成爲生活教育的任務。

生活教育著眼群育多於德育，它呼應了上世紀末聯合國教科文組織所倡議的「教育四大支柱」：學會求知、學會做事、學會共處、學會做人，尤其是讓學生自覺地學習如何與人和諧相處、合作共存（向春，2008）。如今兩岸四地人民皆依照市場經濟規律在生活，必然會形成持續增長的中產階級。社會大衆除了辛勤工作外，也開始過起休閒生活，生活教育於是需要擴充及休閒教育（劉海春，2008）。休閒不是逃避生存或浪費生命，而是學得生趣閒賞，以優化改善生活。「三生教育」的一體三面，遂於此呈現出相輔相成之效。

肆、回顧與前瞻

對生命教育加以再思，可以分爲回顧與前瞻兩方面省察。在回顧方面，我藉「感性常識、理性知識、悟性智慧」三層次來進行批判；在前瞻方面，則用「生存競爭、生涯發展、生趣閒賞」三階段以嘗試創新。而生命教育要想順利推動，授課教師實扮演關鍵性角色，我乃特別關注於教師教育。

一、批判性回顧

(一)感性常識

人類心靈活動可分爲感性、理性、悟性三層次，相對應的學習內容則爲常識、知識、智慧。平心而論，制式教育的作用，主要還是在於轉化個人直覺感受到一般見解下的常識，使之成爲有系統並能讓人際彼此溝通的知識；至於屬於潛在能力的智慧，則多靠領悟而非習得。教育實踐大致分爲五種，智育和體育不可或缺，美育和群育在臺灣的九年一貫課程中，還有「藝術與人文」及「綜合活動」兩大領域可以施展；唯獨德育常被視爲不好教甚至不能教，而把中小學的「生活與倫理」、「公民與道德」等科目從課表上撤除，改爲融入式課程，遂被譏爲「缺德」教育（簡成熙，2004）。

教育雖有家庭、學校、社會三分之說，但大多數人的解讀仍然以制式的學校教育爲主；對於家庭和社會等方面的作爲，則視之爲教養或教化。傳統中國乃是禮義之邦，雖然長期不存在有西式學校，但家庭教養與社會教化不但承擔起全人教育的責任，其內容也大多歸於德育範疇（黃書光，2005）。時至今日，德育式微，繼起的生命教育到底是要舊酒新裝，還是另起爐灶？依我之見，此事必須從受教者的感性生命、常識之見出發，予以愼重考量再行決定，而非將意識型態強加於年輕學子身心之上。

(二)理性知識

生命教育實踐絕非訴諸體驗卻「不學無術」，對此我響應前述大陸學者的呼籲，期待有人能夠建構一套道術兼具的生命教育學，以及作為其核心價值的生命學。其中前者係以教育學及教育科學為參照的中游學科，而後者則不妨向哲學、心理學及生物學求緣。雖然目前仍有人質疑生命教育到底可不可以教，以及究竟應該教哪些課題；但是「生命教育」已經上馬乃是事實，接下去要看的就是教學成果了。不過若以正式課程付諸實現來算，只有很短期間，比雲南起步還遲，當下似乎看不出成效。

就像從前實施道德教育的過程一樣，如今「生命教育」雖然折騰上路，終究還是循著過去由少數人把持掌握修訂工作，而將個人獨特的道德理論付諸實現的途徑（但昭偉，2002b）。換句話說，它即使不失其知識性內容，仍舊無法擺脫特定哲學觀及意識型態的影響，難以做到「價值中立」。其實教育實踐不可能也無須擺脫這些影響，重點是教師對此應有一定的自覺辨識能力，從而做出明智取捨判斷，以有助於自身的課程設計與教學方法（陳曉端等譯，2008）。

(三)悟性智慧

「生命教育」源自既有的倫理道德教育，並予以擴充創新，對新興應用倫理學的推廣應用便是例證。現行課程中有「道德思考與抉擇」一科，顯示一個人在進行倫理道德深思熟慮後，需要做出合情合理的價值判斷與存在抉擇，才算眞正達成人格統整下的知行合一境地。整套課程以「人格統整與靈性發展」收尾可謂理所當然，一旦在感性和知性層面循序漸進後，於悟性中開發出潛能智慧便不無可能。靈性即精神性，倘若感性心理狀態是心靈活動的起點，則悟性精神境界便屬登峰造極。不過「頓悟」之前的「漸修」工夫實不可或缺。

「生命教育」最終目的即是觸動學生的靈性開顯，在西方社會裏，乃由宗教教育來達成，「人格統整與靈性發展」課綱即明示此點。但華人社會並不具備西方那種單一宗教的文化底蘊，反而是多元信仰和人生信念充斥流行，有待另闢途徑以充分體現靈性發展。引介世俗化非宗教的關懷倫理，或許是教育的另一種新模式（于天龍譯，2003）。在臺灣大力將關懷倫理應用於教育實踐的方志華，已使之銜接上儒家傳統。不過這類中華本土的大傳統，並不見得比臺灣在地的小傳統更具吸引力與生命力（余德慧，2007）。唯有讓多元論述並行不悖，方才有助於各地的生命教育實踐，落實紮根於後現代處境。

二、創新性前瞻

(一)生存競爭

在本論文的最後小節，我嘗試提出一些創新性的前瞻觀點，以利華人社會生命教育的推展執行。姑不論家庭教養與社會教化，生命教育在學校內制式化地教學，從幼兒園到大學都離不開教師。授課教師若無法掌握生命教育的精神，再怎麼大聲疾呼也是緣木求魚。放眼看去，現今學校教育的主要目的，不可諱言地就是教導孩子習得一技之長，以令其日後順利踏入職場，於生存競爭中立於不敗之地。這是教育實踐處於市場經濟下的眞實情況，我們不能視而不見。

教師的教育工作已形成爲在安定中求進步的專業，無論是臺灣的「師資培育」還是大陸的「教師培養」，其本身即屬一段生存競爭歷程。而一旦取得教師資格，進入職場已有所保障，便展開個人生涯發展時期。在終身學習的時代，教師入行後非但不應高枕無憂，更需要接受在職進修或培訓。無論是職前或在職的「教師教育」，專業倫理與職業道德實不可或缺（梁福鎭，2003）。這包括教師本身的倫理道德修養，以及與學生、家長及同僚和睦相處的人際關係倫理（張吟慈、林家興，2007），它們都可以跟生命教育融會貫通。

(二)生涯發展

在兩岸各師範大學逐漸轉型爲綜合大學的趨勢下，中小學教師的培育或培養多來自一般大學。既然教師都是曾為學生的「過來人」，則無論於課堂上傳授或融入生命教育課程，大可從自身由生存競爭時期步向生涯發展時期的經驗分享展開討論。如是結合言教與身教，相信能使學生較快被吸引至主題的探究中。何況整個生命教育類課程充滿了倫理、人生、生死等情意面課題，教師即使要進行知識講授，從自身體驗出發，仍具有一定正當性。作為應用倫理一環的教育倫理，尤其是教師專業倫理，其實跟生命教育有著相當多的可能交集。

教師專業倫理常被表達於一系概念性守則或符碼，以利記誦及奉行，例如誠實、公平、勤勉、互惠、關懷、勇氣、正直、尊重等（黃乃熒，2007）。這些德性或道德價值其實也為生命教育所提倡，因此把專業倫理視為一部分教師生命教育亦不為過。有人質疑現行「生命教育」內容偏重中產階級價值觀，但中產生活卻又不失為社會安定和諧的體現。中產教師生涯若於追求安定中，不忘為弱勢族群發聲進而爭取權益，則不啻扮演起批判教育學所推崇的「轉化型知識份子」角色（許誌庭，2002）。以具有批判能力的教師推動生命教育，相信會是學生之福。

(三)生趣閒賞

人生是一段從生到死的終身學習歷程，知雖無涯生卻有涯。在短暫的人生中及時行樂同時知足常樂，跟積極進取奮鬥打拚同樣重要，這也是生命教育要包含探索發現生趣的休閒教育之原因。我在此把人生分為生存競爭、生涯發展、生趣閒賞三階段，但它們並非也不必清楚劃分，而是一道在不同年齡層有著不同偏重的漸層式連續統。年輕時奮鬥競爭，就業後穩定發展，中老年靜觀閒賞，這就是人生大致的規律。生命教育必須扣緊這些去講，才不致脫離現實，陷入曲高和寡的窘境。

「生命教育」課綱中揭櫫「態度必須公正，立場不必中立」的開放精神，這反映出教育改革下的後現代處境。由於華人社會沒有像西方那般強而有力的宗教信仰傳統，反而是儒道兩家的人生信念深入人心，我乃提倡一套「後西化、非宗教、安生死」的「後現代儒道家」生命教育論述，以助世人安身立命（鈕則誠，2010b）。後現代的安身立命之道，乃是在商業化消費社會中，尋求做個自在自得的人之機會，亦即跟各式各樣消費符號和平共存而不致失落（葉啓政，2005）。由此可見學習讓身心超然的生趣閒賞之重要。

結語：教育生命的延續

擔任教師職務近三十年，對象從高職生到博士生都有，自認始終在從事通識教育、全人教育、素質教育，亦即後現代生命教育。生命教育在我看來可以「各自表述，各取所需」，而後現代的特徵則爲「肯定多元，尊重差異」。模仿西方的通識教育相對於專門教育，大陸獨創的素質教育係爲消弭應試教育而發，而源生於臺灣在地的生命教育則因緣際會扮演起道德教育的角色，這些正是兩岸教育實踐的現況。從較寬廣的視角看，生命教育應運而生，實爲不讓智育掛帥、科技當道形成教育的流弊。當然「知識即力量」之說非但沒有消褪，反而更形興盛；專門知識無疑是生存競爭的鑰匙和利器。但成爲專家的同時，還是要維持一個人的基本修養，此乃全人教育之眞義。任教於大學教育系所，對職前與在職教師傳授生命教育課程，目的是延續教育生命的脈動。追求「安身」之道的同時，應不忘「立命」理想的實現，此即我對生命教育再思所得。

參考文獻

于天龍（譯）（2003）。《學會關心——教育的另一種模式》（N. Noddings 著）。北京：教育科學。

方志華（2004）。《關懷倫理學與教育》。臺北：洪葉。

石中英（2002）。〈教育與教育學〉。載於張斌賢等編，《教育學基礎》（頁1-28）。北京：教育科學。

向春（2008）。《群性群育論》。北京：中國社會科學。

牟宗三（2005）。《生命的學問》。桂林：廣西師範大學。

何仁富、汪麗華（2009）。〈生命教育的學理基礎、核心價值及實踐模式〉。載於雲南省教育廳編，《「中國生命生存生活論壇」論文集》（頁84-98）。昆明：雲南省教育廳。

但昭偉（2002a）。《思辯的教育哲學》。臺北：師大書苑。

但昭偉（2002b）。《道德教育——理論、實踐與限制》。臺北：五南。

余德慧（2007）。〈臺灣生命教育的社會文化介面及其論述的生產〉。《教育資料與研究專刊》，117-128。

吳梓明（2009）。〈學校的德育與生命教育：香港經驗的反思〉。載於朱小蔓、金生鈜編，《道德教育評論‧2008》（頁176-188）。北京：教育科學。

李崗（2008）。〈生命教育的概念分析〉。載於銘傳大學師資培育中心編，《教育部97年發展卓越師資培育計畫「認識新興重要教育議題」專刊》（頁14-25）。臺北：銘傳大學。

車文博（2003）。《人本主義心理學》。杭州：浙江教育。

花海燕等（譯）（2006）。《一門捉摸不定的科學：困擾不斷的教育研究的歷史》（E. C. Lagemann著）。北京：教育科學。

易連雲（2007）。〈論生命‧實踐道德教育體系的構建〉。載於朱小蔓、金生鈜編，《道德教育評論‧2006》（頁25-33）。北京：教育科學。

胡適（1996 / 1918）。《中國哲學史大綱 卷上》。北京：東方。

胡勁松（譯）（2001）。《教育科學的基本概念：分析、批判和建議》（W. Brezinka著）。上海：華東師範大學。

范瑞平（譯）（2006）。《生命倫理學基礎（第二版）》（H. T. Engelhardt, Jr.著）。北京：北京大學。

孫效智（2004）。〈當前臺灣社會的重大生命課題與願景〉。《哲學與文化》，364，3-20。

徐敏雄（2007）。《臺灣生命教育的發展歷程：Mannheim知識社會學的分析》。臺北：師大書苑。

張吟慈、林家興（2007）。〈邁向專業的里程碑——談教師專業倫理〉。《教師天地》，148，19-26。
張盈恩（2010）。〈美國徵求合成生物學倫理意見〉。《法律與生命科學》，4（3），46-47。
梁福鎮（2003）。〈師資培育與職業倫理：教育倫理學觀點的分析〉。《教育科學期刊》，3（2），138-152。
許誌庭（2002）。〈教師做為轉化型知識份子的可能性、限制與實踐方向〉。《教育研究集刊》，48（4），27-52。
陳立言（2004）。〈生命教育在臺灣之發展概況〉。《哲學與文化》，364，21-46。
陳桂生（2009）。《教育學的建構（增訂版）》。上海：華東師範大學。
陳曉端等（譯）（2008）。《哲學與意識型態視野中的教育》（G. L. Gutek著）。北京：北京師範大學。
傅偉勳（1994）。《學問的生命與生命的學問》。臺北：正中。
彭正梅等（譯）（2006）。《普通教育學——教育思想和行動基本結構的系統的和問題史的引論》（D. Benner著）。上海：華東師範大學。
鈕則誠（2004a）。《生命教育——學理與體驗》。新北：揚智。
鈕則誠（2004b）。《生命教育概論——華人應用哲學取向》。新北：揚智。
鈕則誠（2004c）。《教育哲學——華人應用哲學取向》。新北：揚智。
鈕則誠（2010a）。《生命的學問——反思兩岸生命教育與教育哲學》。新北：揚智。
鈕則誠（2010b）。《生命教育——人生啟思錄》。臺北：洪葉。
雲南省教育廳（2008）。《雲南省實施「三生教育」宣傳手冊》。昆明：雲南省教育廳。
馮建軍（2007）。〈道德的生命性與生命化道德教育〉。載於朱小蔓、金生鈜編，《道德教育評論・2006》（頁129-147）。北京：教育科學。
黃乃熒（2007）。〈教師專業倫理及其完整實踐之行動〉。《教師天地》，148，11-18。
黃書光（2005）。《中國社會教化的傳統與變革》。濟南：山東教育。
楊明全、宋時春（譯）（2006）。《教育知識的哲學》（W. Brezinka著）。上海：華東師範大學。
葉啟政（2005）。《現代人的天命——科技、消費與文化的搓揉摩盪》。新北：群學。
劉慧（2008）。《陶養生命智慧——社會轉型期教育的一種價值追求》。北京：教育科學。
劉海春（2008）。《生命與休閒教育》。北京：人民。
鄭金洲（2009）。《中國教育學60年（1949-2009）》。上海：華東師範大學。
鄭曉江（2007）。〈關於生命教育中幾個問題的思考〉。載於鄭曉江、鈕則誠編，《感悟生死》（頁82-98）。鄭州：中州古籍。
錢理群（2006）。〈民間教育實驗的意義與力量〉。載於張文質等著，《生命化教育的責任與夢想》（頁序1-16）。上海：華東師範大學。
韓躍江（2009）。〈生命倫理學與「三生教育」〉。載於雲南省教育廳編，《「中國生命生存生活論壇」論文集》（頁243-248）。昆明：雲南省教育廳。
簡成熙（2004）。《教育哲學：理念、專題與實務》。臺北：高等教育。
羅伽祿（2007）。〈中小學生命教育現狀及其思考〉。載於鄭曉江、鈕則誠編，《感悟生死》（頁71-81）。鄭州：中州古籍。
蘇肖好（2005）。〈澳門生命教育推行現況〉。載於蘇肖好編，《生命教育：推行現況、課程及防治自殺》（頁22-24）。澳門：澳門大學。

3. 教育哲學與教師教育

（2012）

- 引言：教師教育的哲學
- 壹、教育哲學：理論
- 貳、教育哲學：實踐
- 參、教師教育：外爍
- 肆、教師教育：內斂
- 結語：哲學的教師教育

摘要

本論文探討教育哲學與教師教育的關聯性，從教師教育的哲學反思談起，最終在於提倡建構一套哲學化的教師教育。文章分為起、承、轉、合四節，分別從教育哲學的理論與實踐之闡述，用以觀照教師教育的外爍及內斂。理論指向學科建設，實踐針對倫理課程；外爍考察教育實踐，內斂促成安身立命。理想的教師類型當為內外兼顧，知行合一。如今教師已屬專業人員，其雙重性角色同時包括社會面的工具性存在，以及個人面的本體性存在，本論文關注於後者角色的成全與完善。為避免此等雙重價值的內在矛盾，我建議教師教育的素質教育部分不可或缺，且得以用自我教化的方式落實。自我教化的內容即是哲學化的教師教育，在臺灣體現為生命教育，在大陸則屬素質教育。

引言：教師教育的哲學

教育哲學係對教育理論與實踐進行哲學思考及批判的結果，前者主要爲教育學哲學或元教育學，後者涵蓋各種教育實踐的哲學，教師教育哲學亦在其中。「教師教育」於大陸清楚分爲「職前培養」和「在職培訓」兩階段，它在臺灣稱作「師資培育」，卻僅指入行培養的階段，至於培訓則散在多元化的研習進修活動中。本論文嘗試通過對教師教育的哲學反思，以建構一套哲學化的教師教育。與科技化教師教育相輔相成的哲思化教師教育，讓教師專業與素質兼具，既可爲經師又足爲人師。如果哲學即生活，則以教育爲生涯發展的教師，當可成爲生活哲學家。如今教育科學和技術已能促進教師專業的深化，該是同步注重教育哲理及實踐以改善教師素質的時候了。一旦教師建立起適性妥貼的價值觀與人生觀，自能更加關心並影響我們的下一代。

壹、教育哲學：理論

一、教育實踐

實踐的概念源遠流長，在古希臘時期即被提出討論。柏拉圖認爲實踐是依循道德的自由行動，包括人際情誼和政治行爲。如今對實踐的理解則被擴充放大，以至令其涵蓋人類活動的一切形式。在西方人心目中，實踐屬於人類的特徵；完美的上帝無須實踐，非理性的其他物種不足以實踐。實踐由是反映出人的兩種基本性質：不完善、自我肯定（彭正梅等譯，2006）。人們意識到自身與世界的不完美，也相信自己能夠改善現狀，更上層樓，遂通過各種實踐形成文化並締造文明。基本的實踐形式可分爲經濟的、倫理的、教育的、政治的、美學的和宗教的實踐；當代這些實踐形式多已發展成爲職業活動及專業分工，教育活動與教師專業即屬其中。教育從傳統的社會教化演進成今日的學校教育，教師的角色和職能值得深入探究。

雖然人人都認爲教育實踐不可或缺且相當重要，世界各國也都列爲基本國策而施行；但大家似乎對教育究竟爲何、該當如何仍莫衷一是。一般觀點認爲教育是成人針對未成年人的人格狀況加以改善的行動；進一步的看法則強調教育必須是社會行動，用以改善他人心理素質，進而提升他人人格；具體作法是對個人心理素質去蕪存菁，從而彰顯其主體性（胡勁松譯，2001）。依此觀之，教育實踐理當有教育目的和教育需求。教育目的通常指向教育活動告一段落時，學生應該達到的身心狀況，它反映出受教者人格的應然狀態。至於教育需求則是指達到人格應然狀態必須通過的教育歷程，它表現爲針對個體心理素質的去蕪存菁，更體現在所有成長中的人對於教育實踐的依賴，而這一切如今已形成爲社會制度。

二、實踐哲學

哲學即愛好智慧之學，是「雖不能至，心嚮往之」的學問歷程。西方哲學自古便將哲學探究予以理論與實踐並舉，令兩者高度系統化的人，首推柏拉圖的學生亞里斯多德。他認爲實踐乃是以善爲目的與導向的行爲，個人和國家的最終目的都是善，實踐哲學由是分爲倫理學與政治學。他進一步指出，個人至善只有在群體生活中方能實現，政治學遂成爲倫理學的延伸與擴充（趙敦華，2003）。既然哲學被標幟爲愛好智慧，實踐哲學便具有更上層樓的實踐智慧境界。實踐智慧的特徵是深思熟慮和謹愼抉擇，用理性去指引感性，最終導至知情意行一以貫之，運作無礙。無礙的生活需要執中道而行，無過與不及，此即倫理道德實踐合情合理的原則。人們所具備的一些基本德性或德行，就可以從實踐智慧中歸結得出。

看重理性的傳統在西方源遠流長，歷久彌新。近代的康德將純粹理性與實踐理性加以二分，前者爲不依傍經驗的認識能力，後者屬不涉及經驗的道德意識，且後者的地位高於前者。到了馬克思則進一步提出科學的實踐觀，他認爲生產是最基本的實踐活動，此外還有倫理、政治、科學、藝術、教育等多種形式，用以構成人類社會全部歷史（萬中航等，2002）。從上述西方哲學的發展軌跡看，哲學若要眞正體現出它那愛好智慧的本意與眞諦，就不能畫地自限只講理論知識，一定要將實踐智慧落實在社會及生活中。傳統上哲學爲百學之王，無所不包；後來受到學科分化的影響，遂成爲衆多學門的一科。如今在學界以外的人看來，哲學最大的貢獻仍在於倫理道德實踐方面。尤其論及教育活動，還是以德育居首。

三、教育目的

「教育學之父」赫爾巴特本身即是哲學家，他繼承了康德在大學講壇的教職，一方面主講倫理學，一方面也將教育學納入大學殿堂。他的教育學有兩大基礎：倫理學與心理學；十九世紀初期心理學仍屬哲學的分支，倫理學則從古至今皆爲哲學核心科目。他主張以倫理學界定教育宗旨和目的，由心理學提供教育方法及手段；關鍵在於他心目中的教育乃是倫理道德教育（彭正梅等譯，2011）。赫爾巴特時代的科學與技術尚方興未艾，著眼於道德教育無可厚非；現今已是科技掛帥，哲學課在大學裏被大幅壓縮。拿教育哲學來說，它通常只見於師範或教師教育課程內的一科，主要課題便是討論教育宗旨和目的。然而哲學探索有可能向形上思辨傾斜，而忽視了教育實踐的現實性和多樣性，以致造成空中樓閣，導致曲高和寡。

教育哲學在臺灣是中小學教師入行培養取得教師證考科之一，有志於教職的年輕人都得被動學習，卻始終難得應有的重視。相較於教育心理學可用於教學現場，教育哲學似乎眞的有些與現實脫節。相形之下，它在大陸既未承載考科任務，反倒有揮灑空間，將之跟人學融會貫通便是一種可能。中國人學在上世紀九〇年代應運而生，不但標榜人學即哲學，還強調它是哲學的當代型態（王嘯，2003）。順此引申的教育人學觀，首先肯定人是教育目的，教育爲彰顯人成爲主體；其次要求教育必須促發人的生成，包括人的啓蒙、人的引出，以及人的存在；最終主張必須是人對人的活動，它把傳統的管教式師生關係，轉化爲更務實也更合乎人性的關切式關係。此種轉化發生於教育實踐中，以實踐哲學爲度，反思教育目的，進而重構教育哲學。

四、學科建設

教育哲學作爲教育學與哲學的科際學科，在臺灣只有念教育的人要學，念哲學的人大多不聞不問。這種情況在大陸和美國都有些類似。教育哲學雖然不易得到學生青睞，卻被研究所、教師證，甚至公務員考試皆列爲考科。此一現象其來有自，可上溯至早年杜威來華講學兩年，對國民政府的教育政策影響深遠，讓一門冷門學科緜延至今，應試教科書不斷刊行，連我也未能免俗（鈕則誠，2004）。我寫書的初衷確是爲了師資培育授課所需，但下筆行文卻另含新意，嘗試建構一套適用於華人社會的哲學教育學，因此特別標幟「華人應用哲學取向」。我在結論中表示：楬櫫「後科學人文自然主義」，作爲以「中國人生哲學」爲理論、「華人生命教育」爲實踐的「華人哲學教育學」之基本論述，且以「中體外用論」的清楚立場，對修正的可能性保持開放態度。

這是我在2004年的初步努力，一年後續有《教育學是什麼》一書問世，將論題的背景放大考察；至於深化處理自己的主張，則是近年的事。我建議在教師教育專業課程中的「教育哲學」、「教育倫理學」、「德育原理」、「情意與道德教育」等科目，融入生命教育內涵，作爲這類課程的核心價值。對此我提出「生存基調的鞏固、生活步調的安頓、生命情調的抉擇」三階段論（鈕則誠，2010）。生命教育在臺灣被當作重要教育政策加以推動，從2010年起更列爲所有高中生必選課。但是生命教育的提法於大陸的評價相當參差，有人大力推廣，也有人不屑一顧。本論文爲聚焦提倡具有實踐哲學旨趣的教師教育，乃不擬多討論生命教育，代之以考察在大陸較少爭議的倫理教育及價值教育。至於我的論述觀點，正是我在過去十年間所發展出來的「華人應用哲學」。

貳、教育哲學：實踐

一、應用哲學

應用哲學通常被界定為運用基本哲學理論及方法，對科學學科及實踐議題所做的哲學反思。教育學如今被列為社會科學，以教育理論與實踐為哲思對象的教育哲學，遂歸於一門應用哲學；類似的還有政治哲學、管理哲學、科學技術哲學等。人是社會動物，追求美好人生，欲達到此一目的教育乃是哲學化的教育，它教導人們學習社會實踐，進而促成個體生命自我實現（黃藿、但昭偉，2002）。臺灣的空中大學（廣播電視大學）開授「教育哲學」一科，即以大半篇幅和時間來介紹道德教育相關課題，由此可見，倫理道德教育實可作為教育哲學的核心價值。尤其在華人社會，教育經常被視為是一種良心事業，這使得教育實踐不但帶有道德性質，人們對教師也要求有較高的道德修養和品格。雖然民主自由社會具有去道德化的傾向，但擇善固執仍有其必要。

往深處看，追求民主自由的理想，本身即屬某種道德抉擇；一旦達於民主自由境地，卻把道德使命感棄之不顧，不免矯枉過正。時下常被視為將許多傳統價值去之而後快的後現代，但後現代與其說是晚近時代分期，不如看成當前時代風潮。後現代其實與現代並存，它們既歷時又共時。強調多元的後現代不一定要跟擁抱規準的現代劃清界線，與其對立不如和平共存（溫明麗譯，1997）。現代的啓蒙思想主要來自康德，到後現代卻被迫讓位，不免失之輕率。較妥當的作法是將啓蒙思想轉化與提升，使之更透明化及多元化，而避免定於一尊。啓蒙思想作用於教育，係期待人類通過理性力量以創造美好生活。現今畢竟不同於十八世紀，不應再誇大理性作用，教育更好是讓人們正視情意價值的存在；但這一切仍不脫哲學愛好智慧的初衷，事實上應用哲學正在實踐此一愛智途徑。

二、專業倫理

說到後現代，我曾用十六字加以概括：「質疑主流，正視另類；肯定多元，尊重差異。」後現代思潮以及受其影響的生活型態，在西方國家已屬稀鬆平常，見怪不怪。但是到了華人社會，遇上強大主流價值觀，例如儒家文化或中國特色社會主義，就不見得理所當然。不過把後現代觀點當作一面鏡子用來反思當前教育現狀並不爲過，提倡教師專業倫理、還其常人面目便是一例（但昭偉，2006）。在西方人的觀念裏，專業比行業、職業有著更高的門檻，它不但表現爲擁有相同專長的人所組成的社群，還必須專業化的教育訓練、證書執照、社團組織等條件一一齊備。在臺灣當中小學老師先得修習師資培育課程，通過檢定考試取得教師證，並經過嚴格甄選方得進入學校成爲正式教師，爾後也要加入各級教師會以保障自身權益。

從上述描繪可以發現，教育工作似已不再擁有儒家式「天地君親師」的崇高地位，教師成爲跟醫師、律師、心理師、社工師、建築師、會計師同樣的專業人員。當然老師傳道授業、作育英才，人格不能有所偏差，方能爲人表率；但是人們不應對之要求過高，就像對各種專業人員一般予以適當尊重便成。而專業人員亦當以專業倫理自我規範，不逾矩就算敬業（洪成文等譯，2007）。一九七五年全美教育協會楬櫫一份〈教育專業倫理典章〉，作爲各級教師恪守的專業規範。該典章只有兩部分，分別列出對學生的義務，以及對教育專業的義務。兩部分典章各有八條，均採負面表列，明示教師不應該出現的想法與作法。如此言簡意賅的文件，爲教師專業自主提供相當大的保留空間，同時也清楚呈現教育專業的基本規矩節度，令從業人員確知如何不逾矩。

三、教育倫理

倫理探究與實踐是哲學問題，東西方兩大哲人孔子和蘇格拉底畢生都在思索如何教導倫理道德，於是倫理的哲學問題一開始便成爲教育的中心關注。當今哲學和教育學各自形成爲一門學科，且分屬人文學與社會科學兩大知識領域範疇，不宜再混爲一談；但可以發展出跨領域的科際交叉學科，教育哲學便是一例。教育哲學可依哲學內的二級學科再做細分，教育倫理學便屬之（黃向陽，2006）。教育倫理學以及教育認識論、教育形上學等二級科目，一般納入需要專精探討的研究所課程內，臺灣師範大學便開授這幾門課。不過話說回來，從學科發展歷程看，教育倫理學並非由教育哲學所派生，而是相反地在教育倫理學的基礎上建立起教育哲學。從事這項努力的不是別人正是杜威，他繼承了赫爾巴特的理念，在美國樹立自己的旗幟，同時影響及中國現代教育思潮。

中國人和西方人一樣講究倫理道德，然而取徑有別。西方人自信仰中拈出一些基本道德原則，不同的人都必須遵守相同原則，此乃「異中求同」取徑。中國人不採此法，而是通過「五倫」先將人際關係做出分判，再各自訂出相處之道，於是同一人在不同關係中各有規範，此爲「同中存異」取徑。中西文化雖然殊途，但在人生安頓上卻得同歸，也就是如何「正己」和「待人」（賈馥茗，2004）。倫理學即是道德哲學，乃是實踐哲學的核心，它教導人們如何安身立命、自我實現，傳統的「三綱八目」便屬於一套實踐綱領。這些綱目已將倫理實踐擴充至政治參與，時至今日，兩岸領導階層不少出身學界或擁有最高學位，「學而優則仕」其實並未過時。如何讓學有所專的人經由民主程序得以兼善天下，眞正做到爲人民服務，這或許是華人世界實踐的終極課題。

四、教師倫理

教育倫理學始終與教育哲學相輔相成、相得益彰。身處專業分工的後現代社會，教育倫理不可避免會像各門專業倫理一樣看重大原則，但生為華人又難以忽略倫常關係所形成的小脈絡。爲使中西融通、大小兼顧，我主張「大處著眼，小處著手」，亦即在政策制訂上依原則行事，而在教學實踐中看情況而定；前者多用於專業倫理，後者則見於教師倫理，尤其是師生關係（田漢族，2002）。師生關係屬於上下關係，若依「天地君親師」的傳統應歸於君臣及父子倫；但從現今「亦師亦友」的理想看，又不妨加入朋友倫。朋友在古代多指學伴，「獨學而無友，則孤陋而寡聞」、「以文會友，以友輔仁」，在在顯示朋友類似同學。當然師生不可能只是朋友，但無疑可以做朋友。上下關係太垂直，不免局限於管教與被管教；若向友伴關係傾斜，當更有助於民主實踐。

校園中的民主實踐在臺灣已非空談，大學生要爲授課教師進行教學評量，其績效會影響教師的受聘及升遷。此外，校長遴選委員中，也有學生代表一席之地，這在過去簡直不可思議。當然許多作法皆效法美國，而美國人雖將學校列爲非營利組織加以管理，但管理模式仍具有企業視角，以教育爲服務業，學生遂成爲顧客和消費者。如今可以努力的，似乎只有讓學校回到非營利陣營（余佩珊譯，1998）。在管理學者杜拉克的心目中，成功的學校教育，教出來的乃是學到知識的小孩，以及不斷成長爲自尊自重的年輕男女。在這種時空背景下，師生關係已成爲職場關係的一環，涉及群體的專業倫理就是職場倫理；至於作爲教育倫理另一構面的教師倫理，只能轉化爲更關注於個體發展的獨善其身修養工夫。以下對教師教育的闡述即順此一理路而發。

參、教師教育：外爍

一、專業教育

身爲教育哲學學者並從事教師教育工作，我雖有哲學理想，卻必須面對教育現實。時下無論是臺灣實行的美式民主，還是大陸展現的中國特色社會主義，教師職業都只是衆多職場生涯的一個選項，且深受市場機能影響。職業是根據人們參與社會勞動的性質和形式而劃分的團體，教師促進個體實現社會化，亦即引領孩子適性成長，進而貢獻於社會。爲達此目的，教職必須專業化（唐玉光，2008）。既然專業化已是勢之所趨，則教師教育必須以專業教育爲重心；但另一方面，教師在全人觀點下，也有成其爲人的心之所嚮，因此注重人格養成的素質教育實不可偏廢。教師教育源自師範教育，「學高爲師，身正爲範」，教師形象再怎麼說還是孩子眼中的人格典型。我們都是過來人，過去做學生，如今當老師；專業與素質兼顧，絕非紙上談兵之事。

臺灣原本有三所師範大學和九間師範學院，後來師院不是升格爲綜合型的教育大學，便是跟其他高校合併爲綜合大學；至於師大雖未改名，卻都已大幅轉型爲綜合大學。其實早在一九九五年頒行《師資培育法》，教師教育便已門戶大開，一般大學皆可申請設置教育學程，培育中小學師資，甚至以此基礎成立教育研究所更上層樓。凡此種種，均屬造就可持續發展式教師而努力（祝心德等，2004）。可持續發展或永續發展式教師是學者型、反思型、研究型兼具的教師，而其應具備的素質則包括思想、心理、身體、知識、能力等方面。素質教育爲中國所獨創，起先實施於中小學，以彌補應試教育之弊；其後發展出高校層級的文化素質教育，相當於港澳臺大學裏的通識教育，而與專門及專業教育相輔相成。在此背景下，教師教育納入素質教育課程實有其必要。

二、素質教育

平心而論，臺灣高校師資培育課程大多已向應試教育傾斜，其主要目的便爲考得教師證，否則一切皆付諸流水。師資課程相當於大學副科，想教中學需修二十六學分，小學則爲四十學分；課程全爲教育基礎及專業科目；至於各人本行專長，則以主科所修專門學分認定。這種設計最大不足便是素質通識課程闕如，教師教育只重智育，完全不見德育，充其量只有「德育原理」課（但昭偉，2002）。問題是準教師所學的德育課，是爲了教導孩子而非安頓自我，屬於專業而非素質課程。素質教育在大陸反映的是以人爲本的全面發展教育之理想，它涉及人的觀念型態、價値判斷、人格水平、理想志業等，跟臺灣的生命教育頗能呼應，但在大陸可以倫理教育、價値教育視之。這是對成人教師所進行的修身養性工夫培養，一旦有所啓蒙，學生自然也跟著受惠。

生活於科技當道的時代與社會，要學習追趕的生活技能層出不窮，有些稍縱即逝，大多不進則退。這些技能學習多以知識型態出現，於是智育充斥於教育現場，相形之下，德育早已聊備一格，甚至乏人問津。像臺灣的教育改革使中小學德育課消失於無形，遂被譏爲「缺德」的教育。改善之道雖本於政策改弦更張，但教師自覺更爲根本，此乃教師素質的問題（唐榮德，2009）。教師素質有兩面，其源自教師身分的雙重性質。教師一方面屬於社會需要下的工具性存在，亦即專業人員；另一方面則是回返個人生活時的本體性存在，此爲本眞自我。前者是專業教育得以用武之處，將教師打造成社會中堅分子。然而唯有通過關注於全人的素質教育，方能讓教師眞正達於自我實現的境地。此一歷程要求終身學習，用以促成教師人格典型的可持續發展。

三、倫理教育

素質一指事物本來性質，二指人的素養、品質、資質。這些大多先天具備，難以靠教育造就；因此推動素質教育的用意，無疑便在於激活原有潛能，令其發揚光大。臺灣講「德智體群美」的五育並重，大陸則指「德智體美勞」全面發展。素質教育其實也包括專業素質，但是高校的文化素質課係與專業課互補而設，較偏向德育似無疑義。而德育的終極關懷乃是善，在中國便屬維繫倫常和諧（郝文武，2009）。倫理教育即使不是素質教育的全部，也居於其核心部分的關鍵地位；在我看來，素質教育除了不再關注智育外，當是德體群美勞等五育全方位覆蓋，始能面面俱顧，無所偏廢。其中德育群育勞育涉及他人，體育康健身形，只有美育直指人心，足以反身而誠，無向外馳求之誤。將美育指向自然美及生活美，將可使倫理道德不致太沉重。

古希臘哲學家早已明示，哲學追求眞善美；尤有甚者，眞善美其實是三位一體，彼此通透。順此我提倡將部分倫理教育轉化爲美感教育，用以追求本眞自我的靈現。教育工作被視爲服務業，教師服務社會、學校、學生、家長各方面，很容易過勞而產生職業倦怠，這對大家都不妥。改善之道不妨推廣一套自學方案，採行蘇格拉底「認識自己」的反思途徑，或能達於海闊天空之境（林玉体，2006）。我所設想自學方案的內容，乃是獨善其身的倫理教育或生命教育；後者相當於人生哲學教育，可歸於實踐哲學的實踐。胡適視倫理學就是人生哲學，馮友蘭則認爲人生哲學包含倫理學；問題是倫理學必然要處理人倫關係，人生哲學則不但能觀照人際互動，也可以自顧自，範圍明顯比較大。社會多期待教師關顧學生，我卻寄望他們能顧好自己。

四、價值教育

至聖先師是聖人，不表示其後的教師一定要做聖人；只要秉持育人理想，凡夫俗子同樣可以勝任教師職務。選擇步向教師生涯，乃是對人生方向所做的價值判斷。一般多認爲擔任教師至少必須要有愛心和耐心，人格相對穩定，專業知識亦不可或缺。投身教育工作從而是在特定的價值觀引導下所進行的實踐活動，而此一價值觀就成爲教師的基本導向和思維定向（王坤慶，2008）。在適性的教育價值觀指引下，一名年輕教師從此步向其專業生涯，甚至終身行之而樂此不疲。老師教學生理想上可以經師與人師兼顧，前者傳授知識，後者推己及人。但在現實世界中經師易做人師難爲，畢竟知識教學可能立竿見影，智慧陶養卻屬潛移默化的工夫，不是每個老師有心或有力爲之的。講智慧陶養容或陳義太高，較貼切的作法也許是推廣價值教育。

教師在一定價值觀指引下走進職場，不但要從事專業教育，有機會更應該推動素質教育和價值教育。素質包括個體身心潛能，價值則指向其心之所嚮。孩子容易見賢思齊，基於自身人格特質而嚮往做警察、當老師，或成爲科學家，教師理應助其達成人生目標。成爲人師推己及人不一定要學生當老師，而是爲培養自主性、建立價值信念、令生活知行合一等，此即價值教育之所爲（石中英，2009）。俗話常說人們心中都有一把尺，就是指生活中待人接物拿捏的依據，亦即價值判斷的標準。身爲道德哲學教授的亞當斯密，將道德上的價值聯繫起市場上的價格，使其躍登「經濟學之父」寶座，卻也開啓了後世將價值混同於價格之弊。流風使然，如今教育活動也形成廣大市場，教師與知識皆待價而沽。情勢雖然無奈，卻仍可尋思出困之路。

肆、教師教育：內斂

一、自我教化

行文至論述末節，必須點明我寫作一以貫之的初衷，正是呼籲每一位教師能夠反身而誠，通過自我教化得以安身立命。既然兩岸的教師教育無論在培養或是培訓階段，都針對專業養成而發，幾乎不見素質開顯和價值安頓的課程，而這又屬於教師教育不可或缺的內容，我乃提出自我教化的構想，希望能促成教師的自學方案，以避免教師價值內在矛盾的擴大（金忠明，2008）。教師作爲教育職場的一員，與其成爲人的本眞存在，長期具有社會價值加工具價值，與自我價值加生命價值的內在矛盾，也就是前面提到的工具性存在和本體性存在的雙重性。倘若教師教育以外爍的制式教育滿足教師的工具性存在，則其內斂的自我教化當以針對本體存在的安身立命爲目的。中國的教育與教化傳統皆來自儒家，我則建議走向「儒道融通，天人合一」的生命境地。

西潮東漸以船堅礮利迫使中國步上現代化，既付出百年困頓慘痛代價，也造成兩岸分立局面。上世紀後期兩岸卻不約而同來到經濟快速發展的道路，人們終於可以過起充實的幸福日子。現代化將古代官場轉型爲現今職場，職場生涯背後的動力則來自市場機能。市場主導下的教育專業，在臺灣已將各級教師造就爲廣大中產階級，於大陸則因城鄉發展不同而出現分歧現象（郭朝紅、張欣，2003）。現今中國沿海大城市的各級教師漸已躋身中產階層，爲全國教師生涯發展樹立起明顯標竿。中產生活在安定中求進步，於貢獻社會的同時也有機會安頓自我。教師的自我價值和生命價值若能得以適當地彰顯，則其與社會價值及工具價值矛盾也將化解。一個自我實現的教師，始能引領學生自我實現。我在此強調，自我可以通過反身型教化得到逐步實現。

二、永續發展

「教化」係傳統儒家用語，偏重人格養成方面的道德建設，相對於源自西方制式學校教育，似乎更妥切顯示潛移默化的工夫，我遂以之用來標榜自我薰習的歷程，但傾向於儒道融通。漢代初期實行黃老治術，與民休息，終於休養生息而致盛，始有罷百家獨尊儒術的歷史傳承。我在前述小節中曾提出「後科學人文自然主義」思想，即接近道家無爲式的「成教易俗」工夫（黃書光，2005）。平心而論，與民休息乃是爲走更長遠的路，這是一種可持續發展觀，在臺灣稱作「永續發展」，似乎更能體現那份持之以恆的要求。在永續發展的前提下，自我教化一方面能夠不限時空隨時隨地行之，一方面也可以融入繼續教育體系，讓教師以在職培訓的方式，接觸一些情意化的講座與體驗活動，這正是臺灣對在職教師推廣生命教育的作法。

莊子明智地指出「生也有涯，知也無涯」，原本期盼人們無爲莫事造作，但事實是人類文明不斷造作發展，今日教師才開啓了個人職場生涯。專業化教師追求無止境知識並無可厚非，但不可因此畫地自限，而應該進一步轉換視野，提升境界，從「專業人」走向「文化人」。擁有專業讓教師在職場中得以生存，而涉足文化則使教師更能融洽地生活，同時展現出豐富的生命情調（龍寶新，2009）。文化在西方意指「一個民族生活方式的全部」，貼近文化便是回返生活；它在中土則指向「人文化成」的努力，要求一份人文自覺。在科學當道、技術掛帥的現今世界，把握人文精神需要擇善固執，教師生涯的永續發展絕不能忽略此點。進一步看，人文精神反映儒家倫理道德要求，這樣仍不足夠；必須跟道家自然無爲思想與作法融會貫通，方能做到眞正有爲有守，無過與不及。

三、立竿見影

臺灣師資培育係取代師範教育而設，以培養入行教師，開展至今還不到二十年，卻已由盛而衰，就讀人數大幅下滑，培養出來的合格教師長期待業或無法正式就業情況不斷出現，問題癥結就在於「少子化」。該現象讓臺灣於一九九八與二〇一〇兩個虎年間的出生人口折半，意外成爲全球出生率最低的地區。在此趨勢下，教師爲保住飯碗，就必須終身學習，接受類似大陸在職培訓的繼續教育（時偉，2004）。大陸教師繼續教育可分爲高校模式、校本模式、教師中心模式、社區模式，其有機的關聯是：以高校爲主導、教師中心爲重心、社區爲輔助、校本爲主體。這套模式值得我們參考，臺灣地小人稠，操作起來或許更能立竿見影。但是我想提倡的，還是要在教師繼續教育的培訓中，令專業教育與素質教育兼顧，無所偏廢。畢竟缺乏素質的教師是搞不好專業的。

教育哲學自始至終都屬於教師專業教育的基礎課程，而與教育史、教育心理學、教育社會學並列。教師教育課程在大學裏開設並傳授，培養出來的教師則到中小學任教；即使大學教師有可能教過中小學，但其在大學講堂上的理論鋪陳，是否有可能跟中小學教師職場的教學實踐脫節？西方學者認爲大學教師教育所提供最寶貴的部分，即在於知識分子的反思與理論批判能力（劉麗麗譯，2007）。以大學作爲教師養成場所並無疑義，醫師、律師等專業人員皆由此而生。問題是，現行教師教育是否曲高和寡？能否立竿見影？由於臺灣的師資培育課程包含實習半年的學分，因此起到立即學以致用的作用。但這些只限於本行專門課程與教育專業課程的實踐，一時還看不出來個人素質修養能否無礙因應教師生涯，此時反思型教師的培訓便有其必要。

四、潛移默化

反思即是對自身處境的反省思考，非但不能一廂情願地自我肯定，反而要常抱批判偵錯之心，以發現個人知行盲點與錯誤。教師自我反思的對象有二，主要是專業實踐，但也不能忽略生活態度。後者其實可能影響前者，譬如急功近利的人不容易在專業上穩紮穩打，缺乏愛心的人難以博得孩子愛戴等等。反思的任務乃在於發揮教師成長過程中的主動能動性（魚霞，2007）。然而無論主動還是能動，皆以自我覺察爲要件；無法自覺本身所行何事、所爲何來，主動能動便失去方向。正如管理學者所言：要把事情做對以前，先確定哪些事情是對的而值得去做；換言之，教師專業實踐成敗與否，實繫於當事人對自己生涯所做的價值判斷。此一判斷能力可以教導傳授，但無法立竿見影，而是潛移默化。通過繼續教育終身學習，漸修之後終有頓悟的一天。

身爲大學教師近三十載，之前與其間我教過幾年中學生，雖然經驗不足，但是確知對未成年人的開導非比尋常；尤其是面對狂飆時期的孩子，更需要智與力兼具，否則難以應付。中小學教師在職場中還有一項困擾，那便是行政干預；擔當級任導師或班主任雖然累還說得過去，接手各處室的小主管就苦不堪言了。生涯如何既安身又立命的確有必要加以深思熟慮，做出妥善存在抉擇（鈕則誠，2007）。當老師非但不必「人在江湖，身不由己」，更可以「海闊天空，自由自在」，關鍵在於如何確立自己的人生觀。人生大致可分爲「生存競爭、生涯發展、生趣閒賞」三階段，三者有所重疊。教師生涯求安定不難，要進步則得費些勁。對此我建議「盡力而爲，適可而止」，年歲越大就該多把時間留給自己。尙友古人之中，我推薦白居易的「中隱」之道。中產中年中隱可也。

結語：哲學的教師教育

教育哲學原本就有些人文性和理想性，它可用於務虛，雖不必跟務實的科技性及專業性相提並論，彼此卻應當相輔相成，相得益彰。本論文討論教育哲學與教師教育的關聯，始於教師教育的哲學反思，終於倡議建構哲理性的教師教育。此一哲理非為精進專業，而在於開顯人生。中產教師在職場中浮沉，物質面幸福有餘，精神面快樂不足，亟待正本清源，推陳出新。擔任多年教師教育教師，我樂於對此提供建言，為年輕及中年教師的自我教化強化動機，促成實踐。近年我在兩岸高校積極推廣生命教育，源自臺灣的生命教育由倫理哲學學者主導建構，其中微言大義我已撰成多冊論著出版，在此不再贅述。最後我還是要強調這點：哲學化的教師教育即是生命教育，在大陸可以素質教育的形式與內容將之發揚光大。

參考文獻

王嘯（2003）。《教育人學——當代教育學的人學路向》。南京：江蘇教育。

王坤慶（2008）。《教育基本理論研究》。合肥：安徽教育。

田漢族（2002）。〈教師與學生〉。載於張斌賢等編，《教育學基礎》（頁111-141）。北京：教育科學。

石中英（2009）。〈價值教育的時代使命〉。《中國價值教育通訊》，1，1-3。

但昭偉（2002）。《道德教育——理論、實踐與限制》。臺北：五南。

但昭偉（2006）。〈知止而後有定——論教師的新定位暨專業倫理的建構〉。載於但昭偉編，《教師的教育哲學》（頁141-158）。臺北：高等教育。

余佩珊（譯）（1998）。《非營利機構的經營之道》（P. F. Drucker著）。臺北：遠流。

林玉体（2006）。《西方教育思想史》。北京：九州。

金忠明（2008）。《教師教育的歷史、理論與實踐》。上海：上海教育。
洪成文等（譯）（2007）。《教學倫理》（K. A. Strike與J. F. Soltis著）。北京：教育科學。
胡勁松（譯）（2001）。《教育科學的基本概念：分析、批判和建議》（W. Brezinka著）。上海：華東師範大學。
唐玉光（2008）。《教師專業發展與教師教育》。合肥：安徽教育。
唐榮德（2009）。《教師素質：自在的教師》。桂林：廣西師範大學。
時偉（2004）。《當代教師繼續教育論》。合肥：安徽教育。
祝心德等（2004）。〈基礎教育新型骨幹師資培養模式的研究與實踐〉。載於朱小蔓等編，《新世紀教師教育的專業化走向》（頁171-176）。南京：南京師範大學。
郝文武（2009）。《教育哲學研究》。北京：教育科學。
郭朝紅、張欣（2003）。〈中國教師教育課程設置的現狀及其課題〉。載於李其龍、陳永明編，《教師教育課程的國際比較》（頁170-210）。北京：教育科學。
魚霞（2007）。《反思型教師的成長機制探新》。北京：教育科學。
彭正梅等（譯）（2006）。《普通教育學——教育思想和行動基本結構的系統的和問題史的引論》（D. Benner著）。上海：華東師範大學。
彭正梅等（譯）（2011）。《教育哲學指南》（R. Curren編）。上海：華東師範大學。
鈕則誠（2004）《教育哲學——華人應用哲學取向》。新北：揚智。
鈕則誠（2007）。《觀生活——自我生命教育》。新北：揚智。
鈕則誠（2010）《生命的學問——反思兩岸生命教育與教育哲學》。新北：揚智。
黃藿、但昭偉（2002）。《教育哲學》。新北：空中大學。
黃向陽（2006）。〈「教育倫理學」問題研究〉。載於陳桂生等編，《教育理論的性質與研究取向》（頁301-372）。上海：華東師範大學。
黃書光（2005）。《中國社會教化的傳統與變革》。濟南：山東教育。
萬中航等（2002）。《哲學小辭典》。上海：上海辭書。
溫明麗（譯）（1997）。《新教育學》（W. Carr著）。臺北：師大書苑。
賈馥茗（2004）。《教育倫理學》。臺北：五南。
趙敦華（2003）。《西方哲學簡史》。北京：北京大學。
劉麗麗（譯）（2007）。《專業知識與教師職業生涯》（I. F. Goodson著）。北京：北京師範大學。
龍寶新（2009）。《教師教育文化創新研究》。北京：教育科學。

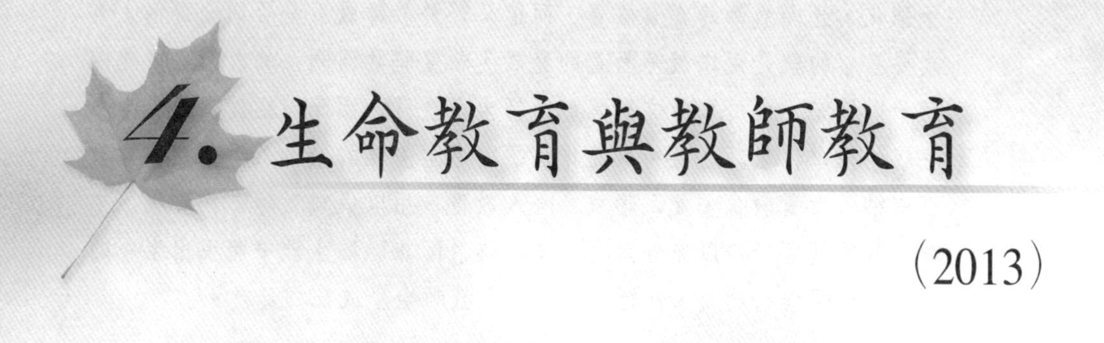

4. 生命教育與教師教育

（2013）

- 引言
- 壹、生命教育
- 貳、教師教育
- 參、教師的生命教育
- 肆、生命的教師教育
- 結語

摘要

生命教育為兩岸既定教育政策，正在落實深化於中小學生中；由於兩岸近年交流頻繁，本論文首先檢視彼此的生命教育論述，並呈現其相輔相成之處。一旦生命教育將要全面開展之際，應先行確認成敗關鍵並予強化，此即教師的素質修養，而這又繫於教師教育是否周全齊備；其次要考察的就是兩岸教師教育的發展，希望將共同關注的教師專業化內涵予以擴充。由於本論文對焦於教師生命教育，因此積極提倡具有生命底蘊的生命化教師教育。具體作法須從專業倫理的培養入手，在專業教育中納入素質教育，使之形成為全人教育，用以促成教師自我實現。生命化教師教育若得以充分落實，能夠讓教師在職場生涯中體現出生命的學問，從而推己及人、知行合一，此即教師生命成長之真義。

引言

進入新世紀以來，兩岸不約而同地都在推展中小學生命教育；二〇一〇年可視爲重大里程碑，臺灣的中學生命教育類課程全面啓動，大陸則將生命教育正式寫入〈國家中長期教育改革和發展規劃綱要〉中。乍看之下情勢似乎一片大好，但認眞想來成敗得失尙難以預卜，關鍵在於教師。中小學生尙未成年，不可能眞正自我教育，凡事還是得靠老師教。尤其像生命教育不在於教孩子立竿見影的謀生技能，而是從事潛移默化的人格養成；倘若老師的個人修養不到位，再怎麼教或許都是白搭。於是在大聲疾呼孩子應接受生命教育之餘，必須同步推動教師生命教育。而由於兩岸中小學教師都必須通過教師教育的培養與培訓，方能站上講臺開創生涯，並得以永續發展。本論文寫作的目的，即是通過兩岸對話以尋找生命教育與教師教育的有效交集，進而促進彼此互利共榮。

壹、生命教育

一、臺灣的生命教育

生命教育在臺灣是以中學德育改革創新起步的，一九九七年臺灣省政府將一所中學行之有年的倫理教育六年教材重新包裝，列爲全省初高中生命教育課程而於次年起實施。二〇〇〇年它向上發展爲教育最高當局的一項政策，編列大筆預算以施行四年中程計畫，四年後它更具體形成爲一套八科高中生命教育類正式課程。由於小學和初中主要爲體驗教學，這套充滿學理背景的高中課程綱要草案，遂成爲最明確的官方版本內容，得以向下紮根及向上拓展，尤其是在全臺高校通識教育中廣泛開課（鈕則誠，2004）。經過多年的論證和試行，高中課程終於自二〇一〇年起正式上馬，所有學生均須修習至少一科。近年臺灣正在興辦十二年國民教育，當前高中生命教育的作法與精神，終將貫徹於國中、小學及幼兒園，成爲完整的德育實踐。

然而跟大陸經驗最大不同的，乃是臺灣生命教育無論在推動過程、理論建構以及參與機構等方面，都存在著各式各樣的宗教色彩，尤其是天主教會。當初被省府選中借用全套教材的曉明女中便屬天主教學校，後來主持編寫高中課綱的學者孫效智則受過神學教育，而全臺六十餘所教會創辦的大中小學一律要上生命課。當然其他如基督教、佛教學校和民間信仰社團，也都對頗具正向意義的生命教育充滿興趣，終至出現「各自表述，各取所需」的百家爭鳴盛景。不過既然官方已經訂出課綱，也不能太過於偏離主題或借題發揮。何況它畢竟係由德育轉化而來，倫理、哲理和心理內涵實不可或缺及偏廢。根據倫理學者孫效智（2004）的規劃設計，臺灣生命教育的內涵，基本上包括三方面：終極關懷與實踐、倫理思考與反省、人格統整與靈性發展。

二、大陸的生命教育

臺灣生命教育的出現雖然具有宗教背景，但是它被新聞媒體和社會大衆所正視，則多少由於不斷出現的學生自殺案件，以及一次突如其來造成慘重傷亡的集集大地震。無獨有偶地，海峽對岸的大陸部分省市，在本世紀前十年也陸續出臺實施學校生命教育的文件，其中同樣帶有自殺防治的目的；至於汶川大地震怵目驚心的景象，更激起全國人民居安思危的生命意識。凡此天災人禍議題，過去多半未曾在學校有系統地探討及傳授過，如今有機會以生命教育之名，讓各級學校學生得以正視問題，共同尋思解決之道，不啻爲教育核心價值的體現。尤其是針對「轉大人」的大學生生命教育，更背負著成人生命教育的任務。畢竟許多人在大學畢業後便不再涉足學校，藉著文化素質教育或通識教育課程，開啓年輕人的生命意識，可謂意義重大（蕭川、王淩雲，2011）。

大陸學者蕭川經過多年的觀察發現，在教育實踐中著力培植生命意識，高揚生命情懷，對於文化和國民性的改造十分必要。他進一步指出生命教育的三個層次，包括生命教育作爲教育的價值追求、作爲教育的存在型態，以及作爲教育的實踐領域，並強調此乃素質教育的切入點和著力點。素質教育係上世紀八〇年代大陸針對改善中小學應試教育弊病所獨創，銜接上生命教育理所當然。當生命教育成爲教育實踐，教師的心態和作法便起到關鍵性作用。蕭川（2012）認爲教師也只是普通的生活者，如何讓教師感受到教學樂趣，感受到校園生活的美好，應爲開展生命教育、創造活力課堂首要關注。這正是近年學界提倡的正向心理、正能量之開啓發揮。而讓老師有心投入生命教育的具體作法之一，即是鼓勵他們書寫教育隨筆。這又符合總結教學案例反身而誠的作法。

三、相輔相成

兩岸華人血脈相連、文化相通，雖然一度因爲分治而出現長達三十餘年的隔閡，但重新開放交流至今又過了近三十載。在全球化的影響下經濟同步發展，許多發展後遺症所帶來的社會問題亦頗爲相近，有待通過生命教育移風易俗、推陳出新。事實上，兩岸雖然不約而同出臺生命教育政策，但其中仍具有一定的民族文化內在聯繫，值得深入考察。臺灣推動生命教育的背景是科技掛帥後的人文失落，導致孩子及年輕人在價值方面無可適從的精神危機。而大陸也因爲改革開放後的急功近利，導致教育偏重於有關升學和就業相關知識的傳授，造成未成年學生在道德品質、文化素質、人格人性等方面出現嚴重問題（鄭曉江，2007）。看來生命教育政策可謂兩岸彌足珍貴的共識之一，有待不斷對話，使之相輔相成，互利共榮。

學生生命教育的成敗關鍵主要是教師。一般而言，中小學教師的生涯高峰期約在二十五至四十五歲之間。如今臺灣教師入行基本爲大學本科學歷，不少更積極讀碩士班。至於大陸小學教師或爲中、大專程度，中學教師已達本科水平。臺灣地小人稠，城鄉差距不大；大陸幅員廣大，似不能一概而論。但兩岸在過去三、四十年間先後大力發展經濟，已然形成一定比例追求在安定中求進步的中產階級。而教育工作常被視爲安定代表，至少城鎮教師已可躋身中產之林。曾有人批判臺灣生命教育反映的乃是中產價值，忽略對弱勢族群的關注（但昭偉，2002）。然中產並非原罪，讓生命教育同時體現正義與關懷倫理無所偏廢，當爲可行之道。將生命的內涵融入教師教育之中，使其成爲與教師專業教育相得益彰的通識教育和素質教育，師生雙方始能得到全人發展。

貳、教師教育

一、從師範教育到教師教育：大陸的體制改革

「教師教育」顧名思義即是培養教師的教育，如今教育工作已成爲一項專業。教師跟醫師、律師一樣屬於專業工作者，需要接受專業教育以考授專業證照，然後在專業規範下依照倫理和法律執行專業。這整套過程反映的正是「專業化」的要求，它代表著專業分工下的各司其職、各行其是。凡此一切作爲皆來自西洋，是知識深化和社會發展的產物。但是教師專業化是相當晚近的事，跟醫學與法學教育在千年前大學出現之時即已展開，實不可同日而語。西方中古時期教會所創辦的大學頒發神學、法學、醫學、哲學四種博士學位，前三者培養專業人員，後者則成爲學者教授。大學教授雖也算教師，但今日教師多指於中小學任教者。一般人心目中教師接受的是「師範教育」，兩岸皆在上世紀末轉型爲教師教育（金忠明，2008），其於臺灣稱之爲「師資培育」。

平心而論，「學高爲師，身正爲範」，師範教育的提法看起來還是較之教師教育有特色且令人嚮往，差別就在於那一個「範」字。老師是孩子們心目中的人格典範，社會上對教師職業也多予尊重；尤其當孔子被推崇爲「至聖先師」之後，「天地君親師」並列更爲人稱道。當然師範教育也出自兩、三百年前的西方，屬於培養教導兒童的人才之定向教育。正因爲定向教育自成系統的封閉性，使得培養出來的教師在知識學養上無法全方位覆蓋，於是到了上世紀許多先進國家先後放棄師範教育系統，代之以由綜合大學辦理的教師教育，從而走向教師專業化途徑（楊躍，2011）。專業化足以使教師的知識技能深化，在職場生涯中得以與時俱進、可持續發展；但另一方面卻也使得老師以身作則的「師範」作用逐漸淡化，爲人師者也不必然成爲表率了。

二、從師範教育到師資培育：臺灣的專業發展

師範教育始自十八、九世紀，當時的科學技術知識尚方興未艾，爲人師表的確具有倫理道德示範作用，中小學教育的德育功能實高於智育。到了二十世紀，知識逐漸泛化、分化與深化，二戰後高等教育快速發展，以專門及專業科系爲主體的大學林立，連帶影響及中小學的課程規劃與教學實踐，智育當道、科技掛帥的時代於焉來臨。科技進步促進經濟發展，社會由農業轉型爲工商業，求學與就業人口與日俱增，求學且多爲就業。當兩岸皆大步走向市場經濟，便出現類似的人性異化問題；重拾德育的呼聲不斷出現，生命教育乃應運而生。無奈兩岸在重視科技所形成的專業化趨勢下，都以教師教育代替師範教育，反而離德育更遠了。像臺灣的師資培育課程雖有「德育原理」一科，但內容實爲教學技術而非道德修養（李琪明，2004），根本問題仍未解決。

問題出在教師教育專業化主要套用其他需要專業技能的培養模式，例如模仿醫師和律師，要求教師必須實習，再通過考試取得證書。這樣做當然無可厚非，但也在無形中窄化了教師育人的任務，學校培養出來的即使個個勝任爲「經師」，但不見得一一成「人師」。過去臺灣的師範教育雖然封閉卻仍有一絲理想性，如今放手讓公私立各大學普設「教育學程」，加上畢業後須通過檢定考試方能任教（張玉成，2004），不免步上應試教育的歧途。一項值得深思的事情是：大學教師爲何只要成爲學者便可擔任，而不需要任何師範或教師教育？到底是中小學生比較難教，還是教師必須負有未成年者人格養成之責？果眞如此，則現行教師教育所要求的教師專業化，就應該納入德育或生命教育的內涵，方能視爲全人教育；否則只算是像醫師一樣的專門職業及技術人員，而非作育英才的良師。

三、教師專業化

教師專業化雖為大勢所趨，但不表示教師教育的內容只有專門與專業的學科知識，而不需要素質或通識教育。窄化的專業教育為教師教育帶來「專業主義危機」，使得教師職能的信念和使命難以被全面瞭解，更不用說能夠洞察教師的內心世界（劉麗麗譯，2007）。人們一般稱讚醫師的「仁心仁術」，但醫術不高明則不得為名醫；相對地，教育理想則為「百年樹人」，教師見術不見人必非良師。不是別的，只有人的生命才稱得上是教育的核心價值，教師專業化絕不能忽略生命教育。整樁事情必須如此思考：專業知識支撐住教師的職業生涯，否則在科技掛帥的今天將無以為繼；而教育型態的轉變卻也帶來專業主義危機，使得教師生涯見樹不見林，喪失育人樹人的遠大理想。這是西方先進國家學者在面臨困境的反思，值得華人教育工作者認眞看待。

從師範教育轉型為教師教育，由「學高為師，身正為範」走向「教師專業化」，要做的是去蕪存菁、推陳出新，而非一刀切地徹底割裂。以臺灣為例，三所師範大學雖保存其名，但卻名存實亡，成為無甚特色的綜合大學。有家長及學生志在教職而慕名投考，卻在有限名額下修不著教育學程；而畢業後另謀他棲，卻又為師大之名限制出路，落得兩頭不討好。其實既然名為師範大學，雖受到大環境影響而步上綜合大學之途，仍不妨以此為辦學特色，用部分資源繼續深化發展教師教育。像上海華東師大提出「大力加強師德教育，全面提高教師綜合素質」作為教育核心內容；既以此要求大學教師反身而誠，也希望教授們秉持此一理想去培養未來的中小學教師（唐玉光，2008）。此乃一舉兩得之舉，關鍵繫於辦學者思路的釐清；教師教育必須擇善固執，方能獨樹一幟。

參、教師的生命教育

一、從師德到專業倫理

本論文以〈生命教育與教師教育〉爲題，嘗試通過兩岸對話，尋找兩者互利共榮發展的契機。欲得彼此相輔相成、相得益彰的具體作法，即是從推動教師的生命教育入手，最終開創出具有生命底蘊的教師教育。由於生命教育在臺灣係源於倫理道德教育，而在大陸則跟歸於大德育的思想政治教育及心理健康教育相關聯；因此總的來說，生命教育可視爲當前德育的一種新型態。至於教師教育也可看作是師範教育的擴充，既包括職前培養，也涵蓋在職培訓部分；兩者融爲一體，有利於教師終身學習（梅新林，2008）。過去師範生接受培養時大多會上師德課，以助其立身行道；如今講究教師專業發展，更多要求的是專業倫理規範。倫理即人倫關係的道理，專業倫理主要體現爲職場生涯中的自我規範及道德實踐，例如教學倫理、研究倫理、師生關係、同儕關係等。

近年由於消費者意識覺醒的緣故，有時會使得專業人員動輒得咎，跟服務對象出現緊張關係，例如醫病糾紛、家長對老師的管教不滿等，學校遂以開授專業倫理課程作爲補救。專業倫理在此雖指執行專業時的倫理考量，但也可以放大解釋爲專業人員本身的倫理修養，尤其是更深厚的生命意識。教師專業倫理既涉及教學倫理，亦針對個人道德，西方國家常以教育守則加以規範（彭正梅等譯，2011）。教育守則不但把教師當作專業人員規範，更當作一個完整的人來看待；專業人員不違法不會被解雇，但若失德則可能被譴責。社會上一般都對各級教師有著較高的道德操守要求，而教師本身更有必要嚴以律己，不負家長和社會的期待。正是在這種爲人表率的期待下，教師的生命教育找到了適當的切入點，從職場生涯的待人處事上著手改善生活品質。

二、全人教育

生命教育於二〇〇八年在雲南省被擴充爲包含生命、生活、生存的「三生教育」，生活品質即是具體生命日常存活的品質。在商品經濟的生產與消費型態中，個人被市場機能不斷驅動而身不由己，一切跟隨時髦流行走，較難停步反躬自省，問自己究竟所做何事、所爲何來？倘若中小學教育僅止於教學生應付考試及升學，大專以上教育又只傳授一技之長，則教育便完全失去百年樹人的理想，淪爲支節末流之屬。要改善此等弊病，有必要對教師施以全人教育，不但讓教師修習學科及專業知識，更要令其反身而誠，追問自身何以成爲教師？總之，全人教育不止要實現教師社會化生存的過程，更帶動教師生活方式轉化的變革，亦即形成教師文化（龍寶新，2012）。文化在西方指一個民族生活方式的全部，在中土體現爲「人文化成」的努力，這種人文關懷正是生命教育的根本理念與精神。

全人教育並非全部爲人文性質的教育，而是科技與人文、專業與通識無所偏廢。時下教育思想既多樣且分歧，教育工作各有所偏，難以建立共識，到頭來不免各行其是、各自爲政。爲使紛雜的教育思想匯整爲一門在知識共同體之中有地位、受尊重的獨立學科——教育學，有學者提出以「生命」作爲教育學的基礎性、核心性概念。教育學在此係以「塑造何種生命」爲前提，以「如何塑造生命」爲核心（鄭金洲，2009）。今日的教師教育理當對此提出回應，否則不足以教出有生命意識的老師，未來更難以造就具備充分生命修養的下一代，如此實非國家民族之福祉。想像一下擁有世界上五分之一人口的中國，在計劃生育下的一代、二代獨生子女，若是只有專業知識卻缺乏人生智慧，一旦把國家交到他們手上，還能夠長治久安嗎？

三、教師自我實現

教師生命教育可能達到的最高境界，即是將教師內在的生命潛能充分開發，以臻於自我實現。自我實現之說係由美國心理學家馬斯洛所提倡，在大陸高校中，心理學與教育學歸類在一道，事實上也的確淵源深厚。十九世紀初期德國哲學家赫爾巴特首創教育學，即以倫理學規定其主旨，心理學作爲其方法。當時倫理學和心理學皆屬哲學之一支，其後心理學雖然一度向自然科學靠攏，至二十世紀下半葉又出現回歸人文之勢。馬斯洛先後所創的人本心理學與超個人心理學，分別被視爲心理學第三及第四勢力，而跟行爲主義和精神分析並駕其驅。自我實現理論受惠於存在主義，強調個體反身而誠的主觀能動性。引領教師通過反思以批判自身所做所思，從而發展提升個人專業及素質，此即「反思型教師教育」的實踐方向（魚霞，2007）。

教師的自我實現與否，繫於教師的專業教育和素質教育是否相輔相成、無所偏廢。倘若教師教育只看重教學技能，培養出來的僅算是教書匠。要成爲眞正的樹人教育工作者，具有生命內涵的素質教育不可或缺。素質教育爲大陸所獨創，原本用於中小學生，後來向上拓展至大學生及成人。素質的特性有三：它是一種人的穩定、潛在且經常起作用的內在結構和要素；它不等於知識；知識可以轉化爲素質（唐榮德等，2009）。由此可見，素質教育需要的是領悟力、洞察力，是悟性的開啓，屬於潛移默化的工夫。此與專業教育傳授實用知識以產生立竿見影的效果大異其趣，但都是構成教師專業能力的基本條件。畢竟教育具有促進社會持續發展以及開創個人生活意義的雙重價値，有待每個有理想的教師致力奉獻於教育事業。

肆、生命的教師教育

一、生命的學問

教師專業化是當前兩岸一致追求的教育理想，並已落實爲政策施行。專業化的要求主要集中於教師專業發展，此乃作用於職場生涯；但另一方面，教師生命成長的課題也應該被關注，兩者尙且都需要終身學習。乍看之下，生命成長課題似乎應該放在高中或大學前期來教，而非納入專業培養及培訓課程之中，但這種看法正是專業主義心態下的產物。拿美國高校來看，醫學、法律、教育、管理等專業教育，幾乎都是從本科畢業後才開始的，管理教育更要求先有實務經驗。這是因爲成年人有較多社會閱歷和統整能力，足以將專業發展和生命成長融會貫通，亦即結合「把事情做對」以及「選擇對的事情做」。上述專業教育都必修倫理課，多以個案討論方式讓學生積極參與，從事價值澄清的論辯，如是已經走進「生命的學問」之道了（鈕則誠，2010）。

「生命的學問」爲新儒家學者牟宗三（2005）所推崇，用以指出中國思想的內在精神。相對於西方哲學的「知識中心」，中國思想乃是「生命中心」的；個人的盡性與民族的盡性，皆屬「生命」上的事。這裏點出一個重要的教師教育方向：即使專業化要學習西方知識技能那一套，但也不能忽略教育實爲維繫民族文化命脈的最終目的。華人的教師教育就是生命的教師教育，兩岸教育界都應該正視此一文化底蘊，進而發揚光大。事實上生命教育有容乃大，雖然「生命」一辭具有民族思想文化傳承的意旨，但也可以包含對於實體生命的理解。哲學原本就關心宇宙與人生兩方面的課題；宇宙指天地，人既無逃於天地之間，就應該尋思如何頂天立地。這可以從科普讀物及影片中得到不少啓示，令人得以「縱浪大化中，不喜亦不懼」。

二、推己及人

之前曾提及，師範教育和教師教育都是西方產物，前者屬獨立定向教育，後者則歸於綜合教育裏的專業分支。先進國家如美國早在上世紀四〇年代就已將前者轉型爲後者，並且把職前培養和在職培訓融爲一爐。但是基於不同國情與文化背景，兩岸至今仍保有師範大學的體制與名稱，雖然大多已名存實亡。然而由於「師範」二字蘊含較多倫理學色彩（黃崴，2003），我倒是覺得在推動生命教育的前提下，對其精神有所保留，並將之貫徹於新興的教師教育並無不妥。生命的教師教育必然包含著一定的倫理目的，用以改善創新師生及同儕關係。師生需要對話，同儕可以合作；教師將對自己生命成長歷程用心之所得傳授給學生、分享給同儕，推己及人，多少可以產生一些良性正向的綜效，將教室和學校打造成快樂學習成長的場所。

把生命教育的理念融入現行教師教育，從而開啓一些新穎作法，有必要進行「典範轉移」，亦即從事價值系統的變革。在中華文化的土壤上及氛圍中，這種變革不但要創新，也需要食古。在後現代的多元取徑中，大可不必擔心食古不化；食古的目的其實在於去蕪存菁、推陳出新。像「教育」一辭雖於十九世紀末借用日本漢字翻譯而得，但早在《孟子》一書中即已出現。雖然孟子所謂「得天下英才而教育之」的「教育」二字並非合成詞而有分別意義，但在今天它仍能容易令人心領神會，而與學校及教養下一代聯繫在一道（張小麗，2011）。換言之，華人世界的教育場域不但要引入西方現代知識技能以期與時俱進，也應該保存中華傳統生命學問維繫文化傳承。這或許也可視爲「有中國特色的」教師教育。

三、知行合一：教師生命成長

臺灣生命教育課程的最終科目名爲「人格統整與靈性發展」，可視爲個人生命成長的最高境界。人格趨於統整而非割裂的人方能做到知行合一，終而走向自我實現。自我實現的人有機會產生高峰體驗，充分感受到個體滿布能力、信心和決定感，足以自我超越（朱旭東，2011），這便是靈性發展的啓動了。靈性意指精神性，在西方常涉入宗教信仰，於中土則可回返人生信念。西方宗教有通過儀式皈依進入教團的要求，華人則相信舉頭三尺有神明下的心誠則靈；這充其量只算是民俗信仰，更多的人擁抱的乃是傳統社會教化。今人雖然接受現代教育，但民族血脈的不斷流動使得我們不忘本，而得以隨時回返傳統教化的精華中。若說西方以耶教爲尚，我們則以儒道爲宗；過去長期推崇儒家，時下大可自道家思想中發現生命奧義。

如果儒家關懷的是人文生命，道家則盡可能彰顯自然生命；至於源自西土但漢化創新的佛家禪宗思想，則足與道家無礙相通。人文化成要求道德教化，道法自然則指出一條保持豁達的開脫之路，勿使生命本然爲外在困頓及內在情緒所支配甚至扭曲。近年大陸也有不少學生自殺案件，值得提出討論以作爲鮮活生命教育教材。例如上海師大校長李進（2009）即編成一冊《我的教師教育觀》，載有一篇題爲〈生命教育視角下的教師教育〉的案例，明白指出：「具有主導作用的教師若是『在自我存在狀態中也缺乏生命意識』，那學生的生命又怎會得到重視，學生又如何認識、尊重、欣賞、珍視生命從而進行自我發展呢？」誠哉斯言，一語道盡教師教育若缺乏生命教育內涵所產生的跛足效應，甚至出現悲劇後果，亟待有識之士正視並予重視。

結語

中小學教育的良窳攸關於億萬中華兒女下一代的前途福祉，而對於未成年人教育的成敗則繫於對成年教師的專業教育。同爲專業人員，教師其實比醫師和律師更貼近人心，更涉及人情，因此光有專業技能並不足恃，最需要的還是「教育愛」。孩子是幼苗，需要愛心呵護，否則難以充分成長。人們對醫師和律師常基於一時需求而與之接洽，老師跟學生的關係卻是經年累月朝夕相處；雖同爲「師」級專業，卻不可同日而語。教師專業化縱爲勢之所趨，但務必要避免專業主義下的畫地自限。唯有在教師教育中融入具有中華文化底蘊的生命教育內涵，方足以令孩子的生命潛能充分開發，讓老師的生命理想得以實現。藉著生命教育去開啓每一個體的生命能量，教育生活始得海闊天空，自由自在。

參考文獻

朱旭東（編）（2011）。《教師專業發展理論研究》。北京：北京師範大學。

牟宗三（2005）。《生命的學問》。桂林：廣西師範大學。

但昭偉（2002）。《思辯的教育哲學》。臺北：師大書苑。

李進（編）（2009）。《我的教師教育觀：當代師範生之願景》。北京：北京大學。

李琪明（2004）。〈臺灣教育改革與師資培育之變革與反省〉。載於朱小蔓等編，《新世紀教師教育的專業化走向》（頁90-97）。南京：南京師範大學。

金忠明（編）（2008）。《教師教育的歷史、理論與實踐》。上海：上海教育。

唐玉光（2008）。《教師專業發展與教師教育》。合肥：安徽教育。

唐榮德等（2009）。《教師素質：自在的教師》。桂林：廣西師範大學。

孫效智（2004）。〈當前臺灣社會的重大生命課題與願景〉。《哲學與文化》，31（9），364，3-20。

張小麗（2011）。〈清末國人「教育」觀念的轉變〉。《中國人民大學教育學刊》，2，165-173。

張玉成（2004）。〈臺灣教師教育的現況檢討與前瞻發展〉。載於朱小蔓等編，《新世紀教師教育的專業化走向》（頁82-89）。南京：南京師範大學。

梅新林（編）（2008）。《中國教師教育30年》。北京：中國社會科學。

魚霞（2007）。《反思型教師的成長機制探新》。北京：教育科學。

彭正梅等（譯）（2011）。《教育哲學指南》（R. Curren 編）。上海：華東師範大學。

鈕則誠（2004）。《生命教育概論——華人應用哲學取向》。新北：揚智。

鈕則誠（2010）。《生命的學問——反思兩岸生命教育與教育哲學》。新北：揚智。

黃崴（2003）。《教師教育體制：國際比較研究》。廣州：廣東高等教育。

楊躍（2011）。《「教師教育」的誕生：教師培養權變遷的社會學研究》。桂林：廣西師範大學。

劉麗麗（譯）（2007）。《專業知識與教師職業生涯》（I. V. Goodson編）。北京：北京師範大學。

鄭金洲（2009）。《中國教育學60年（1949-2009）》。上海：華東師範大學。

鄭曉江（2007）。〈關於生命教育中幾個問題的思考〉。載於鄭曉江編，《感悟生死》（頁82-98）。鄭州：中州古籍。

蕭川（2012）。《教師成就希望》。北京：九州。

蕭川、王凌雲（編）（2011）。《大學生生命教育》。北京：人民。

龍寶新（2012）。《當代教師教育變革的文化路徑》。北京：北京師範大學。

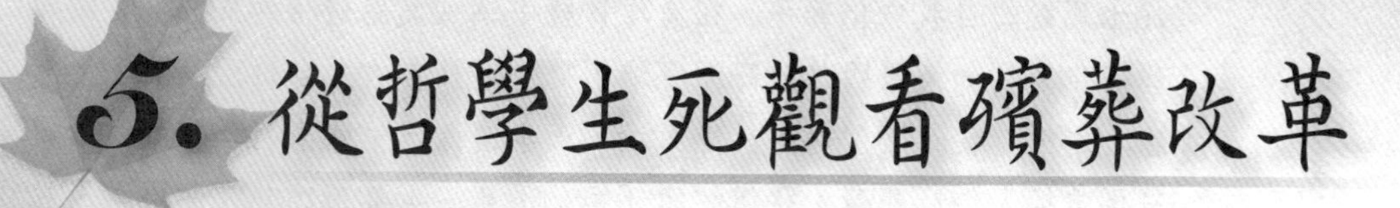

5. 從哲學生死觀看殯葬改革

（2013）

- 引言
- 壹、哲學生死觀
- 貳、儒、道、佛「三教」的喪葬文化
- 參、儒、道、佛「三家」的生死觀
- 肆、臺灣殯葬改革
- 結語

摘要

本論文嘗試通過對華人的哲學生死觀之檢視，來探討臺灣的殯葬改革之可能。華人喪葬活動體現了特有的漢民族文化悼亡習俗，反映出慎終追遠的儒家思想。但另一方面，儒家因為長期對禮法的擇善固執，導致後人食古不化而衍生出許多繁文縟節，亟待從根本處進行改革，亦即從生死觀的自我教化著手，在倫理實踐中納入美感體驗的成分。要讓喪葬文化達到如清風明月般高潔境地，需要讓社會大眾自行潛移默化。改善之道唯有從革心做起，反身而誠，正本清源，推陳出新。革心式革新需要重構人倫生死觀；將傳統的「養生送死、生養死葬」人間倫常，具體落實為「輕死重生、厚養薄葬」的新時代作法。對此本論文提出將殯葬打造成一門訴諸美感的文化創意產業以安頓倫理。

引言

面對哲學生死觀這樣鮮活的議題，足以讓哲學學者從理論與實踐各方面多所發揮。本論文嘗試從西方應用哲學的觀點契入，以檢視華人的喪葬文化，進而發現作爲此一文化底蘊的生死觀，將之用於臺灣的殯葬改革。殯葬活動多係家屬依亡者生前交代所爲，個人生死觀多少影響及其後事料理的繁簡，哲學即可作用於此。筆者從事哲學學習及教學工作迄今正好四十載，始終相信學以致用且躬行實踐，近年成爲臺灣中小學教師培訓及殯葬改革兩者推手，皆本於此一信念，而其交集則爲生命教育。臺灣的學校生命教育屬於德育的推陳出新，由倫理學者主導規劃設計，其中列有「生死關懷」一科，即涉及生死與喪葬倫理。本論文有意將德育轉化爲廣義的美育，讓美感體驗融入生死相關倫理實踐，令人生更臻於美善。

壹、哲學生死觀

一般人對哲學的印象是模糊的，而哲學界本身立場則呈現分歧。另一方面，作爲通常說法的生死觀，其實包括人生觀與人死觀兩部分。哲學源遠流長，一度更是無所不包，哲學家談生論死則於古今中外從未缺席。如今要在哲學生死觀的議題下推陳出新，首先要做的乃是正本清源，其範圍已非本土而涉及全球，有必要先從宏觀視野反思哲學。

一、從哲學到應用倫理學

臺灣無論就地理位置或文化氛圍而言，皆處於東亞的邊緣。在這個相對於全球而人口密度極高但出生率極低的島嶼上，哲學人口亦極少。置身臺灣的哲學共同體內，立即可以分辨出兩股性質不同的亞群，所謂中國哲學學者及西洋哲學學者也。不同於文學學者分屬大學中文系和外文系，哲學學者多棲身於單一的哲學系，而現有哲學系入門課「哲學概論」則純然是西方產物，其核心內容不外形上學、知識論、倫理學三者（郭實渝等譯，2001），進階課程亦以此爲重點科目。

當然做學問並不能徹底分割東西方，個人所學亦足以相互融滲。哲學學者的身分標籤主要隨研究課題而定，其基本學養訓練則東西兼治。然身處東方，治學往往會有西方化的傾向，西方人卻不必有相反的要求。有此認識後，討論哲學生死觀而從西方觀點談起，始有一定正當性。本論文有意賦予儒、道、佛「三家」生死觀以新意，這就需要回到中國哲學的「基源問題」裏面去考察（勞思光，1980）。但爲求將生死觀實際應用，恐無法深究，是其限制。

中國傳統學問嘗予人「文史哲不分家」之感，而古代文人也的確有能力悠遊其中，融會貫通用以經世濟民，畢竟「學而優則仕」是讀書人最重要的出路。相形之下，今人生涯發展可以各安其位，「學而優則教」不必宦途浮沉，更具獨立性。納入西方知識分工的哲學學科，在西方大學建制下，不免表現爲書齋式象牙塔學術，卻難以因應現實世界變化萬千，乃有應用哲學應運而生。哲學之用原本多偏於倫理學，應用哲學遂大舉標榜應用倫理學（葉保強，2004）。

二、從應用倫理學到生死觀

西方哲學早有英美與歐陸兩大陣營之分，應用哲學於一九七〇年代在英語國家萌生，多少是針對既往側重語言分析之弊的補救。時至倡言後現代的新世紀，路數壁壘已然打破，應用倫理學也成爲哲學共同體的基本關注。其於臺灣某些大學業已形成爲哲學系所發展主軸，不但將應用倫理學分爲生命倫理、環境倫理、企業倫理三大區塊進行教學，更設置研究中心，同時出版專門期刊。大陸亦有數所知名高校成立類似的研究中心，研討會及專書不斷問世（吳國盛，2004）。

應用倫理學三大區塊中，跟哲學生死觀最爲相關的即屬生命倫理學。生命倫理學形成於一九七〇年代的美國，原本關注的議題較接近環境倫理，後來受到醫學倫理的啓發，轉向探討生物科技及醫療方面的倫理議題；而早於十九世紀初期創始於英國的醫學倫理學，主要討論的則是醫師專業規範及醫德問題。既然涉及醫療，便與生老病死有關；而倫理作爲人倫之理，則不離人際關係的安頓。把生命倫理放在華人社會的脈絡中，自然會形成相應的本土提法（范瑞平，2011）。

生命倫理除思索臨床醫療決策外，經常探討的還包括自殺、安樂死、墮胎等現實議題，其深層結構即屬個體安身立命的生死觀。結合西方生命倫理和中國安身立命思想的本土提法，在二十年前發展出「生死學」；創始的哲學暨宗教學者傅偉勳（1994）表示，追求安身立命屬於終極關懷，順此不斷探索將達於終極眞實，而一切人生抉擇與活動皆以此終極眞實爲依歸。哲學生死觀所涉及的終極眞理主題，於此乃銜接上興起且發展於臺灣的生死學。

三、從生死觀到喪葬文化

生死問題彰顯出生死觀，凝聚成生死學；傅偉勳所創的生死學係由中國生命學與西方死亡學融會貫通而成，將人的生老病死一以貫之來看。古代嚮往人死羽化成仙，今人雖不得爲仙，但遺體火化後回歸自然的風氣則被積極提倡。就人的後事料理而論，羽化成一縷輕煙飄然而去倒也簡單，但現實是有個遺體臭皮囊必須妥善處理，於是入殮、出殯、安葬的系列活動便不可少。喪葬屬於深具民族文化底蘊的活動，治喪乃反映出喪家的生死態度，生死與殯葬遂有機地連結在一道（鈕則誠，2007）。

華人生死觀在臺灣發展爲生死學，其內容已被中學生命教育類課程列爲「生死關懷」一科，同時也見於大學通識課程。生死觀或生死學雖然既談生又論死，但主要仍較偏重死亡議題；有時是爲了避諱，加上生死原本一線牽，遂將之連用。生死觀多言死少論生，然一旦涉及人的後事料理，其核心價值理當是「輕死重生」；唯其如此，殯葬改革方有可能。以哲學觀點看，殯葬活動乃是倫理的延伸，從活人擴充至死人，從陽間伸展到陰間，人之倫常聯繫於不墜（鈕則誠，2008）。

古今中外談生論死的哲學家不在少數，除孔子明示不言死外，大多論述皆具有由死觀生的作用；在臺灣最常爲哲學界以外人士所引用者，莫過於德哲海德格的「向死存在」。他的思想被宗教民俗學者視爲宗教信仰以外的存在主義哲學生死觀，與儒家、道家並列，相對照的則是道教、佛教以及基督宗教的信仰；而這一切信仰或信念，又被放在更大範圍的生死及喪葬文化中來看待（鄭志明，2007）。文化在西方指向一個民族生活方式的全部，於中土則反映「人文化成」，以下即考察臺灣的喪葬文化。

貳、儒、道、佛「三教」的喪葬文化

無論是宗教信仰或哲學信念，都屬於民族文化的一環；既可開創生涯以安身立命，亦得撫慰人心以了生脫死。本論文所關注的乃是如何通過提倡華人哲學生死觀來促進臺灣殯葬改革，重點在於「典範轉移」，亦即將喪葬文化深層結構中的觀念思想光譜，由宗教信仰向哲學信念調整。一旦觀念層面有所變換，構成文化的制度及實物兩層面亦將隨之向改革的理想轉化。

一、儒教：生養死葬

不可否認地，喪葬文化與宗教信仰關係密切；而任何一種宗教教義，若無法爲信衆提供足以說明生前死後的來去之處，則難以成爲完整的信仰系統。就在這一點上，儒教可說是例外。儒教是否爲宗教，百餘年來爭議不斷，本論文不擬對此深究，只提出近年大陸已有人在廣東深圳建立儒教道場「孔聖堂」，用以操作各種生命禮儀，包括喪禮。這是一種模仿基督宗教的作法，其中喪禮經過重新改造，而主事者更在努力將儒教推廣爲國教（彭永捷、方國根，2011）。

「儒教」之說最早源自「三教」，亦即將儒、道、佛並列。但此「教」是否爲現代意義甚至是西方意義下的「宗教」，還有待商榷。西方世界在一神教的傳統下，於十九世紀末即已發展出宗教學，用以研究世俗的宗教現象，至於信仰內容則交給神學處理。如今在臺灣有不少由宗教團體創辦的學校皆設有宗教學系，於其中會講道教和佛教，卻少談儒教。其實古來「三教」之說多指「教化」（黃玉順，2012），但西潮東漸後，就不斷有人希望將之打造爲宗教。

宗教學將各種宗教系統視爲民族社會文化現象來加以探討，首先必須予以界定，一門宗教至少要有「教主、教義、經典、儀式、皈依」五項條件。據此來看，儒教除皈依亦即「加入教團」一項外，基本上大致符合。然則華人尤其是漢民族，自漢代獨尊儒術兩千多年來，早已將儒家思想內化於自身，可說人人都是儒教信徒。就喪葬文化而言，百姓皆謹守生養死葬禮俗，在臺灣除基督徒及穆斯林外，率皆採用源自儒家的喪葬儀節（徐福全，2003）。因此從喪葬文化的制度操作面看，儒家算得上是宗教。

二、道教：長生不死

儒家看重生養死葬，若僅止於倫理規範倒也合乎人情，然而一旦堅持傳統禮數不可少，就相當於宗教信仰下的繁文縟節了。別的不說，每年祭孔誕由總統帶頭行繁複古禮，便足以說明其宗教性。但孔子本身又不願多談死，儒教的喪禮若要立足生根，勢必得向其他信仰求緣。創始於漢末的本土道教之魂魄觀與鬼神說，以及外來佛教的輪迴業報思想，竟巧妙地提供了儒教需要的觀念資源（馮滬祥，2002）。例如道教追求長生不死，適足以貼近儒家所嚮往的三不朽。從此喪葬禮俗遂以儒教為禮，道佛為俗，一直持續至今。

不同於儒家是否能開出儒教的爭議，道家不但開出道教，兩者且形成不同思想體系，對華人喪葬文化各具影響力。由於本論文著眼於哲學生死觀的應用實踐，且對焦於殯葬改革，因此對各家理路不多予論證，僅處理某些相關的基源問題或核心價值。依此觀之，「三教」在喪葬方面的基源生死問題分別為「生養死葬、長生不死、輪迴業報」。其中道教追求肉身成仙、長生久視，跟儒教同屬現世主義，而與世界其他宗教系統嚮往身後解脫的立場有所出入（胡孚琛、呂錫琛，2004）。

據內政部統計，臺灣喪葬儀節採用民間信仰的占六成多，佛化喪禮近三成，其餘宗教約一成上下。這種民間信仰一般被歸類為道教，其中雜糅著儒教的孝道觀、道教的魂魄觀，以及佛教的輪迴觀，可稱之為

「複合式喪禮」（李坤達，2003）。近年有一部由同名散文所改編的得獎電影「父後七日」，正是這種複合式喪禮的具體呈現；其中主持治喪者雖爲一烏頭道士，但整個儀節流程其實根據的乃是閩南族群所繼承的儒教朱熹《文公家禮》傳統規範。

三、佛教：輪迴業報

生死學有三問：「生從哪裏來？死往哪裏去？活在當下如何安身立命、了生脫死？」各宗教系統對此給出了不同的答案。値得注意的是，中華本土儒道二教皆未明確表態；前者不言死，後者言不死，唯有外來的佛教立場分明。佛教主張「往生」，以輪迴轉世令業力循環流衍。輪迴轉生觀並非佛教專利，古代希臘人及印度人都有此說；希臘觀點逐漸式微，印度觀點則由佛教發揚光大（吳村山譯，1997）。往生之說原本只用於佛教徒，但因其言生不見死，如今已成華人諱言死亡的替代用語。

必須說明一點，外邦信仰中，基督宗教及伊斯蘭教相信「永生」，信者得救，靈魂與上主或阿拉同在，因此務須明辨不得將「往生」用於基督徒及穆斯林。不過跟西方人通過信仰追求永生一樣，往生也有嚮往更美好歸宿之意；然而一旦將「業報」的觀點納入，事情就變得相對複雜起來。佛教講輪迴有進入善道或惡道之分，來世所結的果肇始於此世所成的因。當印度生生世世輪迴的「業報」觀，跟中國一生一世善惡的「報應」觀相結合，乃將人們求生畏死的心態更形放大（劉道超，1992）。

儒、道、佛既是三門宗教，也是三家哲思。但「三教」與「三家」雖可對舉，卻並非同調；其中儒教是未竟之業，道教爲歧出發展，只有佛教佛家相輔相成。西土佛教源於印度教，有著高深哲理性，主張因果輪迴業報，且將目光希望多所投射於來生後世，此與漢人生活習性並不盡相容。但如今反觀歷史，發覺印度佛教不但成功地漢化爲中國佛教，更深深影響及華人生死觀與喪葬文化，例如由印度「齋會」轉化而來的「做七」，進而形成爲更大範圍的「法會」等（海波，2007）。接下去回過頭來看「三家」的生死觀。

參、儒、道、佛「三家」的生死觀

雖然時代已進入二十一世紀，但是臺灣人對於喪葬習俗的傳統想法與作法卻隨處可見，其內容不外「三教」的融匯及混雜，不少歷史足跡在如今依稀可見。而臺灣的喪葬活動一向予人繁文縟節、雜亂無章之憾，不易產生莊嚴肅穆、哀傷撫慰之感。爲正本清源、推陳出新、永續發展，本論文嘗試於「三家」內發掘新意，以利改革創新的提倡推動。

一、儒家：慎終追遠

把儒家當作儒教是取其行禮如儀的外顯文化現象來看，但其深層結構無疑還是孝悌忠信等內在德性。臺灣喪葬主要反映爲以慎終追遠孝道爲內核的漢民族文化，而當現行殯葬法規載明要「配合倡導建設臺灣爲綠色矽島之願景」時，孝道便不應當食古不化、墨守成規，而需要與時俱進、推陳出新。孝道思想其實早在孔子之前即已出現，它提倡子孫繼承先祖大業，以利家族繁榮興旺。將對在世父母的孝道延伸至祖先崇拜，可說是在一定社會條件下形成的（張劍光，2004）。

慎終追遠意指爲父母妥善料理後事，並將其英靈與歷代列祖列宗並列，具體表徵即是墓碑及形狀類似的牌位。其對象主要爲包括父母在內的先人和祖靈，但越往上溯，就只有同姓父系的高祖，不符現今性別平等要求。考其究竟，正是順乎上述一定社會條件而形成，亦即農業社會傳統觀念的餘緒。農業生產係依地耕作，需要加以分工，以免勞逸不均。此一分工慣由男性族長爲之，終而產生父輩威權，男尊女卑倫常關係其後即由儒家發揚光大。這便是對於孝道的文化生態學詮釋（葉光輝、楊國樞，2008）。

傳統上漢民族面對生死大事強調「養生送死、生養死葬」，這是爲人子女照顧父母的基本責任，亦即孝心的表現。但維繫孝心並無妨於淨化孝行，尤其應將孝心孝行體現於父母生前在世時，至於死後則可考慮一切從簡。現今華人處理生死大事應主張「輕死重生、厚養薄葬」，如是方得契合與時俱進的時代精神。但儒家尤其是孟子要求棺槨要厚，以表達守禮盡心之意（徐吉軍，1998）。看來提倡簡葬、薄葬的希望，只能寄望崇尚自然無爲的道家思想發生作用了。

二、道家：自然無爲

道家思想在學理上雖有老莊、黃老、玄學之分，但一般人所知曉且感興趣的仍爲老莊生死觀。老子與莊子相去百年，思想不盡相同，只可能有傳承關係。簡單地說，老子和莊子都用自然而然的觀點及態度去看待生與死，莊子且更進一步視之爲氣聚氣散（李霞，2004）。這雖然是一種素樸的自然觀，但從今天看來非但不算過時，反而益形眞實。重點還是在於儒道兩家所肯定的現世。「輕死重生，厚養薄葬」終究要比死後享鴻福、下輩子快樂來得迫切與重要。

宗教信仰與哲學信念的生死觀均可視爲終極關懷，由於宗教信仰更看重神聖的超越性，哲學信念適可於世俗的生死態度上著力用心，特別是喪葬活動的改革創新。既然華人喪葬文化中的儒教及儒家影響根深柢固，要從事「典範轉移」以全面提倡道家作法，難免顯得不切實際。較佳策略乃是強調儒道互補融通，以期兩者相輔相成。近年有許多學者從不斷出土的文獻中發掘儒道關係，是很有意義的工作（曹峰，2012）。尤其兩者皆重視現世當下，值得進一步關注。

深研莊子的當代新儒家學者王邦雄（2009）發現，儒家的不死之道在「生生」，而道家的不死之道在「不生」；意思是說，儒家鼓勵傳宗接代生生不息，道家則從根本處看見「出生入死」之說原意所示的自然而然。生生方得以為繼，生死終告一段落；把這點想通，從而善養父母，為其平安送終，人生已得圓滿，大可化悲戚為力量，用心照顧下一代。由於道家採用由死觀生的進路而發現生命有限，若能進一步輕死重生便得以將有限生命妥善運用，包括實踐厚養薄葬。

三、佛家：慈悲喜捨

死亡是生路歷程的結束，有頭有尾方能照見過程的意義與價值；倘若長生不死，好也是活，歹依舊活，那非但無甚意義，反而恐懼可怖。然而人為什麼會怕死，且對親友去世感到悲傷呢？這是因為不忍和難捨，此乃人之常情，剪不斷理還亂，卻仍可以慧見超凡脫俗。像佛家講「遠離顛倒夢想，究竟涅槃」，正是超拔工夫的體現。原始印度佛教強調世間皆苦，不免在苦海與火宅中活著受罪，解脫之道唯有善用此生，修道積福早日成佛（張松輝，2008）。

佛教源於印度教，從民族宗教發展為普世信仰，全球各地人民均可依自身社會文化條件加以吸納改造。在華人世界，佛教既出世又入世，可謂從善如流，以符合漢民族的生活習性。佛乃是人大徹大悟後的境界，改造後的中土佛教雖也相信來生成佛的可能，但同樣肯定將此生作為修行道場可以離苦得樂。尤其在面對生死關頭時，通過一念之間的內省，便可找到慈悲喜捨的能量，幫助人們放下和捨得。例如禪宗所倡「日日是好日」、「平常心是道」，皆可破除生死之別（傅偉勳，1993）。

中土佛教有天臺、華嚴及禪宗三大宗派，前兩者哲理性甚強，後者因主張「明心見性，不立文字」而頗見親和性，遂廣為流行（高令印，2004）。當然佛教還有其他直接繼承自印度的宗派，加以上述本土流派，號稱「七顯一密」。佛教在臺灣有「不歸禪，則歸淨」之說，亦即以禪宗和淨土宗為主流。淨土宗講究修持，以勤念佛號開啟超性的神秘力量；相形之下，禪宗更相信反身而誠的內在力量足以超脫。在這方面，禪宗與道家的豁達心境基本相通，得以助人了生脫死。

肆、臺灣殯葬改革

「殯葬」一辭係指入殮、出殯、安葬等系列爲人料理後事活動的通稱，其於人類文明中源遠流長，並與每個人息息相關。它是人類身爲萬物之靈緬懷亡者故舊的具體表現，且化爲可操作的禮儀民俗。民俗乃一時一地風土人情之體現，有利有弊，有得有失，不宜一概加以接納或拒斥，而應多予去蕪存菁、推陳出新，當前臺灣喪葬文化移風易俗，正以殯葬改革之名大張旗鼓，配套各種政策法規的出爐，情勢尚稱樂觀。

一、臺灣的喪葬文化與殯葬改革

前面曾提及，「文化」概念在中土體現出「人文化成」的努力，自漢代獨尊儒術以後，儒教與儒家的意識型態和道德規範便深入人心，內化並主導著漢民族的生活方式。但另一方面，「文化」在西方指的乃是一個民族生活方式的全部，於主流文化之外還包括非主流部分。這種對於文化的擴大解釋，可用於改造儒教與儒家的作法和想法，使之避免食古不化，例如實踐「厚養薄葬」。厚養指爲人子女應善待父母，薄葬則應由父母事先交代子女，包括環保自然葬（黃有志、鄧文龍，2002）。

時代終究已出現重大轉變，兩岸華人同樣面臨後現代多元化的衝擊，喪葬文化也必須與時俱進，從善如流，方得以永續發展。喪葬文化像其他各種文化活動一樣，需要「大處著眼，小處著手」；前者反映在生死觀方面，後者即是從當下做起的殯葬改革。殯葬改革三大方向分別爲：以「生死齊一」克服「懼鬼怕死」、以「環境風水」取代「民俗風水」、以「計劃死亡」落實「生命管理」（黃有志，2002）。計劃死亡的具體作法之一是購買生前契約，這是目前臺灣殯葬產業最受人矚目的流行商品。

生前契約的法定名稱爲「生前殯葬服務契約」，是消費者於生前購買死後接受禮儀服務的商品，最初發展於美國，被日本引入轉化後，於上世紀九〇年代傳來臺灣（黃有志、鄧文龍、尤銘煌，2002）。其性質類似人壽保險，原意是自購自用，分散風險；同時於生前即交代後事，避免爲子女帶來困擾，自己也無後顧之憂。可惜它在臺灣已流於可讓渡予他人使用的商品，不少人甚至以傳銷方式進行買賣，用以投資獲利，原本爲改善傳統善後工作的良法美意便大打折扣了。

二、從儒家倫理學走向道家美學的新孝道

華人一向重視孝道，自古至今依舊，這無疑是受到儒家思想影響，兩岸皆然。孝道看重養生送死、生養死葬，此乃爲人子女的責任。當孝道體現爲禮數時，很自然在形式上走向久喪厚葬，以符合「愼終追遠」的要求。像孔子堅持須守喪三年，以回報父母哺育三載之恩，弟子宰予籲請縮短爲一年，被老師斥爲不仁（許剛，2011）。尤有甚者，儒家自孔子以降對「禮」的擇善固執，在漢代獨尊儒術以後，已然發展成爲類似宗教信仰下的「行禮如儀」禮拜形式，此即本論文將其視之爲儒教的理由。

古今中外喪葬儀式幾乎都跟社會大衆的信仰息息相關，組成團體、恪守制度的爲宗教信仰，鬆散不羈、世俗流行的爲民俗信仰。在臺灣，民俗信仰被政府歸類爲道教；而教育政策則一貫主張四維八德，每年教師節且由總統帶頭以古禮祭孔，不啻將儒家提升爲國教層級。但儒家思想大多仍以潛移默化的方式內化於人心，並在日常生活中充分體現，喪禮所表達的孝心與孝行即是明證。如此源遠流長的孝道如何改革？答案是從儒家倫理學轉化爲道家美學，其可能前提則爲「美學是倫理學之母」（蕭振邦，2009）。

「美學是倫理學之母」的提法來自一九八七年諾貝爾文學獎得主、美籍俄國詩人布洛德斯基在領獎演講中所言：「每一種新的美感現實都促使人們的倫理現實更到位，畢竟美學乃是倫理學之母。」這當然是一種隱喻，但從哲學價值論來看，它意味倫理善可以通過感受美而實現。本論文不擬對此多所論證，只表示它對生死觀的轉化而作用於殯葬改革一事深具啓發性。當人們對哲學生死觀的關注，能夠從應用倫理觀念探討擴充爲人生美學孝道實踐（李天道，2008），臺灣殯葬改革便更有希望落實了。

三、打造一門文化創意產業

臺灣殯葬改革創新的思考方向是「維繫孝心，淨化孝行」、「保存禮義，簡化禮儀」；孝行要淨化，禮儀要簡化，簡化實繫於淨化。淨化孝行的具體作法就是前述「輕死重生、厚養薄葬」，將孝道重心放在子女於父母生前的安養照顧上，而於其亡故後，便配合政策採行環保自然葬。自然葬的具體措施被明白寫入現行法令中，其理想相當符合道家順應自然勿事造作的生死觀（黃麗馨，2012），但不容易讓守禮慎終的社會大衆接受，除非產生價值信念的典範轉移。

「愼終」指謹愼辦喪事，但謹愼不代表泥古刻板，反而能夠步向簡化、淨化與美化的途徑。現今喪俗多半繁瑣，家屬親友在一片喧鬧中，很難沉澱心情緬懷前人。殯葬改革可以努力的方向，乃是推廣合乎殯葬自主的個性化、客製化、多元化治喪活動。臺灣喪葬文化自有其在地特色，若能勤加設計，使其變得更精緻巧思、清新可喜，無疑足以打造出一門獨特的文化創意產業（張芳瑜等，2012）。殯葬縱使不脫愼終追遠，仍然可以推陳出新，端出一席美的饗宴。

殯葬作爲文化創意產業，係將傳統行業提升爲現代專業，業者有必要持續進行策略規劃，以立於不敗之地（王士峰、阮俊中，2007）。策略規劃的用意是在做好一件事之前，先行確定哪件事才眞正值得去做。

殯葬一向予人俗不可耐之感而被強烈污名化，但文化創意產業實在不應排斥雅俗共賞，重點在於用心與否。例如臺灣有種令全球爲之驚豔的獨特行業——檳榔西施，雖同樣被污名化，卻有設計師專門爲之設計造型服飾，也有研究生以光鮮攤位和亮麗西施撰寫美學論文，此亦屬發掘文化創意之舉。殯葬業前景値得拭目以待。

結語

本論文寫作的目的是希望將華人的哲學生死觀予以多元呈現，讓臺灣人有機會進行全方位自我教化，從而實現推動殯葬改革以提升喪葬文化的理想。自我教化足以擺脫社會宰割，既擁抱自由，也帶來責任。將喪葬文化放大爲生死文化來看，首先要求每個人應盡量對自己的生死觀深思熟慮，對死亡後事做出完整而具體的規劃，交代清楚明白，不必讓後人操心。不可否認的，今日喪葬文化出現亂象，多少跟儒家傳統規範摻雜入道佛二教某些似是而非的禮數有關。要改弦更張，不妨向道家求緣。今人容或沒有資格質疑儒家思想，但是莊子及其後人在集體創作的《莊子》一書早就如此做了。喪葬文化眞的不必搞得悲戚與共、道貌岸然，輕鬆一點又何妨？莊子妻死鼓盆而歌，或許正是今人可資學習的範例。

參考文獻

王士峰、阮俊中（2007）。《殯葬管理學》。新北：空中大學。
王邦雄（2009）。《生命的學問十講》。北京：中國人民大學。
吳村山（譯）（1997）。《輪迴與轉生——死後世界的探究》（石上玄一郎著）。臺北：東大。
吳國盛（編）（2004）。《社會轉型中的應用倫理》。北京：華夏。

李霞（2004）。《生死智慧——道家生命觀研究》。北京：人民。
李天道（編）（2008）。《中國古代人生美學》。北京：中國社會科學。
李坤達（2003）。《死亡與不死——臺灣俗民道教魂魄觀的死亡哲學研究》。東吳大學哲學系碩士學位論文。臺北：東吳大學。
胡孚琛、呂錫琛（2004）。《道學通論——道家・道教・丹道（增訂版）》。北京：社會科學文獻。
范瑞平（2011）。《當代儒家生命倫理學》。北京：北京大學。
徐吉軍（1998）。《中國喪葬史》。南昌：江西高校。
徐福全（2003）。《臺灣民間傳統喪葬儀節研究》。臺北：徐福全。
海波（2007）。《佛說死亡——死亡學視野中的中國佛教死亡觀研究》。西安：陝西人民。
高令印（2004）。《中國禪學通史》。北京：宗教文化。
張松輝（2008）。《人生儒釋道》。長沙：岳麓書社。
張芳瑜、蘇家興、王別玄（2012）。《過去・現在・未來——臺灣殯葬產業的沿革與展望》。新北：威仕曼。
張劍光（2004）。《入土為安——中國古代喪葬文化》。揚州：廣陵書社。
曹峰（編）（2012）。《出土文獻與儒道關係》。桂林：漓江。
許剛（2011）。《中國孝文化十講》。南京：鳳凰。
郭實渝等（譯）（2001）。《哲學概論》（R. P. Wolff著）。臺北：學富。
傅偉勳（1993）。《死亡的尊嚴與生命的尊嚴——從臨終精神醫學到現代生死學》。臺北：正中。
傅偉勳（1994）。《學問的生命與生命的學問》。臺北：正中。
勞思光（1980）。《中國哲學史第一卷》。香港：香港中文大學。
彭永捷、方國根（編）（2011）。《中國儒教發展報告（2001-2010）》。保定：河北大學。
鈕則誠（2007）。《殯葬與生死》。新北：空中大學。
鈕則誠（2008）。《殯葬倫理學》。新北：威仕曼。
馮滬祥（2002）。《中西生死哲學》。北京：北京大學。
黃玉順（2012）。《儒教問題研究》。北京：人民。
黃有志（2002）。《殯葬改革概論》。高雄：黃有志。
黃有志、鄧文龍（2002）。《環保自然葬概論》。高雄：黃有志。
黃有志、鄧文龍、尤銘煌（2002）。《往生契約經營概論》。高雄：黃有志。
黃麗馨（編）（2012）。《平等自主 慎終追遠——現代國民喪禮》。臺北：內政部。
葉光輝、楊國樞（2008）。《中國人的孝道：心理學的分析》。臺北：臺灣大學。
葉保強（2004）。〈有關應用倫理學的誤解與迷思〉。《應用倫理研究通訊》，29，24-29。桃園：中央大學。
劉道超（1992）。《中國善惡報應習俗》。臺北：文津。
鄭志明（2007）。《殯葬文化學》。新北：空中大學。
蕭振邦（2009）。〈「美學是倫理學之母」涵義探究〉。《應用倫理評論》，46，1-16。桃園：中央大學。

6. 清明文化與生命教育

（2013）

- 引言
- 壹、清明文化
- 貳、生命教育
- 參、清明的生命教育
- 肆、生命的清明文化
- 結語

摘要

本論文嘗試通過對於兩岸方興未艾的清明文化現象進行檢視，發現其所造成的民生問題，從而提出改革創新之道，亦即藉由推動生命教育來達到目的。清明活動是華人傳統悼亡祭祖習俗，反映出慎終追遠的儒家思想。但另一方面，儒家因為長期對禮法的擇善固執，導致後人食古不化而衍生許多繁文縟節，亟待從根本處進行改革，亦即由教育著手。要讓清明文化達到如清風明月般的高潔境地，需要向全民大眾進行社會教化，實施生命教育。生命教育根植於西方，發揚於臺灣，推廣於大陸，如今已頗有中國特色。立場清明的生命教育希望傳達「輕死重生、厚養薄葬」的殯葬改革理念，而具生命意識的清明文化則應當自生也有涯的覺醒中助人了生脫死，並且開發出更自然環保的文化創意產業。

引言

隨著兩岸都將清明訂定爲正式的文化性假日，使得它在二十四節氣裏獨樹一幟更別具意義。口語中的「清明」有兩層意涵，一是指特定節日，二則表示如清風明月般的爽朗潔淨。如今清明已蔚爲華人社會一大文化活動，且不斷沾染上金錢氣息，成爲商品經濟炒作對象，從而出現一些民生問題，例如鼓勵大衆出門祭掃以示孝心卻造成舟車擁堵情形等等。改善之道唯有從革心做起，反身而誠，正本清源，推陳出新，如是的清明節才會讓人們覺得像清風明月耳目一新。革心式的革新需要重構人倫生死觀，將傳統的「養生送死、生養死葬」人間倫常具體落實爲「輕死重生、厚養薄葬」的新時代作法，此可通過推動生命教育而爲功。如今兩岸都有生命教育政策，將之與清明文化融會貫通，應能得到相輔相成之效。

壹、清明文化

一、清明活動

一般人想到清明不外乎祭掃活動，這是華人社會特有的祖先崇拜文化現象，傳遞著一套源遠流長的愼終追遠儒家孝道思想，原本是相當值得稱道的事情。但時至今日，隨著經濟迅猛發展，加上商人推波助瀾，已將清明節打造成「全民總動員」的空前盛況。全家大小一齊出行去爲先人祭掃固然是好事，但也引起令人吃驚的社會問題，例如交通擁堵。像上海市有近一千四百萬人口，清明掃墓的人數估計約有八百多萬，參與程度既高且密集，沒有其他節日差可比擬（喬寬元，2012）。問題是清明只有祭掃活動嗎？當天一定要掃墓嗎？近年兩岸都在推廣自然葬，一旦有越來越多的人選擇非墓葬而導致無墓可掃，清明時節又該做些什麼活動呢？我認爲內祭而不外掃是一可行途徑。

中國人相信人死爲鬼，有子孫祭拜者向上揚升爲祖先以庇蔭後代，無主則向下沉淪爲孤魂野鬼遺害人間。過去認爲「墓者鬼神所在，祭祀之處」，鬼靈跟人一樣貪圖享受，所以要透過祭祀以奉獻犧牲品，否則會招來作祟鬧事（萬建中，2004）。這是一種素樸的祖先崇拜觀，雜糅著古代的鬼神觀和儒家的孝道觀。孔子主張「未知生，焉知死」、「不能事人，焉能事鬼」，足證他很明智地在對待祖先的態度上採取愼終追遠的理想，而排除討好鬼神的作法。當然人們怕死畏鬼的心理長期存在，孔子的現世主義大智慧似乎起不了積極作用。但步入現今科技掛帥的時代，倘若依然食古不化，就成爲落後的象徵了。今後的清明活動不妨在「祭」的方面做得更親民，而在「掃」的方面則革新得更清明才好。

二、祖先崇拜

雖然清明祭掃反映出華人尤其是漢民族愼終追遠的孝道思想，但是祭掃活動並不只限清明節日，其他如重陽、冬至，以及亡者忌日都可以祭掃，至於春節、上元、中元、端陽等日子則大多只祭不掃（吳玉琴，2009）。一般祭祀對象主要爲先人和祖靈，先人尙且包括父母，但越往上溯源，就只有同姓一系的高祖了。這種祖先崇拜其實只及於父系一支，不符現今的性別平等要求。考其究竟，只能說是農業社會傳統觀念餘緒。由於漢民族自古便生活在黃河流域中原一帶，該地處於溫帶，四季分明，土壤肥沃，很適於農事耕作。因此漢人很早便從漁獵放牧生存型態轉型演進至農業社會，時間大約在商末周初，至今超過三千年。稼禾農事不同於漁獵必須終日在外，而是安土重遷。且下田辛勤勞動由男性壯丁承擔，久之就形成以男性爲生產主力的社會。

農業生產係依地耕作，需要加以分工，以免勞逸不均。此一分工慣由男性族長爲之，終而產生父輩威權，妻女子弟悉聽命行事，男尊女卑的倫常關係遂於五百年後由儒家所肯定並發揚光大。這是一套孝道的文化生態學詮釋（葉光輝、楊國樞，2008），闡明了孝道獨存於中華文化脈絡的來龍去脈。當然所有民族都懂得尊敬愛戴父母，但唯有漢人將之打造成「無違」的至高孝道。孝道讓祖先崇拜發展到極致，不能說不可取，但終究有其局限性，畢竟世界上其他民族都不曾將善待父母提升至如此高度。作爲漢民族特有德性的孝道，可分爲孝心與孝行兩方面來看待；孝心反映價值系統，孝行則屬於生活實踐。清明祭掃作爲祖先崇拜意義下的孝行，一旦正本清源再予推陳出新，重新開發一套符合當前時代需要的新孝道，則無疑將使之可長可久。

三、愼終追遠

「文化」概念在中土體現出「人文化成」的努力，自漢代獨尊儒術以後，儒家的意識型態和道德規範便深入人心，內化並主導著漢民族的生活方式。但另一方面，「文化」在西方指的乃是一個民族生活方式的全部，於主流文化之外還包括非主流部分。這種對於文化的擴大解釋，可用於改造儒家思想與作法，使現今避免食古不化。就殯葬以及延伸的祭掃活動而言，「愼終追遠」仍有其不朽價值，但具體作法理當與時俱進。說到思與行的革新，首先要改變的便是男尊女卑的畫地自限，打破父權社會祖先崇拜，轉化爲有容乃大的關懷倫理。關懷倫理是當代西方女性主義思潮下的產物，它非但不反對傳統的德行倫理，還多所予以肯定。被歸爲東方德行倫理代表的儒家思想，其實可以找到不少跟關懷倫理相契之處與對話空間（方志華，2004）。

關懷倫理主張用陰柔的關懷取代陽剛的公義作爲思考起點，將理性與感性融會貫通，以達於智慧之境。這在西方屬於主流以外的另類思考方向，直到上世紀後期才漸受正視。同樣地，華人思維也有主流觀點，歷兩千年而不墜，此即儒家意理，而長期與之相對的則是道家思想。「愼終追遠」傳統上雖受儒家保守心態左右而走上繁文縟節困境，如今大可用道家豁達胸襟加以改革創新。像莊子妻死以其爲氣聚氣散的大化之道遂鼓盆而歌，化悲淒分離爲溫馨告別；而他對自己後事也要求就地掩埋的極簡自然葬，可謂開風氣之先（李霞，2004）。當然很少有人能夠眞正像莊子的達觀隨遇，但可參考對照，取其與另一極端的儒家折衷處理後事，如是則清明文化將有可能變得更清新可喜，而非一片哀傷濃得化不開。

貳、生命教育

一、死亡學與死亡教育：西方傳統

清明文化要眞正走向清風明月的境地，就必須從根本處去蕪存菁、改革創新，而改革之道唯有教育一途；要推廣具有生命性質的社會教化，亦即生命教育。華人世界「生命教育」提法始自一九九七年的臺灣，原本針對中小學生，教孩子們要懂得欣賞並愛護生命，既正向且不言死。後來碰上中學生自殺事件，遂承擔起防治之責，逐漸將關注內容從生命延伸至死亡議題。也就在同一年有臺灣高校成立了「生死學研究所」，主張由死觀生，並引進西方的死亡學及死亡教育作爲前導課程（鈕則誠，2004a）。死亡學及伴隨的老年學係於二十世紀初期由一位俄裔法國諾貝爾醫學獎得主麥辛尼考夫所創，目的是希望人們在生與病之外，同樣關心老與死的問題。歷經大半個世紀沉寂，美國終於率先在七〇年代的各級學校開授死亡教育課程，使年輕人從小便懂得正視死亡。

死亡學與死亡教育是西方知識分工下的產物，直面死不談生，這在華人社會恐怕行不通。西方人其實也怕死且同樣諱言死亡，但其文化底蘊的基督宗教卻許諾信衆死後上天堂得永生，多少會稀釋掉一些死亡恐懼。此種情況之於漢民族不免變得複雜，類似之處在於華人若接受佛教往生來世說或可得到慰藉，但儒家不言死及道教鬼神觀又不免令人畏懼下地獄，看來只有道家的豁達足以克服一切。執迷怕死畏鬼的心態一旦碰上殯葬事物，會變本加厲地導致非理性行爲。像臺灣有些家長帶孩子在外，見有人辦喪事竟掩面繞道而行，這是很不良的負面示範。相形之下，洋人把孩子從小帶到墓園去校外教學以認識死亡，就務實且正向得多（鈕則誠，2008）。然而畢竟東西文化有別，根柢不同，難以全盤移植。改革創新之道，大致只能從推動生死學及生命教育入手。

二、生死學與生命教育：臺灣創新

生死學與生命教育皆於臺灣首創，前者始自一九九三年，係由西方死亡學擴充而來；後者發端於一九九七年，屬於中小學倫理道德教育的翻新，後來也將死亡教育納入其中。作爲臺灣創新的科際學科及教育政策，生死學強調由死觀生，而生命教育則以生納死。二〇一〇年臺灣官方制定實施了一套高中生命教育類課程，共有八門科目，其中「生死關懷」一科的內容即是生死學。生死學主要探討的是有關人的生老病死課題，可分爲理念與實踐兩部分來看；理念部分包括生物、心理、社會、倫理、靈性五面向的理論知識建構，實踐部分則涉及教育、輔導、醫護、殯葬四項專業（鈕則誠，2010a）。清明文化一旦跟生命教育搭掛，其銜接之處當從生死學的殯葬管理專業入手，再逐漸引申至其他方面和部分。但若要大破而大立以求推陳出新，則須面面俱顧，無所偏廢。

「生命教育」是相當正向的提法，容易令教師家長和社會大衆所接受，尤其更爲宗教團體所喜而善加利用。於是它在臺灣除了有官方版本的正式課程外，更多是非正式的講座、研習、培訓課程，百家爭鳴，十分熱鬧。但即使是社會教化也不能游談無根，所以我在此還是順著臺灣最具體的正式課程，對生命教育的內涵加以紹述（鈕則誠，2004b）。根據既有學科來歸納，臺灣生命教育主要還是德育意義下的哲學課（「哲學與人生」、「道德思考與抉擇」、「性愛與婚姻倫理」、「生命與科技倫理」），其餘則分屬心理學（「人格統整與靈性發展」）、生死學（「生死關懷」）及宗教學（「宗教與人生」）。綜觀上述七門進階課，可以發現它們多少都有助於清明文化的發揚光大；尤其是通過哲學思考，更足以撥雲霧重見青天。

三、大陸的生命教育：中國特色

拈出生命教育作爲推廣普及清明的「清明文化」之社會教化手段，並非空穴來風，而是充分符合兩岸現狀並得以事半功倍的。生命教育雖然於上世紀末發端於臺灣，但是到了新世紀卻在神州大陸遍地開花，各省市教育廳局紛紛制定出生命教育的工作方案或指導綱要，以期眞正落實於關心下一代青少年（鄭曉江，2007）。各地方的努力到頭來終於形成全國性的政策，中央於二○一○年出臺的〈國家中長期教育改革和發展規劃綱要〉中，明確提出應重視生命教育，並將之與安全教育、國防教育和可持續發展教育並列。當然由於形成背景和社會條件有所出入，大陸與臺灣的生命教育外延及內涵皆不盡相同；但畢竟兩岸人民同爲炎黃子孫，血濃於水，彼此的生命情調相互呼應，清明文化的唱和即是一例。

大陸生命教育紮根於社會主義土壤之中，頗具中國特色。不同於臺灣生命教育摻雜太多宗教色彩，難免會有些教團宰制的情形出現，大陸對此具有十足免疫力，得以在移風易俗方面大破而後大立。雖然兩岸的生命教育皆由兒童及青少年教育著手起步，但近年多已拓展至各級學校，雲南省更以「三生教育」爲名，從幼兒園到大學生全方位覆蓋。順應此一趨勢，我嘗試提倡成人生命教育，尤其是教師生命教育，希望每個人都能「存本眞、積吾善、成己美」（鈕則誠，2010b）。成年人在社會上頂天立地之餘，個體生命也會不斷經歷老、病、死的各種無常遭遇，亟待通過自我涵養，達到社會教化的目的，亦即「了生脫死」。清明和中元是華人心目中跟死亡息息相關的節日，能夠通過對於節日本身的省思，做出「由死觀生」的智慧激發，更可提升我們的生活品質。

參、清明的生命教育

一、輕死重生

不少人對死亡相關事物充滿各種禁忌，在臺灣某些宗教團體甚至藉此推波助瀾，例如要求信衆在參加喪禮後將全身衣物付之一炬，以免爲不潔所染，這已經是非理性行爲了。理性乃是合理思考下的講理態度，它並非跟感性唱反調，而毋寧是高度的感性，甚至可說是悟性智慧。慧見可以幫助執迷不悟的人看破看透看開，這正是生命教育中生死學的永恆課題。「生死學之父」傅偉勳（1993）將生死學視爲由西方死亡學和中國生命學兩者融會貫通而成，他並推崇「莊子是心性體認本位的中國生死學的開創者」。生死學強調由死觀生，莊子更體現出輕死重生的豁達，此乃清風明月式的生命教育之起點。雖然不見得人人皆能豁達，但以此爲人生境界心嚮往之，不失爲很理想的社會教化起點。人死不可怕，不死才可怕，成年人應對之有所覺悟。

要提倡一套清明的生命教育，應當從儒道融通的進路切入。作爲祭掃節日的「清明」要求愼終追遠，這是儒家的擇善固執；而作爲生死態度的「清明」則嚮往了生脫死，這是道家的超越脫俗。生活在二十一世紀的我們，爲了將古老節日的現代精神發揚光大，乃積極開展「清明文化」。它需要的是對生死、喪葬、祭祀等活動的拿捏，能夠做到出入自如、收放自如、無過與不及的恰到好處。深研莊子的當代新儒家學者王邦雄（2009）發現，儒家的不死之道在「生生」，而道家的不死之道在「不生」；意思是說，儒家鼓勵傳宗接代生生不息，道家則從根本處看見「出生入死」之說原意所示的自然而然。生生方得以爲繼，生死終告一段落，把這點想通，從而善養父母，爲其平安送終，人生已得圓滿，大可化悲戚爲力量，用心照顧下一代。

二、厚養薄葬

有容乃大，無欲則剛；內心一旦清風明月，世界自然海闊天空。清明的生命教育當從革心做起，革心乃革新的起點。佛家講「此念是煩惱，轉念即菩提」，觀念的轉變常繫於一念之間。一九九七年「生命教育」在臺灣省剛起步的時候，與之平行的臺北市和高雄市則分別推動「心教育」及「生死教育」，三者殊途而同歸。心繫生死，從而超拔脫俗，生命始能大放光明。由死觀生發現生命的有限，進一步輕死重生便得以將有限的生命妥善運用，包括實踐厚養薄葬。厚養指爲人子女當善待父母，薄葬則係爲人父母應交代子女，一切都從己身做起。人死而有殮殯葬祭一系措施，清明文化的革新多針對後端葬祭這一塊，主要涉及硬體的殯葬設施，尤其是公墓及靈骨塔。如果能夠仿效大陸將殯儀館打造成爲生命教育基地（陳金香等，2012），今後多開闢生命教育示範墓區，不失爲一條可行途徑。

理想中的生命教育示範基地與其說是墓區，不如視爲葬區，主要爲提供植樹葬、拋灑葬的環保自然葬，這正是薄葬的典範。薄葬是指在葬法方式的清潔、節儉和簡便，而非在禮儀上失之過簡。禮儀的改革創新可在入殮及出殯的過程中落實，在此不予討論。現今清明祭掃所出現的問題，一在交通上，二是商品化；後者把傳統時令節氣形塑成現代消費節日，鼓勵大家採購祭品出門掃墓，結果造成交通大打結。如果自然葬能夠推廣普及，人們無墓可掃，大可利用先人忌日至葬區追念，而於清明在家中團聚，共進寒食亦無不可。一旦悼亡改於忌日前後而非清明當天，則交通問題自然迎刃而解。至於葬區可朝向公園化方式規劃，將之賦予祭祀、休憩、踏青、聚會等多功能用途。此外自然葬尚可施行海葬，讓縱浪大化成爲人生完美歸宿（黃有志、鄧文龍，2002），更接近與天地合其德的境地。

三、殯葬改革

清明由時令節氣提升爲兩岸正式的民俗節假日，自有其重大意義，但我還是持續主張「維繫孝心，淨化孝行」、「保存禮義，簡化禮儀」。其中「淨化」、「簡化」進而「美化」，主要指「薄葬」而言。人們實應將注目焦點移至「厚養」方面，把社會保障和老人福利盡量落實才是。近年兩岸都面臨少子化和高齡化的危機，臺灣比大陸還來得嚴重。據新聞報導載，大陸的老人照顧已由“421”結構逐漸延伸至“621”，亦即未來一個二代獨生年輕人，要負擔一代獨生父母、雙方祖父母及外祖父母，甚至父方曾祖父母的老齡照顧之責，這其中還不包括女方或母方長者的照養。但大陸畢竟還有「計劃生育」的保障，臺灣自一九九八年起出現少子化現象，至今已居於全球出生率最低之首。總而言之，兩岸在進行清明文化對話之際，切莫忘記我們父母的「身前事」景況比「身後事」還要嚴峻許多的事實。這些都屬於生死關懷的課題，不宜有所偏廢（鈕則誠，2009）。

時代終究已出現重大轉變，兩岸華人同樣面臨後現代多元化的衝擊，即使像清明文化的振興提倡如此重大課題，也必須與時俱進、從善如流，方得以永續發展。清明文化也像其他文化活動一樣，需要「大處著眼，小處著手」。前者反映在生死觀方面，留待下節再談；後者可以從當下做起，亦即殯葬改革。殯葬改革三大方向分別爲：以「生死齊一」克服「懼鬼怕死」、以「環境風水」取代「民俗風水」、以「計劃死亡」落實「生命管理」（黃有志，2002）。一項頗具創意巧思的作法，是臺灣作家曹又方於二○○二年爲自己所辦的「快樂生前告別式」；而在二○一○年大陸電影「非誠勿擾2」中，也被臺灣製片人陳國富將之重新呈現爲主角之一的「人生告別會」。最後兩人都選擇了自然葬法，爲後現代的「質疑主流，正視另類；肯定多元，尊重差異」精神做出極佳註腳。

肆、生命的清明文化

一、生也有涯

通過清明的生命教育以期開創生命的清明文化，其實還有很長的路要走。當前兩岸都在推廣清明文化，我嘗試提出一些另類觀點，相信有助於彼此雙方友善對話。生死學於臺灣應運而生已歷二十年，但其創始人傅偉勳卻早在一九九六年即已往生，享年六十有三；而另一位大師級人物余德慧，亦於二〇一二年以六一之齡謝世。雖然二人陽壽皆較華人平均餘命短少十五至二十年，但這並無損於他們推動生死學以啓迪人心的教化貢獻。余德慧（2003）將德哲海德格的「向死存在」觀點，表述爲人們在日常生活中對於周遭世界所表現的態度，包括「掌控、秩序、行道、計算」四者。然而世事畢竟充滿無常，生也有涯死終將至，便屬最讓世人感到恐慌的人生際遇。但這正是無常中唯一恆常之事，亦即人終不免一死，如何在有生之年如實地發光發熱，值得大家深思。

「清明」除以形象的「清風明月」爲表徵外，更可引申爲思想的「清楚明白」。五十四歲便早逝的法國哲學家笛卡兒，以一句「我思故我在」命題彰顯出個人的主體性，便足以永垂不朽。生活於十七世紀天主教國家，他雖然把天主請出來以保證上述命題的「清晰判明」，然而主體性卻從此成爲西方人生實踐的標竿，即使主張無神的存在主義者亦若是。存在主義先驅人物丹麥的齊克果指出人存在的四大特徵：個體性、變化、時間、死亡。他在變化無常的生路歷程中僅活了四十二歲，卻爲後人帶來無比重要的生命啓示（李天命，1990）。主體性雖於後現代有可能被顚覆，但個體存在的境況已被充分彰顯實不能抹殺，近來在臺灣被大力提倡的殯葬自主和性別平等，便是極佳例證。生命的清明文化需要正視每一個體的主體性，並令其做出適當的存在抉擇。

二、自我教化

對清明節日的意義價值進行反思並予發揚光大，構成清明文化的核心；而這種反思將從祭掃現象回溯至殯葬活動，最終達於生死觀點。唯有正本清源方能推陳出新，清明文化的明理與否，到頭來仍繫於生死文化的釐清。文化指向一個民族生活方式的全部，可分爲器物、制度和觀念三層次。清明節到具體的墓地上去祭掃，反映出慎終追遠的傳統禮制要求，深入人心的則是孝道倫常觀。千古年來這些道理已形成爲一套完整的社會教化，但隨著社會變遷與時俱進，傳統教化終究不能以不變應萬變。新世紀的後現代教化觀已從社會教化轉型爲自我教化，它只成就個體自身，而不成就對象或他人（張國清，1995）。這是美國哲學家羅逖有關教化的哲思，他強調後現代不再要求普遍性，而賦予每個人充分海闊天空的選擇權，剩下就看我們如何善自利用。

自我教化擺脫掉社會宰制，既擁抱自由，也帶來責任，問題是當代兩岸華人準備好了沒有？將清明文化放大爲生死文化來看，首先要求每個人應盡量對自己的生死觀深思熟慮，對死亡後事做出完整而具體的規劃，交代清楚明白，不必讓後人操心。不可否認的，今日清明文化出現亂象，多少跟儒家傳統規範摻雜入佛道二教某些似是而非的禮數要求有關。要改弦更張，不妨向道家求緣。我曾秉持道家反璞歸眞的精神，順著臺灣生命教育的架構，撰成《殯葬生命教育》一書，以示推陳出新（鈕則誠，2007）。我們在臺灣的五〇後中老年這一代，都是受儒家社會教化成長的，沒有理由離經叛道。但於生死大事的抉擇上，還是有權利提出不同的聲音。我以自身四位長輩的先例，包括父親、母親、繼父、姊夫，他們都選擇環保自然葬，令我在此勇於大聲疾呼。

三、文化創意

我的母親以九二高齡壽終內寢，生前堅持交代要一次性海葬；繼父和姊夫分別以八一及八三高齡辭世，由於兩人對京劇興趣相投，乃先後合葬於同一棵樹下，以利切磋琴藝。至於享年八五的父親亡靈遠在美西，雖以火化入土，但墓園幾乎完全公園化，只有鋪設於地面的銘文，完全不見直立的墓碑，從山腳看上去僅具一片草坪，且不時有人在其上野餐。在我看來，高壽而終是喜事絕非凶事，訃文皆沾紅而不泛白，連祝福都來不及，何悲之有？當然不捨失落之情還是會浮現，但實無須加深悲戚以自苦。我曾在重慶的殯儀館內看見全家老小爲先人守靈，大打麻將並歡唱卡拉OK，心想這亦不失爲生死文化可以開發創意之處。如今在臺灣連遺體美容都被打造成文化創意產業的一環（張芳瑜等，2012），其他更溫馨且平易近人的作法，沒有理由不躍上檯面。莊子妻死的鼓盆而歌，或許正是今人可資學習的範例。

今人容或沒有資格質疑儒家思想，但是莊子及其後人在集體創作的《莊子》一書中早就如此做了。清明文化眞的不必搞得悲戚與共、道貌岸然，輕鬆一點又何妨？當然「民德歸厚」還是要維繫，切勿使其走向「民德降低」（陳士良，2012）。但是我們還是可以在緬懷先人的方法上做出變化，不要總是曹隨傳統那一套。我首先想到的就是別挑清明這一天去上墳。既然是法定假日，親戚朋友大可約在一道聚會，以粗茶淡飯的寒食方式追念亡者，餐飲業甚至可以設計成套「清明餐」以饗大衆。此外若說盡情歡唱有所不敬，那麼親友聚集聆聽或觀看亡者生前喜愛的戲曲，或以多媒體方式呈現其一生種種，都是可行的清明文化創意活動。總之，清明不必趕熱鬧外出祭掃，生日、忌日或父母結婚日到墳前追念，或許更有意義。

結語

本論文以〈清明文化與生命教育〉爲題，希望對目前出現於兩岸的清明現象和殯葬活動，嘗試做出一些不落俗套的另類哲理反思，目的是希望促成移風易俗、推陳出新、生死自主。自主起於自覺，有了清明的自省覺察，方能進一步從事自我抉擇，最後形成適當的自主決定。往者已矣，來者可追，對老一輩善盡生養死葬的子女責任自有其必要。但是輪到我們這一代爲人父母，應盡量實施生死自主權，例如醫療上的「預立指示」、喪葬上的「交代後事」；自己不應人云亦云、隨波逐流，子女也可免於進退兩難、無可適從。許諾一套清明的、生命的清明文化，當從我輩做起。本論文嘗試於主流論述之外提出不同的聲音，以期激發討論批判的意見。

參考文獻

方志華（2004）。《關懷倫理學與教育》。臺北：洪葉。
王邦雄（2009）。《生命的學問十講》。北京：中國人民大學。
余德慧（2003）。《生死學十四講》。臺北：心靈工坊。
吳玉琴（2009）。〈中國傳統殯葬禮俗〉。載於楊根來編，《殯葬文化與寫作》（頁13-46）。北京：中國社會。
李霞（2004）。《生死智慧——道家生命觀研究》。北京：人民。
李天命（1990）。《存在主義概論》。臺北。學生。
張芳瑜等（2012）。《過去・現在・未來——臺灣殯葬產業的沿革與展望》。新北：威仕曼。
張國清（1995）。《羅逖》。新北：生智。
陳士良（2012）。〈慎終追遠　民德歸厚——關於清明節精神及管理的思考〉。載於上海市公共關係研究院編，《第二屆海峽兩岸清明文化論壇講

演稿》（頁97-104）。上海：上海市公共關係研究院。
陳金香等（2012）。《中國殯葬文化》。上海：上海文化。
傅偉勳（1993）。《死亡的尊嚴與生命的尊嚴——從臨終精神醫學到現代生死學》。臺北：正中。
喬寬元（2012）。〈清明文化縱橫談：傳承、發展、繁榮——以上海為背景的研究〉。載於上海市公共關係研究院編，《第二屆海峽兩岸清明文化論壇講演稿》（頁3-17）。上海：上海市公共關係研究院。
鈕則誠（2004a）。《生命教育——倫理與科學》。新北：揚智。
鈕則誠（2004b）。《生命教育概論——華人應用哲學取向》。新北：揚智。
鈕則誠（2007）。《殯葬生命教育》。新北：揚智。
鈕則誠（2008）。《殯葬倫理學》。新北：威仕曼。
鈕則誠（2009）。《殯葬與生死》。新北：空中大學。
鈕則誠（2010a）。《生命教育——人生啟思錄》。臺北：洪葉。
鈕則誠（2010b）。《生命的學問——反思兩岸生命教育與教育哲學》。新北：揚智。
黃有志（2002）。《殯葬改革概論》。高雄：黃有志。
黃有志、鄧文龍（2002）。《環保自然葬概論》。高雄：黃有志。
萬建中（2004）。《圖文中國民俗・喪俗》。北京：中國旅遊。
葉光輝、楊國樞（2008）。《中國人的孝道：心理學的分析》。臺北：臺灣大學。
鄭曉江（2007）。〈關於生命教育中幾個問題的思考〉。載於鄭曉江主編，《感悟生死》（頁82-98）。鄭州：中州古籍。

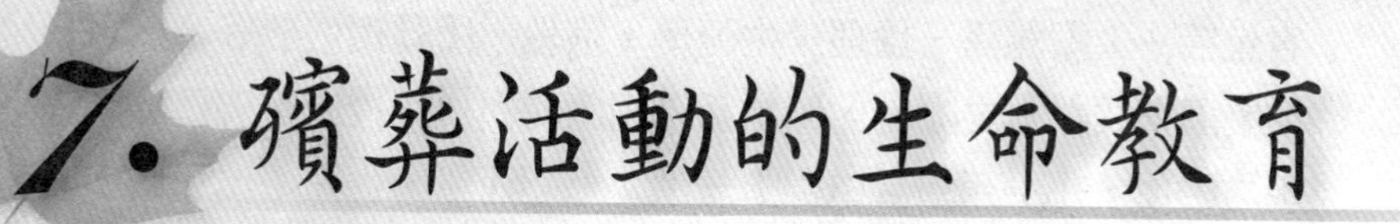

7. 殯葬活動的生命教育

（2013）

- 引言
- 壹、臺灣人的傳統想法與作法
- 貳、《殯葬管理條例》：殯葬行爲的管理
- 參、新世紀的展望
- 結語

引言

人類作爲有文化、講文明的物種，無論哪個民族，都演化出養生送死的習俗，其中便包括殯葬禮俗活動。臺灣曾將二〇〇一年訂定爲「生命教育年」，當時的教育部長曾志朗在接受訪問時表示，生命教育的內容包括「人際關係、倫理、生死學、宗教、殯葬禮儀」等項。可惜後來在發展正式課程之際，前四項都有相應的學科講授，唯獨殯葬課程不了了之，頂多在生死學當中帶上一筆。平心而論，生死學由死觀生，理當正視與重視殯葬相關課題。俗話說「蓋棺論定」，由此可見，對殯葬活動的觀察、瞭解與反思，至少足以構成成人生命教育的起點。

壹、臺灣人的傳統想法與作法

雖然時代已進入二十一世紀，但是臺灣人對於喪葬習俗的傳統想法與作法卻隨處可見，其內容不外乎儒道佛三家思想的融滲及混雜。不少歷史的足跡在如今依稀得見，可就近觀察並予以闡述。二〇一〇年上映的臺灣電影「父後七日」，生動地記錄下民間喪禮過程。該片根據同名散文改編，由作者劉梓潔（2010）自編自導，文本則陸續成爲學者研究的題材，足資參考。

一、儒教：愼終追遠

華人一向重視孝道，自古至今依舊，這無疑是受到儒家思想影響，兩岸皆然。孝道看重養生送死、生養死葬，此乃爲人子女者的責任。當孝道體現爲禮數時，很自然在形式上走向久喪厚葬，以符合「愼終追遠」的要求。像孔子堅持須守喪三年，以回報父母哺育之恩；孟子要求棺槨要厚，以表達守禮盡心之意（徐吉軍，1998）。尤有甚者，儒家自孔子以降對「禮」的擇善固執，在漢代統治者獨尊儒術以後，已然發展成爲類似宗教信仰下的「行禮如儀」禮拜形式，至今猶然。

古今中外喪葬儀式幾乎都跟社會大衆的信仰息息相關，組成團體、恪守制度的爲宗教信仰，鬆散不羈、世俗流行的則爲民俗信仰。在臺灣，民俗信仰被政府歸類爲道教。而教育政策則一貫主張四維八德，每年教師節且由總統帶頭以古禮祭孔，不啻將儒家提升爲國教層級。清末民初的確有康有爲、袁世凱等人提倡推行儒教，但它大多仍以潛移默化的方式內化於人心，並在日常生活當中充分體現出來，華人喪禮所表達的孝心與孝行即是最佳明證。

儒家究竟是不是宗教，實衆說紛紜且見人見智。若依西方的宗教學標準看，制度性的教團至少需要有教主、教義、經典、儀式、皈依等條件，則儒家除信衆皈依加入教團一項外，大抵皆已齊備。但事實上儒家的行禮如儀已內化至幾乎所有臺灣人身上，而中學必修儒家經典、元首帶頭祭孔、治喪以孝爲先等，在在顯示儒家早就達於宗教標準。爲正本清源、推陳出新，我首先將儒家視爲一門宗教，據以思考它在臺灣喪葬活動中的歷史位置。

現今臺灣喪葬儀節基本屬於儒道佛三教雜糅，但三者糅入的時間有所先後。其中儒教是在距今兩千五、六百年前由孔子發揚光大，而佛教於東漢時自西土外邦傳入，影響普及則在魏晉南北朝，最早離現在是一千七、八百年；換言之，儒佛二教作用於喪俗的時間差距大約有七、八百年。至於道教雖然托言於先秦道家，然實際卻更多源於方術及陰陽家；其於中土興起多少是爲對抗和制衡外來的佛教，甚至仿效佛教的僧團制度，而形成爲嚴密的組織化宗教。

二、道教：長生不死

電影「父後七日」詳實描繪出臺灣民間喪葬習俗，原始文本來自編導劉梓潔的得獎散文。記者出身的她，把父喪頭七日的經歷一一加以記錄，首先出場的便是葬儀社「土公仔」，影片中具體形象爲一名烏頭道士。文學學者朱心怡（2011）將散文〈父後七日〉及其後記〈後來〉中記載的喪禮儀節，歸納成招魂、更衣、燒腳尾錢、守夜、發喪、乞水、迎棺、入殮、出喪、護靈等過程，大致反映出當前作法。該故事發生於臺灣中部，而中部民俗「竅妙」以死於醫院者需戴氧氣罩送回家再予拔除（徐福全，2003），亦在文章及電影之首即生動呈現。

考察上述喪禮過程，其主軸基本上歸於儒教，因爲在儒家經典三部《禮》多有所載，且於周代即加以規範（萬建中，2004）。至於三教雜糅的喪俗，則是後世在此一主幹上不斷積累添增而成。如今人們從事喪葬奠祭時，心存非佛即道，實似是而非。往深處看，喪葬禮俗始終以儒教爲禮，道佛爲俗，從而形成一系繁複卻因時因地變遷流轉的儀式。

臺灣人口兩千三百餘萬，其中原住民加新移民約一百萬，其餘無論是閩南、客家或外省族裔，率皆歸爲漢民族。漢人是全球最大單一民族，總數超過十億。其以中國第一個長治久安的朝代帝國「漢」爲名並非偶然，而是反映出歷史悠久、源遠流長。漢代繼承了秦朝一統天下的帝業，並且定規獨尊儒術，在此之前的先秦思想傳統則係百家爭鳴。作爲「冠、婚、喪、祭」四大生命禮儀之一的喪禮，必然要牽涉到當時代的生死觀。

當孔子以「未知生，焉知死」、「不能事人，焉能事鬼」等語昭告了儒家現世主義生死觀，人們對死後何去何從的疑惑，只好轉而請教江湖術士及陰陽家。這些民間思想孕育出古代魂魄觀，爲後世道教開闢先河。道教形成於漢末魏晉時期，此一信仰的最終目的是教人修練成仙以擺脫生死的羈絆（曹勝高，2008）。然而長生不死終究只是理想，道教遂退而求其次，引申了老子「死而不亡者壽」之語，將身形死而心神不亡分別處理，賦予民俗鬼神說較多的發揮空間。

三、佛教：輪迴業報

喪葬禮俗是生死文化的體現，不同民族文化的生死觀形塑成各式各樣的禮俗活動。臺灣人表現出漢民族的主流文化，其中的生死觀包含儒道佛三大系統，過去就傳統習俗而言爲宗教儀式，今後殯葬改革應逐漸將之淡化轉型爲生死信念。生死之問有三：「我從哪裏來？我往哪裏去？活在當下如何安身立命、了生脫死？」前兩個問題由各大宗教系統給出不同答案。值得注意的是，中華本土的儒道二教皆未明確表態；前者不言死，後者言不死，唯有外來的佛教立場分明。

外邦信仰中，基督宗教及伊斯蘭教相信「永生」，信者得救，靈魂與上主或阿拉同在；佛教則主張「往生」，以輪迴轉世令業力循環流衍。嚴格看來，往生之說原本只限於佛教徒，但是中國在佛教傳入後，喪葬習俗逐漸形成以儒教禮俗爲本，加上佛道雜糅的混合型態，「往生」遂成華人諱言死亡的替代用語，但必須明辨不可用於基督徒及穆斯林。輪迴轉生觀並非佛教專利，古代希臘人及印度人即有此說，後者則由佛教發揚光大（吳村山譯，1997）。

前述「父後七日」一片及其所本的文章，處處充滿著三教混雜的元素，國學學者劉麗淑（2012）稱之爲「複合式喪禮」。此即指臺灣閩南族群基本上繼承宋代儒家朱熹的教化，以《文公家禮》爲傳統規範，此外還夾雜著道士所進行的科儀，以及佛教誦婆及藏教喇嘛合組的誦經隊伍。這樣的雜糅形式，乍看之下頗具後現代商品經濟拼貼效果，骨子裏卻是前現代農業社會的習俗遺緒。倒是近年另一部以喪葬習俗爲主題而受到全球矚目的日本電影「送行者——禮儀師的樂章」，呈現出較濃厚的佛教色彩。

「送行者」由實務工作者青木新門的著作《納棺夫日記》所改編，

大陸譯名「入殮師」較準確地指涉出主角的工作性質，亦即洗穿化殮的整套入殮過程，而不包括其後的出殯和安葬部分。該書顯示出豐富的佛教旨趣，也在影片中生動地流露。日本在神道設教外有著很純正的佛教傳統，一旦落實於喪葬禮俗中，會令人感受到宗教特有的莊嚴肅穆，此與臺灣三教雜糅所產生的荒謬突兀大異其趣，兩部電影所映現者正是鮮明對照。

貳、《殯葬管理條例》：殯葬行爲的管理

臺灣地屬大陸之外的島嶼，居民皆由外部移入；早先多爲南島民族，中土漢人則在明清之際大量渡海而來。清末曾短暫設省，卻因「馬關條約」割讓給日本五十年，一九四五年光復時已入民國時期。臺灣自光復至今先後施行三種殯葬法規，即一九三六年公布之《公墓暫行條例》、一九八三年公布之《墳墓設置管理條例》，以及二○○二年公布並於二○一二年修訂之《殯葬管理條例》；前兩者只涉及硬體的殯葬設施，後者則擴充至軟體的殯葬業經營管理及民眾殯葬行爲。

一、入殮

殯葬行爲是喪葬文化的具體表現，傳統農業社會裏屬於喪親家屬及鄰里居民互助的活動，及至工商業社會城市興起才逐漸形成爲行業。現今殯葬業已成民生必需之行業，民眾治喪即使在家自行辦理，也需要委請業者協助完成，殯葬行爲之管理遂與行業息息相關。不但如此，由於殯葬活動與行爲已構成「入殮—出殯—安葬」一系行業價值鏈，其內部分工也越發深化細微，電影「送行者」只及於入殮便是一例。在臺灣，整套入殮過程至少包括接體、洗身、穿衣、化妝、大殮等項，如今多於殯儀館內進行。

《殯葬管理條例》在二〇一二年大幅修訂公布，由原先的七十六條增訂爲一百零五條，其中第六十一至七十二條規範殯葬行爲。與入殮有關可注意者爲規範接體行爲的條文，例如現代人常病逝於醫院，乃不准業者擅入招攬業務（第六十三條第二項）；以及意外死亡者除由家屬領回外，憲警不得擅自轉介或縱容業者逕行接運（第六十九條第一項）；這些都是爲了避免業內的惡性競爭。此外也爲醫院附設殮殯奠祭設施訂定五年落日條款，以明確專業分工（第六十五條）。

殯葬專業化爲勢之所趨，作爲專業化具體表徵的證照制度值得一提。今後殯葬從業人員的專業證書有勞動部考授的「喪禮服務技術士證」，及內政部核頒的「禮儀師證書」兩種，後者且以通過前者乙級檢定爲要件之一。這兩種專業職稱皆指向喪葬禮儀，乙、丙二級技術士技能檢定術科部分主要集中於入殮和殯儀的操作，像考穿衣、化妝、靈堂布置、奠禮司儀等。臺灣漢人第一代雖由大陸移入，但有時代早晚及地域南北的差異，如今大致分爲閩南、客家、外省等族群，禮俗有所出入，考試檢定只能「異中求同，同中存異」。

傳統上入殮多在亡故後一日內爲之，之後停殯於家裏，如果要做七，一停便是七七四十九天以上。這種情形發生在鄉間無可厚非，若在都會區辦喪事，於巷內或路邊搭棚行禮，過往行人皆得繞道，非但帶來不便，更影響心情感受，法令乃要求不得有製造噪音、深夜喧嘩或其他妨礙公眾安寧及善良風俗之情事（第六十八條）。好在近年城裏人大多從善如流，選擇到殯儀館治喪，遺體也用冷凍冰存處理，到出殯前一天再取出，進行一系入殮的活動。

二、出殯

「殯儀館」是現代人熟悉的名詞，但只算殯葬設施的五分之一，此外還包括公墓、禮廳及靈堂、火化場、骨灰骸存放設施等四者。其中「禮廳及靈堂」係最新修訂法規時所增添，爲的是在推展「先火化後辦告別式」的改革措施同時，讓民間業者設立正規告別式場有所法源依據，其明確界定爲殯儀館外單獨設置或附屬於其中的奠祭設施（第二條）。至於殯儀館仍清楚標明在醫院之外，勿使功能混淆，也意味著醫院太平間外包爲奠祭場所的現象終必轉型。

現代人大多死於醫院，除電影「父後七日」所呈現僞裝未亡待返家斷氣的民間習俗外，主要還是由家屬委請業者至醫院接體後直接送往殯儀館冰存，至出殯前夕方予解凍，次第完成洗、穿、化的過程，而於當日再行大殮。這種由家中轉移至殯儀館治喪的情形，可視爲農業社會向工商業社會變遷的現象，雖稱與時俱進，變中仍有不變的習俗，爲亡者敬備酒食的拜飯即屬一例。這是孝道的表現，以示事死如事生（黃芝勤，2012）。

「殯儀館」顧名思義是從事停殯及舉行奠禮之所在，而「殯」的原意主要指出殯，亦即將已入殮的亡者送出去安葬；但如今則包括治喪、入殮、奠禮、出殯等一系活動，實際上已將殮殯聯繫在一道了。「殮、殯、葬」是人們辦喪事的核心部分，一旦將傳統禮儀產業化之後，自然形成爲一套產業價值鏈。近年管理學者王士峰與阮俊中（2007）將之擴充爲「緣—殮—殯—葬—續」，在前後各將購買生前契約的生前結緣，以及提供售後服務的後續關懷一併納入，可謂更形周到。

既然入殮、出殯和安葬乃係一體流程，其銜接面亦有一定意義。像過去從入殮到出殯皆在各人家中進行，如今已轉移至列爲特定專區的殯儀館舉辦，既省錢又省事。至於幾乎全爲公營的臺灣各地殯儀館，也盡可能推廣「殯葬一元化」的服務，令亡者在館區火化立即就近晉塔，省去家屬親友舟車勞頓之苦。不過一元化要有先天條件配合，亦即專區內原本就有完整殯葬設施，構成「殯葬管理所」，讓所有流程集中於一地舉行，否則還是得勞師動衆。

三、安葬

平心而論，雖然臺灣的殯葬論述總圍繞著喪禮或禮儀在打轉，連政府考授證照都不脫此說；但是人類各民族喪葬活動的重心始終在於「葬」，亦即讓亡者死歸其所，入土爲安；「安葬」才是令整個流程功德圓滿的重頭戲。「葬」的原意是將亡者遺體妥善收藏，以示尊重悼念。從考古遺跡看，三萬年前的人類祖先就有將亡者安置於山洞內，並在遺體周遭灑上花朵的追念儀式。後來在很長時間內，打造墳頭的土葬形式相當普遍，如今則講究多元葬法。

華人長期受儒家孝道思想影響而主張厚葬，使得土葬成爲主流（徐福全，1993）。但想像一下現今地狹人稠的臺灣，倘若死人都要躺著占塊地是何情狀。於是在政府大力鼓吹推動下，火化塔葬一時蔚爲流行，而火化率也已高居九成以上。不過塔葬仍須造塔占地，並非最佳良策；不立碑、不占地的自然葬法才是最合乎環保原則的，這點已被寫進相關法規中。法律規定墓地使用期限屆滿，應撿骨存放於納骨塔；而當納骨塔使用年限屆滿，則應改爲拋灑或植存等自然葬（第二十八條第二項）。

臺灣現行的《殯葬管理條例》與大陸相關法規同名但公布較晚，內容卻相當先進，其中的環境保護、消費者保護、排除黑道介入等理念精神與具體作法隨處可見，然而要移風易俗及落實執行，恐怕還有很長的路要走。不過路終究是由人走出來的，前文曾提及現行法規的前身只涉及硬體設施，完全對焦於「葬」，新法則擴充及「殮」及「殯」等軟體服務之規範，使涵蓋處面面俱顧、無所偏廢，算是向前邁進一大步了。但是我們不應忽略遺體本身也屬於有形的硬體，如何善待遺體、視死如生，才是殯葬活動的眞諦。

傳統上漢民族面對生死大事強調「養生送死、生養死葬」，這是爲人子女照顧父母的基本責任，亦即孝心的表現。但維繫孝心並無妨於淨化孝行，尤其應將孝心孝行體現於父母生前在世時，至於死後則可以考慮一切從簡，包括禮儀及葬法。現今華人處理生死大事更應主張「輕死重生、厚養薄葬」，如是方得契合與時俱進的時代精神。殯葬乃民生所必需，放眼未來，殯葬改革無疑是新世紀重大民生議題之一，以下便將儒道佛三教的宗教信仰轉型爲儒道佛三家的人生信念加以展望闡述。

參、新世紀的展望

我曾著有《殯葬學概論》一書（鈕則誠，2006），將殯葬學分爲衛生、管理、文化三方面的課題，而於殯葬文化學再分爲歷史、思想、禮俗三部分的內容。殯葬思想文化包含哲學與宗教兩者，對臺灣殯葬的回顧以儒道佛三教禮制爲主，前瞻則嘗試彰顯三家思想精華。

一、儒家：孝悌忠信

把儒家當作宗教是取其行禮如儀的外顯文化現象來看，但其深層結構無疑還是孝悌忠信等內在德性。臺灣的喪葬活動一向予人繁文縟節、雜亂無章之憾，不易產生莊嚴肅穆、哀傷撫慰之感。爲正本清源、推陳出新、永續發展，我在此嘗試對之提出新世紀的展望，以利改革創新的提倡推動。殯葬改革的精神在《殯葬管理條例》第一條即已楬櫫，而其說明更點出其「以人文爲中心，環境保護及生態保育爲上層，知識經濟發展及社會公義爲支撐」的理想。

臺灣殯葬主要反映以孝道爲核心價值的漢民族文化，而當現行殯葬法規載明要「配合倡導建設臺灣爲綠色矽島之願景」時，孝道便不應當食古不化、墨守成規，而需要與時俱進、推陳出新。改革創新的思考方向正是「維繫孝心，淨化孝行」、「保存禮義，簡化禮儀」；孝行要淨化，禮儀要簡化，簡化實繫於淨化。淨化孝行具體作法就是前面提到的

「輕死重生、厚養薄葬」，將孝道的重心放在子女於父母生前的安養照顧上，而於其亡故後便配合政策採行環保自然葬。

新世紀要有新作法，但是改革創新卻可能是段漫長的歷程，尤其在受到主流保守觀念的壓力影響下更是如此。以儒家的宗師孔子爲例，由於歷朝皆實行尊孔，孔門後代甚至得以在朝爲高官；此點在當今臺灣迄未改變，其嫡孫官位係與總統之下的五院院長平行。孔子現存後人估計約有兩百餘萬，其家譜近年始將女性納入；但位於故鄉曲阜的家族墓園「孔林」卻至今只收媳不納女，無疑有違當前「性別平等」的時代潮流。這也反映出儒家有相當大的改革空間。

事實上性別平等已成爲臺灣殯葬改革的重點方向，內政部在二〇一二年出版的《平等自主　慎終追遠——現代國民喪禮》一書，即標榜「實現尊嚴死亡、殯葬自主、性別平等、多元尊重、環境永續等現代價值意識」，可視爲殯葬主管機關的政策指標。這些指標對於傳統意理和既有作法具有匡正作用，而以儒家思想及儒教禮制爲主軸的華人殯葬活動，至少在臺灣可以從善如流地除舊布新。革新作法要從改變觀念與思想的基礎上著手，對臺灣殯葬而言，儒家與道家及佛家思想的相互融通，或爲可行之道。

二、道家：自然無為

從西方觀點看，哲學跟宗教大異其趣：哲學起源於懷疑，宗教卻要求深信不疑。基督宗教裏的天主教不反對用哲學思辨來鞏固信仰，基督新教中不少派別卻認爲無須多此一舉。西方人對宗教的理解在中土不盡然適用，儒道佛三家既屬哲學又像宗教。當然佛教和道教的確有團體及制度而成爲宗教，但道教並不等於道家，而把儒家打造成教團的努力亦未成功，只有佛教信仰與佛家思想並行不悖。臺灣殯葬曾經流行「三教合一」之說，今後則可朝「三家會通」革新。

三門宗教之於三家思想雖可對舉，但儒教是未竟之業，道教爲歧出發展，只有佛教佛家相輔相成，三者並非同調。其中尤以道家與道教各有千秋，不能混爲一談。當然道教藉托道家而生乃是事實，但是如今臺灣俗民道教魂魄觀對死亡與不死的看法，似乎更接近儒家的孝道實踐（李坤達，2003）。因爲儒家不願多談身後事，道教卻發展出諸如冥婚、遊地府、牽亡魂等活動，將陽間倫理擴充至陰間世界，不再陰陽兩隔，無形中延伸了孝道的實踐場域。

道教科儀豐富多姿，與其說是喪葬禮制，不如視爲宗教儀式。我在此就事論事，不對宗教活動多予著墨，而把焦點放在殯葬改革上；它可以既非宗教又安生死，亦即採行道家了生脫死、順應自然的豁達態度。儘管道家思想有老莊、黃老及玄學之分，但我也不擬在此多所分判，而以一般人所知曉且感興趣的老莊生死觀來加以引介。「老莊」雖像「孔孟」一樣連用，但《史記》載孔子曾問學於老子，而莊子與孟子年近；兩代人相去百年，且分屬東周的春秋和戰國時期，思想不盡相同，只可能有傳承關係。

簡單地說，老子和莊子都用自然而然的觀點及態度去看待生與死，莊子且更進一步視之爲氣聚氣散（李霞，2004）。這雖然是一種素樸的自然觀，但從兩千四、五百年後的今天看來，非但不算過時，反而益形眞實。即使道教認爲有陰間，佛教相信有來世，但於今生今世皆無關宏旨，重點還是在儒道兩家肯定的現世。「輕死重生、厚養薄葬」終究要比死後享鴻福、下輩子快樂來得迫切與重要。這並非高深學問知識，而是常識性的智慧睿見。

三、佛家：慈悲喜捨

死亡是生路歷程的結束，有頭有尾方能照見過程的意義與價值；倘若長生不死，好也是活，歹依舊活，那非但無甚意義，反而恐懼可怖。然而人爲什麼會怕死，且對親友去世感到悲傷呢？這是因爲不知和難捨，此乃人之常情，剪不斷理還亂，卻仍可以慧見超凡脫俗。像佛家講

「遠離顛倒夢想，究竟涅槃」，正是超拔工夫的體現。佛教思想是西土印度的產物，博大精深，且有深厚的民族性，就跟基督宗教一樣。兩者於中土皆屬外來宗教，卻同爲普世信仰，信不信由己。

佛教源於印度教，基督宗教源於猶太教，兩者都是從民族宗教發展爲普世信仰，全球各地人民均可依自身社會文化條件加以吸納改造。在華人世界，天主教允許敬天同時又祭祖，佛教既出世又入世，都是從善如流之舉。西土佛教有著高深的哲理性，主張因果輪迴業報，且將目光希望多所投射於來生後世，此與漢人生活習性並不盡相容。當印度佛教自東漢時傳入中土，經過五、六百年的醞釀轉化，終於在唐代開出中國佛教及佛學，令人耳目一新。

中國佛教有天臺、華嚴及禪宗三大宗派，前兩者哲理性甚強，後者因主張「明心見性，不立文字」而頗具親和力，遂廣爲流行（高令印，2004）。當然佛教還有其他直接繼承自印度的宗派，加以上述本土流派，號稱「七顯一密」。在臺灣社會的諸多信仰裏，於佛教有「不歸禪，則歸淨」之說，亦即以禪宗和淨土宗爲主流顯學。淨土宗講究修持，以勤念佛號開啓超性的神秘力量，達到有求必應的目的；相形之下，禪宗更相信反身而誠的內在力量足以超脫。在這方面，禪宗與道家的豁達心境基本相通。

原始佛教強調世間皆苦，不免在苦海與火宅中活著受罪，解脫之道唯有善用此生，修道積福早日成佛（張松輝，2008）。佛可謂人大徹大悟後的境界，中土佛教雖也相信來生成佛的可能，但同樣肯定將此生作爲修行道場可以離苦得樂。尤其在面對生死關頭時，通過一念之間的內省，便可找到慈悲喜捨的能量，幫助我們放下和捨得。這種佛家菩提智慧不一定要信教即可有所把握，深爲歷代文人所喜，於今用以觀照殯葬活動，相信必能帶來一定的啓示作用。

結語

二○○六年我為空中大學設計殯葬系列課程，以因應禮儀師的專業教育要求，並撰寫入門科目「殯葬與生死」教材及錄製廣播節目。當時我指出，生死學是「虛」的學問，可以海闊天空地講；殯葬學卻屬於「實」的知識，必須扣緊實踐而發。尤其甚者，殯葬活動自有其時空性，當前兩岸四地的情況就有所差異。我既生長於臺灣，且長期投身殯葬改革，只限於並適於從事在地局部考察。把臺灣的殯葬活動當作成人生命教育題材，我強調一貫提倡的「後西化、非宗教、安生死」想法，以及「輕死重生、厚養薄葬」作法，它們都具有「儒道融通」的特色。

參考文獻

王士峰、阮俊中（2007）。《殯葬管理學》。新北：空中大學。
朱心怡（2011）。〈從《父後七日》看臺灣的喪葬習俗〉。《止善》，10，15-34。臺中：朝陽科技大學。
吳村山（譯）（1997）。《輪迴與轉生——死後世界的探究》（石上玄一郎著）。臺北：東大。
李霞（2004）。《生死智慧——道家生命觀研究》。北京：人民。
李坤達（2003）。《死亡與不死——臺灣俗民道教魂魄觀的死亡哲學研究》。東吳大學哲學系碩士學位論文。臺北：東吳大學。
徐吉軍（1998）。《中國喪葬史》。南昌：江西高校。
徐福全（1993）。〈安葬禮俗與墓政革新〉。載於內政部編，《喪葬禮儀進修人員講習會教材參考資料》（頁147-179）。臺北：內政部。
徐福全（2003）。《臺灣民間傳統喪葬儀節研究》。臺北：徐福全。
高令印（2004）。《中國禪學通史》。北京：宗教文化。
張松輝（2008）。《人生儒釋道》。長沙：岳麓書社。

曹勝高（2008）。《國學通論》。北京：北京大學。

鈕則誠（2006）。《殯葬學概論》。新北：威仕曼。

黃芝勤（2012）。〈現代國民喪禮——流程篇〉。載於黃麗馨主編，《平等自主 慎終追遠——現代國民喪禮》（頁22-60）。臺北：內政部。

萬建中（2004）。《圖文中國民俗·喪俗》。北京：中國旅遊。

劉梓潔（2010）。《父後七日》。臺北：寶瓶。

劉麗淑（2012）。〈死亡文學與電影探究——《納棺夫日記》與《父後七日》〉。《崑山科技大學人文暨社會科學學報》，4，257-276。臺南：崑山科技大學。

8. 殯葬行業的生命教育

（2013）

- 引言
- 壹、近代臺灣殯葬行業的興起
- 貳、《殯葬管理條例》：殯葬設施與服務的管理
- 參、從行業走向專業
- 結語

引言

殯葬行業的生命教育可分爲對業內及對一般社會大衆兩方面來推動，它們各屬專業教育與通識教育，我曾撰有《殯葬倫理學》及《殯葬生命教育》二書以示其詳，如今則在推廣成人生命教育的脈絡中再度體現。我對殯葬改革的理想爲「將從事職業轉化爲獻身志業、將傳統行業提升爲現代專業」，進而發展成一門獨特的文化創意產業。文化創意產業不應排斥雅俗共賞，重點在於用心與否。如何在既有的基礎上推陳出新，更上層樓，就看經營者的遠見和願景了。以文化創意產業期許未來，將會使其脫胎換骨，以下即是對其轉化提升過程之描繪。

壹、近代臺灣殯葬行業的興起

面對臺灣殯葬行業，要回顧既往經驗以期前瞻革新之道，而這一切主要通過對於殯葬作爲傳統行業朝向現代專業轉型過程的檢視。行業與專業的差別在於前者入行幾乎沒有限制，後者則設有一定的門檻。殯葬專業化在臺灣一如其他先進國家，是從接受大專教育、考授專業證照起步的，時間還不到十年，因此當前仍以行業視之。

一、過去

任何買賣要形成爲行業，都需要有規模經濟，否則成不了氣候。一門行業的生意要做得起來，得在人口集中的城鎮裏才行。臺灣土地雖小，但人稠則爲半世紀前經濟起飛的結果；殯葬業一開始多爲小型葬儀社，中大型禮儀公司的出現乃是近二、三十年的事。葬儀社做的雖屬傳統喪葬禮俗事情，但其經營型態仍須符合基本的西方商業行爲模式，例如向政府機構申請營利事業登記、組成同業公會以吸納會員加入等等，近年各縣市舉辦的評鑑活動即以此爲依據。

西方殯葬業以美國爲代表，十九世紀中葉發生南北戰爭，五年間大量青年南北轉戰而命喪異地，於是出現將遺體運回家鄉的服務。這門生意最初是由懂化學的人來從事，目的爲進行防腐以利馬車長途載送。新式殯葬行業正是由防腐人員所帶動，世界上第一所防腐學校於一八八二年在辛辛那提市創立，如今已蔚爲四年制殯葬專業大學。一旦有了專業學校，自然形成專門職業的要求，「殯葬指導師」乃應運而生（鈕則誠等，2001）。

美國「殯葬指導師」的主要工作仍是化學防腐，這在著名的電視影集「六呎風雲」中清晰可見。百年後臺灣模仿西方專業化的職位「禮儀師」，卻是以禮儀服務爲工作內容，顯示出東西文化差異下的著重不同，而這種不同又涉及信仰內容的出入。西方基督宗教相信人死靈魂升天歸主，喪禮則讓遺體回歸塵土，因此少見繁文縟節，行業操作的是科學技術。華人在三教合一信仰下要求愼終追遠，講究禮數的周全無缺，行業性質自然偏重人文化成。

人文化成是儒家教化的理想，用很細緻的禮數彰顯孝道，自古以來便影響著漢民族的治喪活動。在民國成立以前，西化的殯葬活動僅見於商貿口岸的上海，以及日本統治下的臺灣。日治時代的臺灣城市中已見葬儀社雛型，還得登記方能營業；但大多數治喪仍以鄰里相助方式爲之，完事後招待吃喝正是習俗之一，且延續至今。光復後不久由於中土內戰，導致大量軍民移入臺灣，雖然人口結構有所改變，但漢人習俗大致未變。眞正改變始自一九六〇年代的政經方面的推陳出新（張芳瑜等，2012）。

二、現在

要談臺灣殯葬業的現在景況不能只看當下，爲了呈現其幅度和景深，其跨度至少要有四、五十年，亦即須從一九七○年代觀察起，尤其是居前的「關鍵十年」。六○年代「美援」中止，臺灣從此必須自力更生，在上下一心的生聚教訓中，逐漸開創經濟起飛之勢；高雄加工出口區的摩托車陣，便是名揚國際的生動表徵。進入七○年代，一連串的外交挫折，包括保釣運動、退出聯合國、對日斷交、對美斷交，其間還包括一九七五年蔣介石總統去世，處境堪稱動盪飄搖。

就在出聯前夕，蔣介石拈出「莊敬自強，處變不驚，慎謀能斷」的警語昭告國人，果眞匯成一股團結力量，不但政體維繫於不墜，經濟也呈現迅猛發展之勢。接班的蔣經國推動「十大建設」，不但爲臺灣經濟注入一劑強心針，更有宣示「退此一步，即無死所」的安定決心。正是在這種大時代背景和氛圍中，臺灣出現了大型殯葬業者，既有以廣大墓區和高矗納骨塔取勝者，亦有提供精緻細膩巧思親切服務者（鄭志明等，2009）。

作爲殯葬行業之過去式乃是葬儀社，亦即時下所稱的「土公仔」式傳統業者，但是有些具備與時俱進眼光的業者，並不甘於受囿傳統作法，也有心力圖改革創新。拜《殯葬管理條例》之賜，像臺北市這種都會區早在本世紀之初，即實施轄區內四百多家業者的評鑑與輔導，從而促使不少傳統葬儀社成功轉型爲現代化禮儀服務公司，同時也讓少數經營不善或適應不良業者關門大吉、結束營業。殯葬業的現在式是大中小型並存，重點不在規模，而在於是否爲現代組織管理的經營型態。

不可否認的，涉及死亡的殯葬行業始終具有相當獨特的性質，且予人負面感受與印象，不見得是年輕人嚮往追求的生涯起點，因此過去多爲家族經營或師徒傳承，談不上組織管理（陳川青，2003）。而當臺灣在經濟起飛之際，企業管理也逐漸成爲大專熱門科系；學會管理足以進入任何行業，當然包括幾乎沒有入行限制的殯葬業。因此可以說臺灣殯葬業從過去走進現代的表徵，即是政府於法有據地從事行政管理，而業者則從善如流地進行企業管理；至於從現在步入未來的里程碑，當爲第一張代表專業化的「禮儀師證書」之頒授。

三、未來

二〇一三年起有一項劃時代的創舉逐步落實，那便是勞動部考授的乙級檢定「喪禮服務技術士證」，以及由內政部核發的「禮儀師證書」。前者要求精巧純熟的技能加上充分實用的背景知識，通過率設計僅爲一至兩成；後者則以前者爲要件，另須至少二十學分大專水平專業課程，可謂「道術兼備」。兩者都有高難度的要求，亦即入行的設限門檻，足以代表臺灣的殯葬業已經眞正從傳統行業提升爲現代專業了。

「道術兼備」是任何現代專業的基本要求，醫師、律師、建築師、會計師、心理師、社會工作師無不如此；現行《殯葬管理條例》規定具一定規模的業者必須設置禮儀師職務，而法條也言明禮儀師正是根據社工師的構想而設計。專業化及禮儀師的議題暫且不表，對於作爲行業的殯葬未來發展，值得關注的理當是最高主管內政部長所倡導與落實的新穎觀念，包括尊嚴死亡、殯葬自主、性別平等、多元尊重、環境永續等（李鴻源，2012）。

爲提倡新觀念，內政部邀集了五位在大學任教的學者專家，其中三人更身爲殯葬業者，共同編撰了一冊近兩百頁的專書《現代國民喪禮》，於二〇一二年中出版發行，作爲政策推行的依據。上述五點非但是現在與未來殯葬改革的具體內容，更可視爲殯葬專業化所要追求的核心價值；這些價值不但構成專業教育的內容，更應當通過社會教化讓所有國民了然於心，進而躬行實踐。由政府帶頭、業者配合進行移風易俗、推陳出新的改革工作，涉及國人生死觀的轉變，有待進一步考察。

華人諱言死亡，兩岸情況大致相似；由於怕死畏鬼，連帶也對相關的殯葬行業拒絕往來，敬而遠之。但人皆有父母，爲之料理後事乃基本責任，又勢必要跟業者打交道。過去生死互斥，各不相干；如今有了「生前殯葬服務契約」，消費者活著預購死後服務，使得業者有機會從事臨終關懷，治喪完事後更提供免費的後續關懷（曾煥棠等，2011）。凡此種種，都是殯葬業過去聞所未聞、現在正在起步、未來大有可爲的「助人專業」關懷與服務。

貳、《殯葬管理條例》：殯葬設施與服務的管理

臺灣殯葬行業從過去走到現在，性質也從傳統式家族師徒的手藝技能操作步入現代化企業經營管理，一開始法令尚且跟不上時代。一九八三年公布的《墳墓設置管理條例》只規範硬體設施，直到二○○二年《殯葬管理條例》才管到軟體服務。但也正是這二十年間，禮儀服務業大幅脫胎換骨，卻因無法可管，導致流弊叢生；剝削消費者、預售塔位、傳銷生前契約等等，亟待亡羊補牢。

一、行政管理

「管理」最簡單的定義便是：善用有限資源，使其發揮最大效率。一般有形無形資源即指人、事、時、地、物的軟硬體，因其有限才需要善加利用。倘若一塊大餅取之不盡、用之不竭，浪費也無所謂，也就不必講究管理了。雖然有人主張「中國式管理」，但現代化組織管理完全是西方產物，且生成於船堅礮利之中。正是在上世紀初工業化大量生產的流程設計裏，工程師醞釀出各種管理模式；大約是同時，學者也希望對政府官僚體系的運作有所改善，公共行政與工業管理乃應運而生。

歷經百年的經驗積累，管理學已形成爲一門既實用且重要的中游社會科學學科，而以經濟、社會、法律、心理、統計等上游學科爲基礎，向下游發展出所謂「五管」的實際運作：「生產、行銷、財務、人力資源、研究發展」，此即企業五大功能；相對於此，則有管理五大功能：「規劃、組織、任用、領導、控制」。將企業功能和管理功能予以矩陣式交織，再配合上資訊管理，足以運用於各行各業，殯葬業也不例外（楊根來等，2009）。

嚴格說來，「殯葬管理」其實包括政府部門的行政管理及民間部門的企業管理兩方面。臺灣的民間部門絕大多數爲禮儀服務業，少數大型業者會兼營硬體設施，地方政府則局限於鄰避設施這一塊，以免與民爭利。由於臺灣地小人稠，土地取得困難，殯儀館多操於地方政府之手；至於火化場可能涉及污染及犯罪問題，也由官方包辦；其他如公墓及納骨塔，則公民營兼而有之。既然地方政府一方面負有監督民間業者之責，一方面又經營民生必需的設施，只好勞駕最高一層主管機關內政部予以考評，以保障消費者權益。

新修訂的法規載有各級地方政府得以設置殯葬設施的種類，像直轄市五種皆可設，縣爲三種，鄉鎮只能設此外的公墓及納骨塔兩種（第四條）。值得注意的是，私立殯葬設施的設置者，已由「私人或團體」改爲「法人或寺院、宮廟、教會爲限」（第五條第一項），應是爲教團涉足殯葬設施提供法源依據。但如此一來將使後門大開，導致法律公信力和政府公權力的斲喪，也違反社會公平正義原則；加上教團藉奉獻收費又不必繳稅，更使國家財政平白遭受損失（楊國柱，2009）。

二、企業管理

臺灣殯葬業經營硬體設施者以公墓和塔位爲主。由於目前全臺火化率已高達九成以上，喪家將親人火化後大多把骨灰安置於塔位內，不似大陸的火化土葬。剩下不到一成的民衆或因宗教理由選擇土葬，但埋於公家墓園會面臨一定期限後起掘的要求，雖然本地有撿骨習俗，但感受上似覺入土不安。若是購買私墓土地，由於用地極為有限，在物以稀為貴的情況下所費不貲，亦令人望而卻步。既然公墓使用者漸少，業者乃大力開發塔位，一時蔚為流行，竟至產品過剩，需要五十年方得消化。

在法令不夠周全的時期，業者一度鑽漏洞大量預售塔位，並且以投資不動產名義來促銷。結果一夕崩盤，許多人血本無歸，幾乎釀成社會問題，政府乃明令先建後售。在無利可圖的情況下，另一種商品則後來居上，且大為風行，那便是生前契約。生前契約最初發展於美國，被日本引入後再傳來臺灣，時間在一九九四年（黃有志等，2002）。它的性質類似人壽保險，原意是自保自用，分散風險。但如今已流於可轉換商品，用以投資獲利，意義便大打折扣了。

當然殯葬業若自我定位為追求利潤的企業組織，推出各種商品讓消費者選擇並無可厚非；但是臺灣的殯葬業目前仍處於轉型時期，無論是業者還是消費者都對企業經營的方式不盡瞭解。尤其它又涉及死亡禁忌，極少消費者會做到「貨比三家不吃虧」；倘若業者不夠誠信，喪家即不免任人宰割。因此新法不但要求買賣雙方應簽訂定型化契約，並須公開展示服務項目及價格，且要開立發票或收據（第四十九條第一項）。此外近年修法也針對生前契約進行了更詳盡的規範，以保障消費者權益（第五十條至第五十六條）。

整體而言，由於法律規定設施及服務業者應定期接受評鑑（第三十八條第一項、第五十八條第一項），予業者轉型及汰換的壓力；加上設置禮儀師的要求（第四十五條第一項），也讓殯葬業逐漸步上正軌。一如前述，殯葬自傳統葬儀社提升為禮儀服務公司，只是改革的第一步，非要等到證照制度具體落實，讓入行有了一定門檻，才稱得上步入專業化途徑。而在高度資訊化的今天，引入管理資訊系統以利事業經營，也是打造專業形象的重要步驟（王士峰，1999）。

三、策略管理

一般政府機構講求的是「計劃、執行、考核」行政三聯制，而企業經營則希望落實「規劃、組織、任用、領導、控制」管理五大功能；其實兩者的用意相通，不外乎讓組織順利運作。從宏觀角度看，企業和政府皆屬組織機構，都需要經營管理，只是目的有所出入；政府講為民服務，企業則追求利潤。在民主政治和市場經濟籠罩下的臺灣，到頭來一切都歸於民眾或消費者的滿意度，而這些無不反映於選票或利潤之上。

近來兩岸都很重視永續發展或可持續發展，用於組織管理即指不能讓政府或企業垮臺。但是不垮臺的前提並非高壓統治或非人性管理，而是要從事策略規劃。策略觀點乃是具備遠見以及提供願景；倘若管理活動係「如何做好一件事」，則策略眼光便指向「哪一件事才是真正值得投入的重點」（司徒達賢，1995）。永續經營之道不外檢討過去、改善現在、策勵未來，殯葬業雖不易受景氣影響，卻也必須戒慎恐懼，精益求精，以立於不敗之地。

近年臺灣同時出現少子化及高齡化現象，讓生老病死的人生起點相關行業大受影響，卻也為終點行業帶來商機，殯葬業即是受惠者。唯有利可圖也引來商場競爭，但不像年紀大常光顧醫院，殯葬之於每個人都是「一次性」服務，死而後已。為了競爭而有樣學樣，使得臺灣殯葬行業至少在都會區的服務品質基本到位，然而無奈市場著實有限，於是有業者就把腦筋動到海峽對岸去。畢竟中國大陸是世界人口最多的國家，每年死亡超過九百萬人；相形之下，臺灣死亡十四萬只能算是零頭。

但不像臺資康師傅方便麵有辦法占領中國人的胃，大陸廣大殯葬市場臺商看得見卻吃不著。原因之一是殯葬資源多操於公家之手，硬體設施難以取得不說，軟體服務進入市場也有困難。由於殯葬服務在大陸歸於社會服務行業，列入居民服務業，與家庭服務、婚姻服務等，同屬國民經濟行業的中等行業（蕭成龍等，2009）。依此觀之，其公益性實大於商業性；既然爲廣大人民群衆服務，想獲利並不容易，臺商跨海找市場，有待充分瞭解大環境並做好策略規劃才是。

參、從行業走向專業

平心而論，殯葬活動有其深厚文化底蘊和地域特性，把一地的經驗移植到他處並不見得能適應。美國最大業者早在十幾二十年前即曾來臺灣試水溫，結果知難而退；臺灣中大型業者近年紛紛渡海尋商機，也未傳出重大捷報。當然一切還言之過早，但在本土站穩腳步，一步一腳印地將傳統行業成功轉型爲現代專業，才是此時此刻該做的事情。

一、傳統行業

凡人必會死，爲親人料理後事自古有之，殯葬活動始終伴隨，中外皆然。但當它形成爲一種有規模的行業，還是從西方開始的。中國幅員廣大，城鄉景象不可同日而語；雖然上世紀初在大城市即已出現西式殯儀館，但鄉間至今仍存在著農村鄰里相助的治喪模式。即使像臺灣這般蕞爾小島，每年也只有半數喪家在殯儀館辦後事，其餘仍選擇農業社會的「自辦」方式。說殯葬爲傳統行業，是指在觀念和作法上依舊追隨傳統，不曾與時俱進、推陳出新，但行業終歸還是行業。

殯葬作爲傳統行業，在兩岸的表現都不盡如人意；大陸普遍認爲殯葬服務不過就是燒屍體的低級工作，臺灣則經常出現業者漫天要價和場面混亂的現象（鄭曉江，2007）。對此兩岸皆提出殯葬改革的呼聲；大陸民政部全力推展行業標準並積極進行科研項目，臺灣內政部則以「禮儀師」的頒授作爲改革標竿。禮儀師無疑可視爲專業化的具體表徵，它要求精練的實務技能、大專的知識水平，加上至少兩年工作經驗，這是很好的革新起步。

但是改革畢竟不是革命，難以大破而後大立，必須在舊有習俗上去蕪存菁，不斷翻新；因此在漫長的轉型過程中，可能會呈現新舊並陳的景況，殯葬文書與司儀便是一例。臺灣近年所開考的「喪禮服務技術士」丙級和乙級技能檢定，重點放在術科方面，考試內容仍不外傳統洗穿化殮及喪禮奠儀那一套。說到術科考試，還必須舉辦公聽會以廣納眾議，因為事關所有考生權益。而臺灣雖小，東西南北的禮儀民俗卻各有不同，一旦考起試來，只能「異中求同，同中存異」。

考其原因，主要還是人口族群呈現多元，雖以閩南族裔為大宗，但光是泉州和漳州人的習俗都有所出入，更不用提客家人和其他外省族群的想法與作法了。目前唯一在改革上取得共識的乃是性別平等，喪禮已不再男尊女卑（鄭志明等，2008）。值得一提的是，二〇一二年內政部所出版的《現代國民喪禮》一書，觀念和作法都相當新穎，內容雖仍有遷就傳統之處，但革新方向已經跟傳統大異其趣，像殯葬自主與環保自然葬的提倡，多少受到西方思想的影響。

二、現代專業

殯葬改革的理想第一步要做到將傳統行業轉型為現代專業，但並不以此為滿足；更重要的是要讓從業人員有使命感、榮譽感、上進心、事業心，將個人謀生餬口的職業發展成可以開創新機的事業，進而提升為能夠全心奉獻的志業。從近來許多年輕業者積極修課及考證的趨勢看來，改革確實已起到一定作用。不過殯葬專業化雖已起步，但還有很長的路要走。十餘年前禮儀師職務的設計是模仿社會工作師，但社工師至少為大學畢業，臺灣現有的殯葬專業科系層級多不及此，可以取法的反倒是護理師。

國內目前稱得上是殯葬專業科系的有五所；二〇〇九年玄奘大學設立跨學系的四年制「生命禮儀學位學程」，是唯一本行大學科系；而二〇〇七年空中專科進修學校成立的「生命事業管理科殯葬管理組」，以及二〇〇九年仁德醫護管理專科學校所創的「生命關懷事業科」則為專科教育；至於早於二〇〇一年即招生的南華大學「生死學系」及二〇一三年招生的臺北護理健康大學「生死與健康心理諮商系」雖亦可列入，但並不全然為培養殯葬人才而設。禮儀師的專業水平若要與社工師比擬恐力有所不逮，但追隨護理教育以專科為主力，奠定實用知識技能，或為適當取徑（鈕則誠，2003）。

臺灣的心理師、社工師、護理師、禮儀師皆屬「助人專業」，其中前兩者的報考資格分別要求專業系所碩士及學士，至於護理師至少為護專畢業的副學士，而禮儀師目前僅須大專程度專業課程二十學分。過去護理人員絕大多數是護校畢業高職學歷的「護士」，二〇〇五年起護校不是升格為護專便得停辦，這代表護理教育的重大變革，以及人才培養的全面升級。殯葬人員在本世紀以前從未有專業科系，人力均質為高中職，新法公布後開始要求大專學力，同樣是進步的表現。

從行業轉型為專業，不能只是「知其然」，更要「知其所以然」。「禮儀師」跟「乙級喪禮服務技術士」的水平大致相當，但後者以嫻熟的專業技能為執業特色，前者則強調「道術兼備」的理論與實務無所偏廢。不過作為殯葬專業知識一級學科的殯葬學就像管理學一樣，屬於以上游基礎學科為根本的中游學科。它在美國偏重科技面，形成為「殯葬應用新技術」（陳玉生等，2009），甚至稱之為「殯葬科學」；而臺灣的殯葬學術與教育則偏重人文面，二十學分專業課程須有一半為人文知識。

三、公益事業

殯葬工作從行業提升為專業，以人文關懷為主軸，不失為對於「慎終追遠」悠久傳統的繼承，也符合中華文化內在精神。但親人文不必然要輕科技，更應該不忘回歸自然，畢竟自然才是萬物的根源，而順乎自然更為恰當的生死態度。當代後新儒家學者林安梧嘗言「自然先於人，人先於自然科學」；換言之，科學技術知識乃是人心在探索自然之道以後的理性產物，善用之即有助於世道人心。熔科技與人文於一爐的生命倫理，近年已成臺灣生命教育的重要環節，可提供殯葬專業發展相當啓示。

殯葬業在臺灣無疑已成民生必需的行業，縱使爲一次性服務，但人人都用得著它。雖然有半數喪事大約七萬人是在家「自辦」，但入殮停柩、出殯火化、晉塔安葬等事宜，仍須委請業者代勞，很難從頭到尾自行張羅料理。如此看來，殯葬就算要營利亦不應純營利，也該像醫療、教育等事業一樣，具備起碼的非營利公益性質。殯葬業可以主動推行的公益活動，包括配合殯儀館召募殯葬服務志願工作者（譚維信等，2008），以及提供免費的後續關懷售後服務。

當殯葬在形成爲一門行業以前的農業社會裏，就是很有人性關懷情義的鄰里相助活動。當市場經濟造就的城市生活，讓人離鄉背井出門在外謀生，才有可能興起「陌生人服務陌生人」的諸多行業，殯葬業亦在其中。由於殯葬屬於鄰避行業，長期被污名化，加之涉及死亡，具有一定風險，期望多所獲利並無可厚非。但既爲民生所必需，就不能唯利是圖，而應該承擔一些公益責任。殯葬公益服務既是後現代非營利組織的理想實踐，也是前現代農鄉鄰里互助的美德再現。

把殯葬從傳統行業轉型爲現代專業，需要從事專業教育；而將它從現代專業擴充爲公益事業，就得推動生命教育。生命教育能夠讓世人有效地進行生死觀辨析，將重死輕生的矛盾轉化爲輕死重生的信念，確認人生在世的意義與價值（趙淑英等，2009）。一旦達到了生脫死的領悟程度，則非但不會斤斤計較，更可能助人爲善。試想有哪一門行業是如此貼近悲傷逾恆的服務對象？用華人的話來說，殯葬業的公益性質，正反映在它乃是一門「做功德的行業」。

結語

隨著《殯葬管理條例》修訂得更爲整全周詳，臺灣的殯葬產業也得以更遊刃有餘、揮灑自如。路是人走出來的，寺廟附設塔位、醫院附設禮廳，都有其歷史性階段任務的意義在。但隨著社會變遷的腳步不停運轉，殯葬改革早已箭在弦上，不得不發，這些問題也必須及時解決。往者已矣，來者可追，如今新法已出，塵埃既定，剩下就看業者如何另創新局了。另一方面，消費者的習慣與心態也應該與時俱進，配合政府的評鑑制度，對業者要求精益求精。站在成人生命教育立場看，社會教化的普及，方能創造互利雙贏的局面。

參考文獻

王士峰（1999）。《管理學》。臺北：文京。

司徒達賢（1995）。《策略管理》。臺北：遠流。

李鴻源（2012）。〈與時俱進 人生告別有新意〉。載於黃麗馨主編，《平等自主 慎終追遠——現代國民喪禮》（頁序ii-iii）。臺北：內政部。

張芳瑜、蘇家興、王別玄（2012）。《過去‧現在‧未來——臺灣殯葬產業的沿革與展望》。新北：威仕曼。

陳川青（2003）。〈現代臺灣殯葬趨勢發展與展望〉，載於鈕則誠、王士峰編，《生死教育與管理》（頁115-129）。臺北：中華殯葬教育學會。

陳玉生、任祖翰、宋宏升、吳芬（2009）。《殯葬新技術》。北京：中國社會。

曾煥棠、胡文郁、陳芳玲（2011）。《臨終與後續關懷》。新北：空中大學。

鈕則誠（2003）。《護理科學哲學》。臺北：華杏。

鈕則誠、趙可式、胡文郁（2001）。《生死學》。新北：空中大學。

黃有志、鄧文龍、尤銘煌（2002）。《往生契約經營概論》。高雄：黃有志。

楊根來、趙淑英、趙學慧、盧淑玲（2009）。《殯葬管理》。北京：中國社會。

楊國柱（2009）。《殯葬政策與法規》。新北：空中大學。

趙淑英、余運英、宋宏升、楊根來（2009）。《殯葬新觀念》。北京：中國社會。

鄭志明、陳繼成（2008）。《殯葬文書與司儀》。新北：空中大學。

鄭志明、鄧文龍、萬金川（2009）。《殯葬歷史與禮俗》。新北：空中大學。

鄭曉江（2007）。〈中國人之生死企盼與現代殯葬業發展的思考〉。載於鄭曉江編，《感悟生死》（頁217-242）。鄭州：中州古籍。

蕭成龍、楊根來、李玉華、光煥竹（2009）。《殯葬服務》。北京：中國社會。

譚維信、鄧文龍、李慧仁（2008）。《殯葬設施與服務》。新北：空中大學。

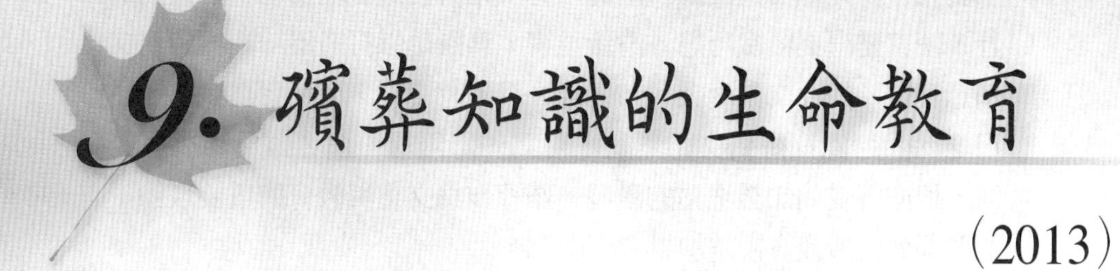

9. 殯葬知識的生命教育

（2013）

- 引言
- 壹、殯葬文化的構面
- 貳、《殯葬管理條例》：禮儀師
- 參、殯葬專業知識與教育實踐
- 結語

引言

殯葬改革的落實將使業者和消費者的作為都能避免脫序，且得以回歸正軌。但正軌絕非傳統的繁文縟節，而是更合乎殯葬自主的個性化、客製化、多元化治喪活動。臺灣殯葬文化自有其在地特色，若能勤加設計，使其變得更精緻巧思、清新可喜，無疑足以打造出一門獨特的文化創意產業。如今文創產業散布各行，只要有賣點，消費者自然上門，享用之餘，還能夠得到文化薰陶，可謂一舉兩得。創意雖為巧思靈動泉湧，但亦可受到知識洗禮的激發。殯葬作為文化與教育的重要環節，有必要通過生命教育視角加以考察創新。

壹、殯葬文化的構面

文化泛指「一個民族生活方式的全部」，而中華文化的最大特色即是「人文化成」，用禮樂教化來匡正人心。殯葬活動為人性的體現，每個民族皆有之。從文化的實物、制度、觀念三層次的構面來看，華人殯葬文化的確具有豐厚的人文氣息。但是當今在臺灣推行殯葬專業化，除了強調人文知識外，社會及科技領域亦不可忽略。以下先分析臺灣殯葬文化三構面，再考察禮儀師所應具備的多元領域知識。

一、實物面

文化所代表的民族生活方式，有看得見、摸得著的，有可以操作的，也有寓於無形的部分。與殯葬相關的具體實物，基本上不脫棺柩、陵墓、納骨塔等，當然還有不可或缺的遺體；至於殯儀館、火化爐等場所，以及告別式場的擺設，同樣歸於實物面。在政府積極推廣火化塔葬政策下，少墓多塔已成趨勢，下一步則是疏導民眾將塔葬改爲自然葬。然而近來臺灣殯葬文化最具特色也是最有競爭力的，應屬遺體美容及修復；尤其是修復技術的精益求精，已備受國際矚目。

再怎麼說，遺體都是殯葬的核心元素。人死若是立即氣化消散、羽化成仙，則所剩實物只有禮儀道具了，因此殯葬可視爲圍繞著遺體而開展的一系活動。古人認爲靈魂脫離肉體還可能回來，便出現木乃伊及馬王堆的驚人保存技術。但如今在臺灣治喪，至多於半月內火化，遺體冷凍取出進行精緻洗穿化殮已蔚爲流行，更是一大商機。至於少數破相之體，爲滿足家屬希望得一全屍的要求，乃利用先進技術打造「最後的容顏」（陳姿吟，2007），可謂善用物性、功德無量了。

作爲知識的殯葬不止要用各種實用知識支撐專業發展，更應該用生命學問教化民眾輕死重生、厚養薄葬，盡量達於了生脫死之境，其具體作法之一即是實行環保自然葬。自然葬的形成有許多種，可以在陸、海、空三處實施。方式爲先將遺體火化，再進一步把骨灰骸打碎研磨成粉末狀，裝入可融化的無害器皿中用以植樹、養草、灑海或空拋，其最終去處便是回歸大自然，與天地合其德。由於人們多怕死畏鬼，加上愼終追遠的教訓，想推廣自然葬恐怕還需要強化生命教育。

生命教育在臺灣主要於高中階段實施，所有學生皆必修，官方課綱規定知識傳授占六至七成，體驗活動居三至四成，因此具有相當大的情意揮灑空間。這種情意化的教育，學生固然應該學，社會大眾更有必要多接觸。現行生命教育課程有「生死關懷」一科，以學習生死助人了生脫死。既然國家政策積極推行綠葬，並肯定其符合道家順應與回歸自然的思想（郭慧娟，2012），則通過知識薰習，將儒家的人文關懷納入道家的自然無待，將更形有容乃大。

二、制度面

殯葬文化的制度面主要指的就是禮儀民俗可操作的部分，西方國家多半信仰基督宗教，治喪活動由神職人員引領家屬親友爲之，典禮莊嚴肅穆，簡單扼要，送葬也盡量以不擾民爲尙。相形之下，臺灣的作法可謂大異其趣，卻也頗具特色。一如前述，臺灣漢人的祖先多於明清兩代自大陸遷徙，帶過來的主要是閩粵一帶的禮俗；但由清末割讓給日本統治半世紀，光復後不久又逢內戰而有大量各省軍民渡海移入，喪葬禮儀遂摻雜進各地民俗，變得豐富而多樣。

但多變中仍有不變的成分，亦即受到古老「愼終追遠」思想觀念的影響，所形成中華民族特有的「引鬼歸陰」和「祭祖安位」禮俗制度，它們分別表現於喪禮和祭禮之中（鄭志明，2007）。正是在這方面，包括臺灣人的中國人之作法，跟西方人呈現出較大出入。洋人當然也會在親友亡故後的忌日去上墳悼念一番，但是發展成諸如清明祭掃如此盛大的民俗節日，還是華人殯葬文化的一大特點。近來兩岸都將清明列爲民俗假日，更彰顯其風格特性。

簡單地說，漢人相信人死爲鬼，有子孫祭拜者向上超升爲祖先以庇佑後人，無主則向下沉淪爲惡鬼而爲害人間。當人死變鬼大家都害怕而拒絕往來，但亡者又爲親人而依依不捨；正是爲化解這種矛盾心理，演化出獨具特色的華人殯葬文化，而這一切又當以傳統倫理視之。華人倫理深層結構主要在於儒家思想，此與西方倫理奠基於希臘思想加基督信仰著實不同。倫理原爲人倫之理，當人死爲鬼後倫理隨之斷裂，但血脈相連的親情又將之牽回，供奉爲祖靈而重啓倫常關係。

前面曾提及，喪葬禮俗一旦落入制度面的操作行禮如儀，就銜接上宗教而擬似宗教活動；因此臺灣的喪禮和祭禮乃是以儒教爲主軸，佛道爲烘托的「三教合一」制度運作，然其根本仍在倫理親情的維繫。而當殯葬的倫常活動發展成爲一門行業甚至專業時，人們更要求業者須謹守專業倫理規範。對此我們可以說殯葬倫理實具有二重性，未來當從外在規範往內在規範、從社會層面往生死層面、從專業服務往創新服務等三方面發展（尉遲淦，2008）。

三、觀念面

往深處看，華人喪葬活動的意義乃係倫常關係的維繫，但如何維繫則牽涉到更爲本質性的生死觀。幾乎可以這麼說，看一個人面對喪葬事物所表現出來的反應，大致就能瞭解他的生死態度，而這也就是殯葬文化的觀念面。人的想法往往決定了作法，尤其像殯葬這類容易令人嫌惡而有強烈情緒反應的事情，眞實態度不容易被隱瞞轉移。因此若要推動殯葬改革，就必須從人們的心靈深處著手。革新在於革心，一旦觀念打通，改革便容易事半功倍。

臺灣喪葬活動固然屬於華人殯葬文化的一環，但臺灣與大陸分治多年，加上之前又有半世紀的殖民統治，多少也發展出自身獨特的文化現象。加上位處海島，地小人稠，民俗變遷的擴散效果較易產生作用，不似大陸天南地北各有千秋。這點大致有利於政策的施行，例如火化率在短短十年內便從六、七成攀升至九成以上，打破了傳統厚葬久喪的迷思。歷史上道家和墨家都主張薄葬，後者更從民生角度對此多所闡述（何兆珉等，2004），值得臺灣推行新政時參考。

從作爲知識的殯葬角度看，臺灣殯葬在實物層面開發出遺體美容與修復和環保自然葬的特色，在制度層面體現出華人喪禮祭禮相輔相成的作法，而在觀念層面則有待將倫理關懷進一步深化以銜接上個人生死觀，如是方能徹底革心而革新。研究倫理的倫理學屬於哲學三門核心科目的一門，其餘兩門爲形上學和知識學，三者分屬價值論、本體論及認識論。從哲學的角度看，價值論並非基礎，本體論才是，瞭解這點則須通過認識論；換言之，殯葬文化要想正本清源，有待通過認知上的釐清，把倫理問題轉化爲生死觀問題來解決。

倫理學在西方爲「異中求同」，亦即不同的人要遵守相同的原則規範；而在中國則爲「同中存異」，同一個人要依五種倫常發展出不同的關係。有此重大分野的原因在於信仰或信念。西方人的倫理根源來自超越的上主，我們則相信內在良知良能；前者常定於一尊，後者可能因人而異（鈕則誠，2008）。正因爲內在信念屬於個人而非宗教，因此可以調整轉換；臺灣殯葬改革的成敗實繫於人們是否能夠眞正做到「輕死重生、厚養薄葬」。

貳、《殯葬管理條例》：禮儀師

改革的希望寄託在專業的禮儀師身上。受過專業教育、擁有專業知識、具備專業證照，「道術兼備」的禮儀師，未來將背負起讓臺灣殯葬的歷史文化與傳統行業起到移風易俗、推陳出新、永續發展作用的責任。其背景學養橫跨人類知識的自然、社會、人文三大領域，足以形成全方位視角，見樹也見林，見死也見生。「往者已矣，來者可追」，這才是喪葬活動的眞義。

一、科技領域

人類知識源遠流長，但因文化隔閡，所以呈現多元景象。中國從古代「六藝」發展到近代「四部」，長達兩千五百年之久，直到二十世紀之初廢科舉興西學，才將「經史子集」之傳統學問轉化爲「文法商理工醫農」的現代知識，體現於大學的學院設置上。「七科」來自西洋，背景是十九世紀的「自然、社會、人文」三分知識，以及「純粹、應用」兩種取向。殯葬多爲實用技能，歸於中游學科，三分而爲殯葬衛生學、殯葬管理學、殯葬文化學，這些便是禮儀師之「道」的基本功。

過去華人談殯葬一向忽略人體結構和公共衛生，直到SARS蔓延引發空前危機，使得應變的醫師、護理人員及殯葬業者都有人受到感染而喪命，有識之士才開始正視相關科技知識的重要。其實西方的殯葬科學一直就很看重醫藥衛生這一塊，像美國「殯葬指導師」養成教育的主要課程，都集中在自然科學以及包含自然與社會的應用科技方面，反倒是禮俗文化方面相對較少。目前臺灣兩所專科層級的殯葬專業科系都跟醫護科技有關，甚至編寫出實務應用的教科書（劉嘉年等，2009），多少彌補了科技領域的空白。

禮儀師所執行的業務包括：殯葬禮儀之規劃及諮詢、殮殯葬會場之規劃及設計、指導喪葬文書之設計及撰寫、指導或擔任出殯奠儀會場司儀、臨終關懷及悲傷輔導（第四十六條），依此觀之，的確相當符合「行禮如儀」的傳統任務；唯有「臨終關懷及悲傷輔導」一項，頗具現代創新巧思。此兩者在臺灣分別歸於醫護和輔導專業，從衛生保健與心理衛生方面看，理當列入殯葬衛生學；一旦禮儀師要具備此等職能，其專業學養就不限於禮儀人文方面了。

將臨終關懷及悲傷輔導寫入禮儀師執行專業的法規中，意謂其養成教育至少不能忽視與衛生保健相關的應用科技知識，例如醫療照護和輔導諮商等。但是殯葬專業人員卻不能因此畫地自限，而應該嘗試多接觸西方殯葬指導師所學所做，包括遺體處理與美容；其中防腐技術涉及人體與衛生課題，美容則屬「終極知能與服務」（楊敏昇等，2008）。在大公司服務的禮儀師雖基於職務分工，不一定要親手處理遺體，但整全的後事料理對此不可或缺，仍為重要的相關職能。

二、社會領域

法律規定禮儀師為具一定規模業者所常設的專職，小型業者雖暫時除外，但未來在激烈競爭的情況下，恐怕所有業者都希望取得禮儀師證書，以維持競爭優勢而立於不敗之地。既然禮儀師主要為中大型公司內的核心職位，非但不能自掃門前雪只顧專業，更需要融入組織文化，對自身所在及所為全盤瞭解。事實上，臺灣業者喜用的「生命事業公司」名稱，有的專營軟體服務，有的則軟硬兼施，將硬體設施也納入事業。過去設施業只涉足公墓和納骨塔，新法修正後，禮廳及靈堂甚至殯儀館，未來都會吸引民間業者投資。

公司組織大多屬於營利機構，實施企業管理；但是殯葬業又承擔著一定的公益責任，不能全以營利機構視之，因此還需要落實非營利組織管理。由於殯葬活動涉獵甚廣，對之進行管理需要從整體的、系統的觀點契入。殯葬管理大致包括政府的政治部門、企業的經濟部門，以及公益的社會部門三方面，而其學理系統則含有規劃、執行、服務、科技及教育五面向（左永仁，2004）。殯葬系統論的提出原係大陸為精進地方政府職能的經驗積累，如今適可借用於臺灣的企業轉型與創新。

一如醫院的主力為醫師、學校的主力為教師，今後生命事業公司的口碑就看禮儀師的表現了。目前禮儀師的授證要求是至少修習二十學分大專程度專業課程，但並未規定一定要大專以上畢業。這是基於臺灣殯葬業者的普遍學力所做的權宜規範，未來當國內有一定量的殯葬科系設置後，將會要求禮儀師必須有大專專業科系學歷方能進用。其實為了提高從業的素質，早就有大型業者實施非大學畢業生不用之策。如此禮儀服務人員錄取自各種學系，具備一定知識學養，肯定足以帶來更多創新的視野。

做一個勝任稱職的禮儀師，必須與時俱進、終身學習。新法修訂後，確定了禮儀師的地位，主管機關內政部也進一步頒布《禮儀師管理辦法》，規定業者要不斷進修，以維持專業水平。在這方面，禮儀師不但應該有組織管理相關中游知識，更需要向下紮根汲取上游知識，例如心理學、社會學、經濟學等。尤其是社會學知識要了然於心，因為作為專業化表徵的禮儀師證照制度，實來自社會現代化的要求（殷居才等，2004），理當對此反身而誠。

三、人文領域

同樣的道理，專業人員不能只關注於專業知識而忽略通才知識，這也是大專科系要同步實施通識教育的原因，以避免學生因所學日窄、所見日小而導致心智閉塞。臺灣的禮儀師設置原本就具有豐富的人文背景，專業教育也以此爲重心；但是相關人文知識不應僅局限於禮儀民俗的歷史背景和操作流程，更有必要放大爲對於生死觀的體認。個人生死觀經常關聯於宗教信仰，但也可能只屬人生信念。根據統計，臺灣人治喪禮儀採道教者占六成，佛教爲三成，其他宗教占一成。

喪葬禮儀採用道教並不表示喪家篤信道教，而毋寧是因爲道教有容乃大，任何民間信仰的神明皆可納入。過去內政部禮儀民俗科將全國各寺院宮廟加以列管，無法明確歸類於登記有案的宗教團體時，則一律列入道教系統。而民間信仰也無須通過皈依儀式，就可以依個人所喜到各地進香以禮拜神明。道教托言道家而生，但不同於道家自然無爲，而是大有爲地強調養生強身延壽之道（馮滬祥，2002）。不過兩者同樣輕死重生，還是足以對人們的生死觀有啓示。

宗教爲團體活動，信仰或信念則屬個人抉擇；臺灣人可以選擇信教及改宗，也能夠一輩子不信教，畢竟憲法保障各種信仰自由，包括不信。當代哲學家梁漱溟和馮友蘭很早就表示中國人基本上不信教，燒香拜佛但未皈依受戒，其實與民俗信仰無異，而魯迅更直言「中國根柢全在道教」。這就帶給我們一點想法和希望，發現華人殯葬文化其實並非那麼根深柢固，而是在無所不包之中充滿各種可能，也使得殯葬改革有其用武之地。

殯葬改革當然要「維繫孝心，淨化孝行」、「保存禮義，簡化禮儀」；但這些都僅止於治標，眞正的治本之道在於簡化與淨化個人生死觀。生死觀的探索在臺灣已發展成爲一門跨領域的知識學科——生死學，其由哲學暨宗教學者傅偉勳在一九九三年所創，內容整合了西方的死亡學，以及中國「心性體認本位」的生命學。在他的心目中，「中國生死學的開創者」乃是莊子；至於莊子思想的本質，可謂高度精神性而非宗教性（傅偉勳，1993）。生死學實爲殯葬改革與殯葬教育希望之所繫。

參、殯葬專業知識與教育實踐

我在臺灣既擔任殯葬教育工作近二十年，且從事殯葬學的知識建構而爲內政部所認可並予正式推行，則對殯葬專業知識與教育實踐，理當表示一些自己的觀念與思想，以促成跟各界的討論對話。我一向主張殯葬應與護理、諮商、社工等並列爲「助人專業」，尤其當法規明示禮儀師的職能包含臨終關懷與悲傷輔導，大家就有必要盡量減少和避免將殯葬業污名化，且令其能夠順利執行專業。專業養成靠的是教育，以下嘗試描述臺灣殯葬教育的現況。

一、專業知識

我於二〇〇五年春天在一場內政部爲推動禮儀師證照制度的會議上，提出一套涵蓋知識三大領域的殯葬學架構，經與會官員及學者專家一致認同通過而落實爲政策綱領。此一架構具體內容其後撰成《殯葬學概論》專書而於次年出版，又過了一年空中大學找我籌設生命事業管理科，邀集相關學者開授出十一門殯葬專業課程，刊行整套教科書，可視爲臺灣殯葬教育邁入專業化的里程碑，也正是檢覈禮儀師證書所要求二十學分的基本依據。

萬丈高樓平地起，殯葬學的建構並非憑空想像，而是循序漸進、演化生成的。二〇〇〇年我爲空中大學規劃生死學課程，即發現西方的「死亡教育、悲傷輔導、臨終關懷、殯葬管理」四門頒授證照的專業，很適於列爲生死學的實務部分，以與「生物、心理、社會、倫理、靈性」五面向的理念知識共同構成「生死學」的學科內涵。生死學的前身爲死亡學，係大陸殯葬教育的基礎學科（吳仁興等，2004），我則嘗試從生死學的殯葬管理實務中，擴而充之推衍出殯葬學科的架構。

令人意外的是，我寫完生死學教科書不久，赫然發現政府公布的《殯葬管理條例》中，竟將「臨終關懷及悲傷輔導」列爲禮儀師執行業務的基本職能之一。這種前瞻式的創新觀點，的確讓人敬佩。從此禮儀師就不完全是傳統「土公仔」的升級版而已，他必須跟護理師、心理師、社工師在同一層級水平對話，成爲眞正的「助人工作者」。雖然目前要殯葬業者進入病房從事臨終關懷，不免強人所難；而受限於名稱的適用範圍，業者須以後續關懷爲名進行悲傷輔導，但改革創新畢竟已經跨出一大步。

二〇〇三年空中大學規劃在護理類課程裏開授「臨終關懷與實務」一科，邀集我撰寫〈國人喪葬習俗與文化〉一章近三萬字（胡文郁等，2005），並爲製作教學電視節目而另編三小時腳本，這又是種突破作法。一般人咸認爲生死兩無關，殯葬業理應只管身後事，無須爲病家生前操心。但時代畢竟已大不相同，隨著生前契約的銷售流行，已有一些觀念較爲豁達開通的人，生前就跟殯葬業者打好交道，讓自己和家人眞正「無後顧之憂」。一旦禮儀師被指定執行生前契約，至少有必要跟家屬先行溝通，這也算是臨終關懷的實踐了。

二、專業教育

臺灣大專以上層級的殯葬專業教育，始自一九九七年南華大學前身南華管理學院所興辦的「殯葬管理研習班」，比新法出爐還早五年。由於新法中規定了禮儀師的設置，殯葬教育看似大有可爲，且理應由考選部舉行國家級考試，與原先構想的參照對象社工師平起平坐；無奈當時國內起碼有十所以上社工系，卻連一個專科層級的殯葬科都未設立，加入國考的要求因此被打回票。折騰到後來，勉強協調由勞動部的前身勞委會接手，於二〇〇八年起辦理喪禮服務職類技術士技能檢定，一直延用到今天。

雖說現行技術士技能檢定已提升至乙級，而得以與禮儀師處於平行位階，但兩者性質仍有所出入。技能檢定重視的是術科方面的操作準確熟練程度，能做得到位就不差，屬於「術」的要求；而禮儀師更著眼於「道」的充實，令其具備專業及相關學科知識，以期跟消費者進行全方位的溝通與服務。在這方面我仍期待有更多專業科系設置，最終則寄望將禮儀師回歸國家考試的初衷，而非用檢覈換證的方式權宜認定，如此方能構成專業教育與證照制度的永續發展（鈕則誠，2010）。

雖然目前在臺灣稱得上有五所殯葬科系，但大多仍以從業人員回流接受在職進修爲主，招收高中職畢業生施以全日制養成教育的作法還有待強化。在這方面大陸不但比臺灣起步早，而且也有了實質成果，值得臺灣學習效法。大陸長沙民政職業技術學院早在一九九五年即已設立殯儀系，一開始只是中專，等於我們的高職；三年後升格爲大專，相當於臺灣過去的三專。此外北京社會管理職業學院也有相同科系，兩者都有畢業生分發就業，成爲眞正的殯葬人員新血輪。

無可諱言地，想要十八、九歲的高中高職生立志選擇以殯葬業爲終身職志，並不是一件容易的事。再說年輕人即使願意嘗鮮，恐怕也難過家長那一關。但是如果參考國外，將專業及通識課程設計得相當多元、實用且人性化（曾煥棠等，2007），相信專業教育還是可以突破困境、撥雲見日的。二〇一三年初臺北市第二殯儀館招募十二名約雇的火化工，南華大學生死學系畢業生便占了三分之一，證明讓年輕人勇於嘗試、擇善固執走出自己光明前途的作法還是有效的。

三、生命教育

人生不脫生老病死的流轉，從而出現助人服務的相關專業。令人難解的是，爲什麼服務「生、老、病」的醫療照護專業人員受人尊敬，而獨獨服務「死」的殯葬人員卻容易遭受歧視且被污名化？理由當是死亡令人心生畏懼而嫌惡；然而安寧病房中的臨終關懷也是如此貼近死亡，其人道理念卻已逐漸爲社會大衆所認知進而認同。問題的關鍵似乎出在觀念，而觀念的澄清與變革又需要教育。殯葬活動牽涉業者及消費者兩方面，光是業者具備專業教育並不夠，買賣雙方都需要接受生命教育才是解決之道。

二〇〇七年起空中專校開始講授殯葬專業課程，我除了負責對課程進行整體規劃設計外，還擔任入門課「殯葬與生死」的廣播節目主講教師。我雖然編妥一大本教科書（鈕則誠，2009），但在教學節目中並未照本宣科，而是暢所欲言，大談生命教育。或許是節目製作得生動活潑，竟意外獲得當學期所有廣播與電視教學節目評比「金環獎」的特優首獎，既令我與有榮焉，更相信平易近人的社會教化是移風易俗的可行途徑，而這一切又必須圍繞著生命教育的推行方得爲功。

生命教育跟生死學一樣，也是臺灣在地產物，一九九七年首先由臺灣省政府教育廳施行於全省各國高中，一九九九年因爲精省而由教育部接手，拓展於全國各級學校。二〇〇一年教育部成立「推動生命教育委員會」，實施四年中程計畫，二〇〇九年另一輪的中程計畫再予啓動。値得重視的一塊里程碑是自二〇一〇年起，全國所有高中生在學期間至少必修一門生命課。現行課綱中有「生死關懷」一科，教的正是生死學，且特別列出應讓學生接觸與瞭解殯葬相關事物，以期了生脫死。

現在的年輕人受到傳媒科技的影響，視野無遠弗屆，思想觀念得以推陳出新，對死亡的禁忌也不似成年人那般執著，可以通過生活化的生命教學，令其認清生死流轉的眞義，從而認同「輕死重生、厚養薄葬」的改革理念。爲此我曾依高中課程架構著有《殯葬生命教育》一書，大力宣導新思想、新觀念（鈕則誠，2007）。但是我的創新實來自於食古，受惠於「中國生死學的開創者」莊子人生哲理。此處所言，正是我的自我生命教育之見證。

結語

殯葬縱使不脫慎終追遠，仍然可以推陳出新，而非畫地自限。殯葬教育既爲實用之技藝，亦屬生命的學問，理當列爲成人生命教育課題。人屆中年自然會碰上養生送死之事，且遲早要跟殯葬業者打交道。對於生死大事的逐漸「有感」，適足以通過反身而誠，進行自我教化。我以包括本篇在內的接連三篇議論文章，分別講述了殯葬作爲一項活動、一種行業，以及一門知識的「生死關懷」，這正是臺灣生命教育的主題之一。從發展上看，生命教育乃是倫理道德教育的推陳出新，價值判斷的成分多於認知學習。倘若能夠在道德規範之中融入一些美感體驗，更可謂美事一樁。

參考文獻

左永仁（2004）。《殯葬系統論》。北京：中國社會。

何兆珉、陳瑞芳（2004）。《殯葬倫理學》。北京：中國社會。

吳仁興、陳蓉霞（2004）。《死亡學》。北京：中國社會。

胡文郁、陳慶餘、陳月枝、鈕則誠、釋惠敏、邱泰源、李開敏（2005）。《臨終關懷與實務》。新北：空中大學。

殷居才、鄭吉林（2004）。《殯葬社會學》。北京：中國社會。

尉遲淦（2008）。〈殯葬倫理的未來〉。載於鄭志明、尉遲淦合著，《殯葬倫理與宗教》（頁143-156）。新北：空中大學。

郭慧娟（2012）。〈現代國民喪禮——綠葬篇〉。載於黃麗馨主編，《平等自主 慎終追遠——現代國民喪禮》（頁89－113）。臺北：內政部。

陳姿吟（2007）。〈最後的容顏——遺體修復技術〉。載於鄭曉江編，《感悟生死》（頁243-256）。鄭州：中州古籍。

傅偉勳（1993）。《死亡的尊嚴與生命的尊嚴——從臨終精神醫學到現代生死學》。臺北：正中。
曾煥棠、林君妤、鄭志明、鄭錫聰（2007）。《臺灣喪葬教育與考照》。臺北：五南。
鈕則誠（2007）。《殯葬生命教育》。新北：揚智。
鈕則誠（2008）。《殯葬倫理學》。新北：威仕曼。
鈕則誠（2009）。《殯葬與生死》。新北：空中大學。
鈕則誠（2010）。《生命教育——人生啟思錄》。臺北：洪葉。
馮滬祥（2002）。《中西生死哲學》。北京：北京大學。
楊敏昇、陳姿吟（2008）。《遺體處理與美容》。新北：空中大學。
劉嘉年、林高永、陳玟秀（2009）。《殯葬衛生學》。新北：空中大學。
鄭志明（2007）。《殯葬文化學》。新北：空中大學。

第二篇

大智教化

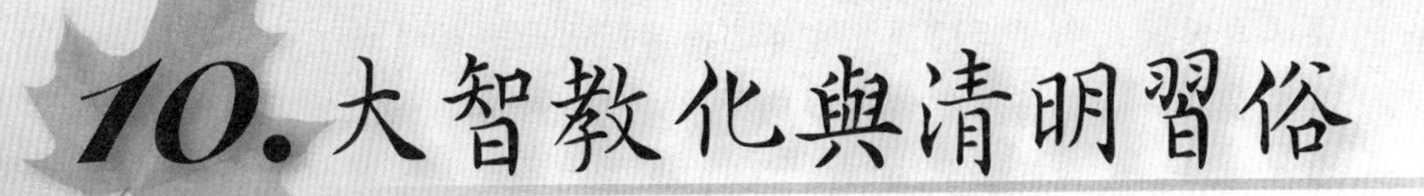

10. 大智教化與清明習俗

（2013）

- 引言：朝向死亡的存在
- 壹、移風易俗
- 貳、生命教育
- 參、大智教化
- 肆、了生脫死
- 結語：從心所欲不逾矩

摘要

本論文嘗試初步提出以「大智教化」為形式及內容的生命教育，藉以移風易俗，達致清風明月般的清明習俗。通過文化比較與優勢互補的考察，本論文於兩岸現象異中求同，回溯至傳統文化中的儒道融通路線取徑，展開對大智教化的提倡。相對於由官方所推動、為青年學生而設、以學校為教學場域的制式生命教育，民間版的大智教化更適用於成人自我教化。通過儒道二家「心性體認本位」的修養工夫，向內開啓各人久存於心智靈明中的大智慧，用以了生脫死。大智教化主張「存本真、積吾善、成己美」，順應孔子四十不惑、五十知命、六十耳順的人生觀照，逐步落實個體存在抉擇、自我實現及反身而誠，最終安於從心所欲不逾矩的空靈境界。本論文依生命敘事的質性方法撰成，採六經註我精神，仿古人以經解經作法，以我證我，不假外求，可視為生命書寫之一例。

引言：朝向死亡的存在

本論文無甚學術研究宏旨，宜當議論文章解。年過花甲，漸臻耳順之境，少時志於學所萌發的生命體驗，至今大致對焦於死亡意識，憑藉由死觀生，期得樂生惜福。爾後書寫將一本「文以載道、借題發揮」原則，從事「大智教化、移風易俗」努力，願達「直指人心、明心見性」理想。人生之於我，實屬不斷自我啓蒙、推陳出新、止於至善的歷程；但其性質正如德哲海德格所言，「朝向死亡的存在」是也。我花了四十餘載光陰遂行「存在抉擇」，撰成《觀人生——自我生命教育》一書以明志。本論文乃順此心路歷程「接著講」（哲學家馮友蘭語），藉撰述

「推己及人、推陳出新」，期待「撥雲見日、海闊天空」，用以「輕死重生、厚養薄葬」。

壹、移風易俗

一、死亡意識與風土民俗

人生而有靈明自覺，約當十五歲青少年之際，開始產生存在抉擇。此事不單見於孔子的自我反思，也被心理及教育學家視爲人類發展的起步時期。如今兩岸的義務教育皆達國中或初中程度，學生十五畢業，可以選擇繼續升學，但也有可能步入職場開始就業。雖說未成年人不宜涉世太早，但「生存競爭」階段確實由此展開，上高中要通過考試便是一例。一般人讀完中學或大學終究得謀生餬口，一旦找到穩定職業，便臻入「生涯發展」階段。此一階段大約於六十至六十五歲告一段落，而當兩岸華人平均餘命都高達八十上下之際，暮年十五至二十載即歸於「生趣閒賞」階段的悠遊歲月。放大來看，人生各種努力與作爲，無不以壽終爲指標；姑不論有無來生，在此世陽間的一切得失榮辱，率皆以死亡爲判準。

死亡意識是一種反身而誠的工夫，一旦有所徹悟，即無向外馳求之誤。但人又是社會動物，華人尤以家庭爲重，加上日常生活受到儒家思想長期支配，死亡相關事物遂深深糾纏於風土民俗中，難以充分自主。風土民俗是文化產物，文化來自人文化成，構成一個民族全部的生活方式，更標幟出人之異於禽獸的文明程度。各民族的風土民俗，多少受到本土在地宗教信仰或人生信念的影響，且因時因地有所不同，此爲移風易俗的與時俱進、推陳出新提供了良好契機。總言之，與死亡相關的風土民俗並非泥古不化的鐵板一塊，而且也應該是能夠改革創新的文化活動。尤其是漢民族的喪葬禮俗，因爲沒有太多宗教信仰意識型態的束縛，在後現代市場經濟的文化邏輯中，足以打造出更符人性、更有個性的文化創意產業。

二、清風明月與節氣活動

風土民俗係民風之體現，曾國藩曾說：「風俗之厚薄奚自乎？繫乎一二人心之所嚮。」此一二人原指在位者，然時至二十一世紀，政策制定已非一二人說了算，而是需要全民參與和輿論監督。像二十四節氣之一的清明活動，因爲銜接上愼終追遠的悼亡思親，格外受到民衆的重視及參與。兩岸人民群衆每逢清明虔誠祭掃，孝心禮義無可厚非，但孝行禮儀大可淨化簡化。例如祭祀不一定要到現場，到現場不一定要燒紙錢；網上祭祖一樣表孝心，冥思致意亦不失禮數。尤其當環境保護已成迫在眉睫的全球議題，節日出行燒紙燃香，既有損天地自然，又愧對祖上先人。匡正之道唯有「維繫孝心，淨化孝行；保存禮義，簡化禮儀」，讓清明佳節成爲清風明月般的華人感恩節，而非烏煙瘴氣的全民受難日。

萬丈高樓平地起，改革創新並非一蹴可幾、一步到位的。尤有甚者，一些涉及民族情感的活動，更難以說改就改，但也不能泥古守舊，完全不改。遠的不說，就拿大陸過年放煙火來說，京城防災，不到除夕不許放；近來霧霾嚴重，污染一旦超標，連過年也必須少放。但老百姓年還是得照過，就只有選擇一家團圓、有益身心的活動來過。相同道理，清明雖然假日較短，全家仍得盡可能小聚，以粗茶淡飯家庭聚會的形式緬懷先人故舊，一樣能夠將思親之情加以紓解。綜言之，清明節氣不該是行禮如儀的繁文縟節，而應走向清風明月，期令人有耳目一新之感。爲達此目的，需要的是潛移默化，亦即大智教化的生命教育。「清明」的風俗可以通過社會教育的實踐，達於自我教化的工夫，從而形成一股「清明的」風土民俗。

三、移風易俗與社會教育

移風易俗靠教育與教化。教育是制式活動，主知識傳授；教化屬潛移默化，重智慧開顯。清明節氣深具中華文化底蘊，日積月累，雖堅實有力，亦不免積非成是。值此二十一世紀後現代處境，在「各自表述、各取所需」的改革開放氛圍中，大可重揭「造反有理、革命無罪」的大纛，除舊布新一番。只是這回要「自我造反、腦內革命」，以生死智慧的領悟，破除個人心智靈明內的種種迷障，反身而誠，無向外馳求之誤。如今兩岸各地的清明活動皆被視爲喪葬禮俗的延伸，而由民政部門列入管理，規範社會大衆節儉治喪、環保祭掃。此事雖無不妥，但卻顯不足；蓋移風易俗不僅要消極防止弊端滋生，更應積極推動改弦更張。清明風俗的改革契機在於開啓文化創意，將之從哀思節日轉化爲溫馨體現。

改造清明無他山之石可以參照，但是洋人不過清明，思親之情並未曾稍減。他們不在特定節日爲親人祈福，卻選擇在摯愛忌日表達懷念。華人表達的管道相對較多，除清明外尚有春節及中元；但這一切皆帶有集體性卻缺少個體性，亦即隨俗卻未獨尊。而人情之可貴即在於其無與倫比，用集體之活動實難以彰顯個體之尊貴。看看現今紀念歷史名人，不是以其誕辰便是選取忌日，善待亡靈當以此爲規準。如此一來清明要做什麼？除團聚思親外，順勢推廣殯葬生命教育也是一端。臺灣中元鬼門開，大家瘋狂搶頭香，該月雖說諸事不宜，相關民俗活動卻到處舉辦，熱鬧非凡。活動不應鋪張卻可精緻，清明利用假期去做生態旅遊値得提倡。凡此種種，無不需要全民教育推廣，一場腦內心靈革命的社會教育此其時矣。

貳、生命教育

一、從學校教育到社會教育

本論文旨在宣揚我積多年經驗所醞釀，而於最近浮上檯面的生命教育蘊義；此即「大智教化」，主要指「領悟大智慧的自我教化」，以達致人心的清明。四十五年前「吾十有五而志於學」，心智靈明開啓之處，照見存在主義、精神分析、道家、禪宗等西東思潮的拼貼。時值一九六八至一九七三年間，大陸在鬧「文化大革命」，我則經歷一場「腦內革命」，固執地選擇背離主流，進入哲學系學習，終於步上講授與研究哲學之路。而在任教至半百前後，又面臨另一場「心靈革命」，把我從西學帶往中學，向本土文化認同回歸。我自忖十五歲初識哲學，便屬自我生命教育的啓蒙；念哲學從學士到碩士、博士，再進大學教哲學，則爲生涯發展下的學校生命教育；及至近年接觸民間辦學，則不啻爲一條社會生命教育路線。

生命教育之於我，年輕時是存在抉擇，就業中爲安身立命，至暮年則歸了生脫死。哲學前輩傅偉勳在臺灣所建設的新興學科生死學，至今已歷二十年，我跟傅老相識於此前，又蒙其與文學學者龔鵬程之提攜，共同推動成立生死學研究所，乃不時直面關注生死智慧之學問。此實不脫牟宗三所言「生命的學問」之範疇，傅老則謂其乃西方死亡學與中國生命學之融通，恰好呼應了我的治學歷程。簡言之，我從西化的科學哲學走進生命醫學倫理學，又爲教研需要涉足教育哲學及殯葬倫理學，終於在五十五歲以後向中土生命學問認同回歸。二〇〇八至二〇一三年間，我的生命情調出現重大翻轉，終於決定再度背離主流，擁抱另類，尋找社會教化的契機，以接續人文化成的理想與慧命。

二、從社會教育到成人教育

我於花甲前後先後受邀參加兩回儒學及國學會議，暢言儒教儒家與喪葬禮俗的關係，同時也參與了《臺灣殯葬史》的共同撰寫。反思自己的生命情調，雖然長期以存在主義和道家爲主調，但作爲「在臺灣的中國人」（教育學者但昭偉語），也難以避免受到儒家理念與實踐的潛移默化。儒者精神自孔子以降長期體現在爲人師表的教育實踐中，我既身爲大學教師又任教於教育系所，勢必得深化自己的儒學修養。此外由於因緣際會加入臺灣官方推動殯葬改革隊伍，爲證照制度略盡棉薄，乃積極從事因應考試的培訓工作，撰寫殯葬倫理學教材並親自任教。此一課程兼屬針對業者的專門行業教育，以及提供消費大衆的通識素質教育，而其本質則係爲成人了生脫死預做準備的生命教育。

殯葬工作以死亡爲業，但實際卻主要爲亡者家屬服務；業者也可以通過簽訂生前契約，在亡者生前爲其帶來「無後顧之憂」的許諾。華人社會在儒家思想所主導的文化氛圍下，強調愼終追遠的生養死葬，爲父母妥善治喪，是每一個爲人子女的責任。而當時代腳步從農業發展至工商業，從安土重遷轉向出外打拚，治喪一事就顯得煞費功夫，因應人們需求的專業組織和技能也應運而生。殯葬專業處理生老病死的最後階段，理當跟照應前面諸階段的醫護專業平起平坐，但事實卻是業者始終遭受來自社會的污名化，改善之道重在制式教育與民間教化。過去十年我同時投入教師和禮儀師的培養及培訓工作，對象幾乎全爲成年人，尤其是在職人員，更多爲中年上下；人生於此際前不見古人，後不見來者，其身心狀態亟待妥當安頓。有效安頓方能執行助人專業，推己及人，服務人群。

三、從成人教育到大智教化

生死之事既關生也涉死，我服務於生死所期間曾自撰一聯曰：「醉生夢死到頭來依舊養生送死／貪生怕死還不如就此出生入死」，橫幅爲「了生脫死」。上聯意謂人儘管終日醉生夢死，終究還是得爲至親父母養生送死；下聯講人一味貪生怕死終日惶惶不安，還不如退一步想而得以豁達地出生入死。「出生入死」爲老子語，原指從生來到死去的大化自然而然，根本無須造作，後來則引申爲冒險犯難之意。不過世事無常，福禍難測，勇於出生入死倒也不差。這些道理年輕人搞不懂想不通還則罷了，四十以上的中年人再怎麼說都必須放在心上當一回事，因爲從不惑之年起，就要開始擔負養生送死的重責大任了。我在此前後首度教研究生，同時進研究所修MBA學分，接觸到的多爲中年在職生。以己觀人，推己及人，逐漸發現成人生命教育的重要與必要。

一般而言成年始自弱冠，大學生念到高年級便屬成人；但此刻的成人仍歸於青年，四十開外方入中年，至少花甲才得謂之老。而當兩岸華人平均餘命皆達八十之際，養生送死之事遂不易在青年時期遭逢，大凡要到中年以後才會碰上。換言之，喪葬、悼亡、清明等與死亡相關的意象，多少得等到中年方才變得清晰可見，且與自身體驗息息相關矣。正是本於此點，我的成人生命教育多從中年講起，主要針對不惑之後的成人而發，畢竟在這個年紀始逐漸「有感」。中老年的成人生命教育不在知識傳授，而重於情意體驗；因爲有感，可爲自我教育，反身而誠，開啓「大智教化」。大智教化由死觀生，視死如歸，通過對於大智慧的領悟，將有限人生視爲充滿喜樂的禮贊。它教導我們發掘靈明大智慧，開顯生命眞善美，最終達於「順乎自然，不事造作；縱浪大化，不喜不懼」的圓融無礙境界。

參、大智教化

一、眞理探究與「存本眞」

「大智教化」是我作爲「大學教授、學者專家」社會角色時，反身而誠、自我超越的體驗心得，分爲眞、善、美三階段，自許達至「思者醒客、智者逸人」的空靈境地。它大致涵蓋我過去三十年的生涯發展時期，即三十至四十歲讀博與就業的眞理探究階段、四十至五十歲升等與行政的倫理實踐階段、五十至六十歲的教學與送終的美感體驗階段。生涯情事已撰成自傳體《觀人生》一書，不再贅述。此中眞理探究階段，指的是我用科學哲學觀點去從事知識批判，對當代科學技術知識予以後設考察，期能確定其眞理性質。無可諱言，二十世紀是知識當道、科技掛帥的時代，反映於知識傳授的教育活動上尤其明顯。勢之所趨，我也深陷其中，博士論文研究何爲客觀知識，認爲諸事萬物皆須符應系統化的邏輯判準。

我念哲學起因於個人存在抉擇，原本應朝向熱情的詩意道路，卻爲心智的潔癖所蔽，選擇了冰冷的科學途徑，從碩士到博士，一走就是十餘年。畢業謀得教職後，由學術象牙塔踏進現實人事圈，才發現權力流動、社會框限無所不在，不得不開始認眞思考人際關係下倫理實踐的奧義。正是在這層思想轉化下，我經歷了一場信念典範轉移的洗禮，原本對客觀眞理的追尋，昇華爲對內在眞性情的發現。爾後自大智教化觀點反思，這種從對外在眞理轉向內在眞情的執著，即屬「存本眞」的工夫。人的本眞始終如清風明月般純淨無瑕，它呼應著大自然的天理流行，不應多所造作，死亡當作如是觀。歷史上最屬眞性情的死亡態度，當屬莊子的鼓盆而歌與就地掩埋；今人雖難以接受，但是其「輕死、薄葬」的理念，仍然值得我們身體力行。

二、倫理實踐與「積吾善」

華人常將倫理與道德二辭混用，大致無差；但仔細觀之，道德可視爲倫理實踐的體現，又分爲私德與公德。「倫理」概念在西方和中國不盡相同，然有所互補。簡言之，西方倫理係「異中求同」，相異的人應遵守共同的道德原則規範；中土倫理爲「同中存異」，同一人面對「五倫」相異的人際關係各有其因應作爲。如今五倫理當視爲一套概括性歸納，它可以引申至各種關係中。人間最重要的關係，西方看重的是平行的「夫妻」軸，華人則強調垂直的「父子」軸。即使把「父子」擴充爲「親子」，它仍然深深影響我們的生活樣態，包括婚姻、家庭、治喪、殯葬等等。正是這種重視親子關係的倫理實踐，放在儒家愼終追遠教誨的背景中，清明禮俗才格外顯出其意義。

不過禮俗有禮也有俗，禮是傳統核心價値，俗是因時因地制宜。華人喪葬禮俗源於兩千五百多年前的儒家傳承，孔子且親自從事過治喪工作。但時至今日，禮義長存，禮節則理當與時俱進，去蕪存菁。爲惜古而不泥古，我自四十至五十歲的職場生涯中，領悟出「儒道融通」的知行步調，當行則行，當止則止，無過與不及。這期間我一則寫升等論文，二則任行政主管，都必須在「知識—權力」宰制下安身立命。儒家的入世進取跟道家的避世退守相互爲用，足以讓生活裏的各種張力趨於和諧。以喪葬禮俗爲例，它雖然是儒家孝道的延伸極致，要令父母於亡故後備極哀榮；然一旦轉化成以「輕死重生、厚養薄葬」爲原則，便讓道家純樸自然的精神有其用武之地。簡樸治喪同樣足以盡善盡美，積善之家必有餘慶，生前交代精簡後事，可謂「積吾善」之具體表現。

三、美感體驗與「成己美」

傅偉勳教授長我整二十歲，他在我不惑之年提出以儒道二家「心性體認本位」的生死學論述，令華人社會趨之若鶩，也在中華文化建設的道路上樹立了一座宏偉的豐碑。其貢獻是於儒家諱言死亡的傳統內，嫁接西方死亡學思想與社會教育實踐，開展出東西兼治、儒道融通的生死智慧。我在其驚世大作《死亡的尊嚴與生命的尊嚴》出版問世不久，即以之爲教材披掛上陣，爲大學生及研究生講授通識或專門課程，一講便近二十載。前十年講述內容多偏向西化的生命倫理及生命教育，後來因爲受到臺灣大選時期族群嚴重撕裂所激發的民族意識鼓舞，決心向中華傳統文化補課，終於在古典文學的人格典型中，看見通過美感體驗所凝聚的豁達態度，從而提倡發揚「成己美」，令其與「積吾善」、「存本眞」的生活實踐三足鼎立，相互輝映。

人生眞善美具有疊加效果，但在不同階段時期宜各有偏重。我自己的美感體驗來自對「中國傳統文人審美生活方式」（社會學者羅中峰語）的認同與不斷深化。當它逐漸達致成己之美的境地，便得以反身而誠，推己及人，主要用於成人教育和爲父母送終兩件事之上。我的繼父與母親皆以高齡去世，依其遺囑分別樹葬和海葬，成全生命大美。至於爲修讀碩士學位的中小學教師講授生命教育課程，起先是教他們如何對孩子談生論死，後來則直指人心，讓這群中年教師開始反思自身處境，從而將生命教育與教師倫理及人生美學相結合。但這些都是體制內的教育活動，雖有體驗成分，仍屬知識生產過程，包括修習學分和取得學位。身爲大學教師，我習於此般遊戲規則，但總覺美中不足。學生比我年輕一兩輪，有班要上，有家要養，我則到了可以丟開這一切，大死一番，置之死地而後生。

肆、了生脫死

一、四十不惑的由死觀生

古老以儒道二家的生命學問係以心性體認爲本位，心性活動可分感性、理性、悟性三方面，分別對應於常識、知識、智慧三取向。感性多爲直觀反應，用以捕捉生活常識，多多益善。但是常識常是人云亦云，容易出錯，這時便需要通過理性向系統知識求緣過濾之。常識可取，知識可學，然而最終目的無不指向安身立命、了生脫死的大智慧，這就得用悟性來加以領悟參透，太多常識知識反而形成蔽障。我的安身立命之道見諸於半百時所撰《教育哲學》一書，綜觀之，便是體證「儒陽道陰、儒顯道隱、儒表道裏」的「後現代儒道家」精神，表現出「知識分子生活家」的意境。十年後我更具體拈出「城之隱者、今之古人」與「思者醒客、智者逸人」空靈神韻下的生命姿態。縱使不易達成，但我仍然「雖不能至，心嚮往之」。

過去多有「人生七十古來稀」之說，然而如今兩岸華人平均餘命已高達八十上下；雖說順乎自然生活無礙，但稍加規劃將使其更形豐富。孔子明確記錄下自己的人生階段，仍可作爲今天我們安身立命的階段性考量。其言「四十而不惑」，表示人到中年較能不爲一些顛倒夢想所左右，得以眞正落實個體存在抉擇。而當人生不脫是「朝向死亡的存在」，則以死亡爲參照判準由死觀生，或爲適當處世態度。由死觀生並非教人因噎廢食，而是要懂得居安思危、未雨綢繆的道理。一般四十出頭的人正走在事業上揚的道路上，大多拚命幹活兒，有機會名利雙收，卻也可能賠了健康。我以自身的慘痛經驗積累，提出四十至五十期間就應該開始力行養生之道。留得青山在，方能順利養生送死，無後顧之憂地照應父母。

二、五十知命的自我實現

孔子有「盡人事，聽天命」之說，自己也發現「五十而知天命」；用現在的話來講，就是「發揮個人潛力，瞭解自身限度」。人雖爲群體社會動物，但個體乃係基本單位；生老病死或受社會影響，卻直接發生於個體之上。當我們年屆半百之際，大抵已達人生巔峰，頂多站上一片高原，終究還是得走下坡。生老病死遂不啻身心流轉的生住異滅、成住壞空，必須參透此點，方能化煩惱爲菩提智慧。美國心理學家馬斯洛提出個體需求階層說，將一個人的意志求索，從最基層的溫飽滿足一直排到最高層的自我實現，其間則有人際關係、社會地位、家庭和諧等等。其所謂「自我實現」乃是某種高端體驗，近乎神秘狀態的空靈之美。自我實現源自於自我也用之於自我，是個體內在大智慧的提煉過程。不同民族文化有不同內涵，中華民族的大智慧即是儒道融通之道，並據此涵攝中土佛禪之理。

明心見性的禪思亦屬大智慧的一端，但必須跟僧團組織分別對待。宗教爲團體活動，信仰歸個人抉擇。弔詭的是團體一旦形成，就可能出現教團對信眾的宰制；改善之道只有強化個體的信仰抉擇，以忠於信仰而不遷就教團的方式自行其道。面對民俗信仰也應該採取相同態度；雖然民俗不像教團一般箝制人心，但它所凝聚的千夫所指力量著實不能小覷。例如清明出行祭掃，以表示善盡孝道，便是似是而非、積非成是的意識型態。爲某種民俗迷思勞師動眾，正是殯葬改革要移風易俗的重大目標。可能的有效作法是鼓勵家中長者對後事料理有所明示，並奉勸其採行環保自然葬，不留墳頭和塔位，也就無墓可掃了。五十上下的社會中堅承先啓後，繼往開來，自我實現之道正是正視死亡，爲長者與自己的善終預做準備。

三、六十耳順的反身而誠

美國有位著名的政治哲學家諾齊克撰有《經過思考的人生》一書，開宗明義即提及死亡。他說自從八十多歲的老父辭世後，便猛然驚覺死亡之事下一輪已直指自己，不免憂心；但轉念卻認爲才五十出頭應當也能活至八十，遂又感寬心。事實是他只活到六十四歲。生死學之父傅偉勳晚年病重，卻仍以算命可活八十有四自我安慰且不戒酒肉，結果八十四天後便以六十有三告終。古人說死生有命，現代科技指出死亡即爲身體功能不可逆地喪失。倘若命喪乃自然之道，何懼之有？六二壽盡的陶淵明曾有「縱浪大化中，不喜亦不懼」之句，予人極大撫慰。人過花甲，耳順之餘更感心平氣和，適足以反身而誠，展開大智教化。大智教化毫無神秘之處，它就是內在對話式的自我生命教育。大智慧早已內存於我們的心智靈明深處，邁入老年之後逐漸開顯，取之不盡，用之不竭。

大陸以六十爲屆退之年，此後謂之老。老齡一到，病與死隨之而至，亦步亦趨，其跨度也許長達二十載，但形影不離，亟待善用大智慧與之和平共處。西方人有基督信仰爲支撐，穆斯林禮拜眞主阿拉，亦見善男信女擁戴佛陀菩薩，那華人呢？哲學家梁漱溟、胡適、馮友蘭都認爲大多數中國人沒有堅實的宗教信仰，充其量只會遵守儒家的道德規範。然而自從漢代獨尊儒術後，儒思在政教雙重影響下，通過人文化成，早已內化爲華人的生活方式，甚至擴及周邊國家。儒家所提倡的孝道是親情的延伸，性質並無不妥，但當它被意識型態化爲某些繁文縟節後，就逐漸喪失了眞情實義。千百年來，儒家與儒教有一位親密諍友，那便是道家，但絕非道教。孔子不言死，拱手把安頓死亡的工夫讓予道家，而莊子便名正言順成爲傅偉勳筆下的「中國生死學的開創者」。

結語：從心所欲不逾矩

近年兩岸都在大聲疾呼環境保護，我在此順勢宣揚環保自然葬。一旦葬法回歸自然後，只祭不掃方有可能落實。但祭拜不能光保留儒家那一套，要用後現代的文化創意將之重新打造，融入道家的灑脫不落俗套精神，或能被年輕一代所接受。我涉足殯葬教育十餘年，一以貫之的主張便是「輕死重生、厚養薄葬」，這是一種清風明月式的生命教育，亦即大智教化。回想生死哲學專家鄭曉江教授於二〇一三年初以五十六歲英年猝逝殞落，死生大事對我輩而言遂非紙上談兵，實係生死攸關。清明文化作爲生死文化的一環，我持續撰文以積極倡言「清明的」生死態度，令各人皆能以自身所蘊藏的大智慧了生脫死，人生方能眞正達於「從心所欲不逾矩」的境地。

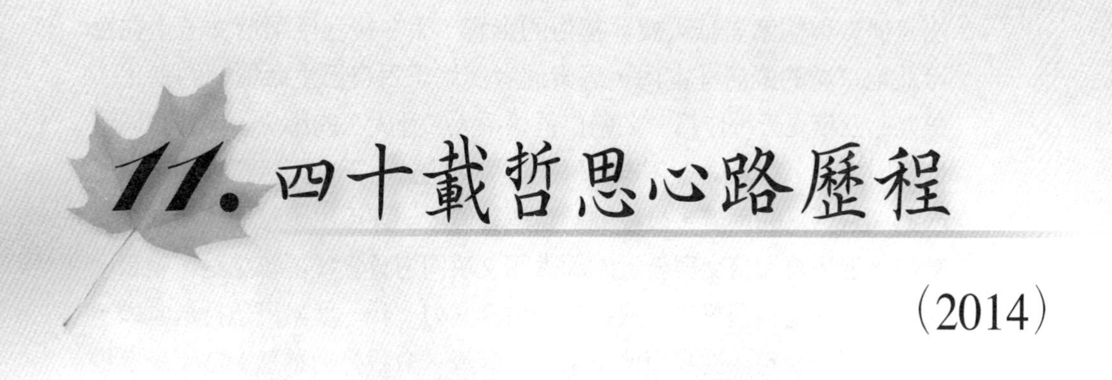

11. 四十載哲思心路歷程

（2014）

- 壹、鵝湖之會
- 貳、移風易俗
- 參、大智教化

壹、鵝湖之會

二〇一三年深秋我受邀與會，站在溫暖南國深圳的國學講席上，暢言儒教與儒家對華人喪葬禮俗的影響；入冬後我應囑撰文，坐在寒冷北地京城的蝸居斗室內，思索儒者與儒思對自己生命情調的默化。一九七五年夏天，作爲一名輔仁哲學系大二升大三的小伙子，我跟同班同學尉遲淦，在老師王邦雄及學長袁保新的號召下，因緣際會地參與了《鵝湖月刊》的創辦，幾乎忙遍整個暑假，一連編出頭三期，至開學始功成身退，將編務交與就近的師大國文系同道負責。編雜誌是苦差事，尤其大家都是義務幫忙，只好各別自食其力。我一度累得想打退堂鼓，曾昭旭老師一句「從事道德事業」的鼓舞，令我打消辭意。當年就在懵懂中，受到一股道德力量的啓蒙，從而做出「生命情調的抉擇」，不但一路認同並護持《鵝湖》，也對本土文化與哲學道路擇善固執地走下去。

說來慚愧，綜觀我的大半生，好讀書卻不求甚解，或可以「粗魯不文」來形容，是沒有多少儒家修養的。只因爲長期學哲學教哲學，必須跟儒家思想持續打照面，久而久之也就得著一絲薰陶。其實放大來看，舉凡「在臺灣的中國人」，大多依傍著「儒家生活方式」在過活兒，我也不例外。尤有甚者，在講授倫理道德相關的哲學課程之際，更不斷思索著儒家於個體人生之意義與價值。一言以蔽之，儒家言行基本上已內化於每一華人身心之中，深淺不同而已。它是廣大華人的生活「主義」，若依孫中山的說法，主義便是思想、信仰和力量。正是在這股力量的帶領下，我一以貫之地在哲學道路上行過四十載。如今跨越花甲之年，雖然心境已從儒家偏移往道家，但根本仍是嚮往儒道融通的生命情調。用我自己的話來說，是朝向「知識分子生活家」的「後現代儒道家」轉化。

當初堅持報考哲學系，很大程度上是受到高中時期生吞活剝存在主義思潮著作的影響，自覺地意識到「存在抉擇」於心智靈明起步階段的關鍵地位。而作爲生長在臺灣的中國人，其存在抉擇無可避免地會被儒家思想薰陶和支配。譬如爲善盡孝道，乃有「父母在，不遠遊，遊必有方」之教誨，令我放棄留學移民之夢，在美國念了一學期便選擇回國讀博士，終以哲學爲業。我嘗自我調侃：「年輕時我選擇了哲學，年長後哲學選擇了我。」然平心而論，自己慧根不足，加之定力不夠，古籍不是學不紮實便是讀不通，只好避重就輕走向西學之路，且挑當代科學哲學及應用哲學來研究，如此離古代中西智慧就更遠了。直到半百以後，才逐漸悟出正本清源、反璞歸眞的道理，重拾中國傳統文人的生命學問與智慧。

貳、移風易俗

《鵝湖月刊》創辦至今已經走過三十九個年頭，由新儒家老中青學者提筆撰述的論壇，發展擴充爲替全球華人提供移風易俗契機標竿的精神象徵，可謂蓽路藍縷，苦盡甘來。當前華人社會談傳統必指向儒學，論儒學必涉及新儒家，而始自《鵝湖》論學談心所凝聚的新儒家思潮，在近四十年後的現今終於開花結果。其移風易俗之一端可見於老同學尉遲淦教授之理念與實踐。簡言之，尉遲教授通過新儒家思想從事推動兩岸的殯葬改革，已然起到一定作用。同樣在應用實踐方面提出移風易俗改革方案的，還有任教於中央大學哲學研究所的幾位新儒家諸君子，以創設應用倫理學研究中心和出版專門期刊的方式，將儒學的宗旨方向，貫注於生命醫學倫理、環境保護倫理、企業經營倫理等多元領域。這些都跟我長期投入的應用哲學途徑不謀而合。

儒學並非純粹書齋裏的知識建構，而屬牟宗三先生所指「生命的學問」。《鵝湖月刊》在臺灣文化土壤上近四十載的辛苦耕耘，已然開出當代新儒家旗幟鮮明的「鵝湖學派」。鵝湖諸君子論學的特色，是不會陷溺於傳統故舊的窠臼中難以自拔，而係尋求與西學積極對話，與時俱進，更上層樓。步入二十一世紀的後現代，理當惜古而不泥古。像以儒家慎終追遠爲核心價值的喪葬禮俗，在當前要珍惜的無疑是其中親情孝道的眞意，而非拘泥於繁文縟節不化。尤有甚者，將古禮打造成推陳出新的簡化形式，並無損於傳統價值。基於此點，我在推行殯葬改革的經驗積累中，拈出「維繫孝心，淨化孝行；保存禮義，簡化禮儀」的呼籲，這一切無不指向當前世人對儒家精神一知半解而提倡。

我從一九七三年考入輔仁哲學系，於十五年內先後取得學士、碩士、博士學位，其間還曾經服役、就業及留學。而後靠教哲學謀生餬口總共二十五年，至二〇一三年達於花甲便急流勇退，不再受限於體制的拘束。回顧這四十載哲思心路歷程，自科學哲學走向應用倫理學，再由其中的生命醫學倫理學銜接上生死學及生命教育，皆屬以西學爲主的學術教育活動。半百前後我應教學需要，動筆撰寫教育哲學專書，歷時半年，適逢總統大選前夕，族群關係嚴重撕裂，激發出我強烈的民族意識與文化認同，從而積極尋求向中學補課的機會。此後數年，我的三本著述都標幟出「華人應用哲學取向」，以「新中體西用觀」從事寫作。此處之「體」作「主體」解，亦即肯定中華民族文化的主體性。

參、大智教化

曾幾何時，「後現代」已經從一個帶有反叛顚覆意味的名詞，逐漸俗化淡化爲某種口頭禪。但是認眞考察，被界定爲「後期資本主義文化邏輯」的後現代現象，的確不是空穴來風，反倒多少有幾分眞實性。遠的不說，兩岸通過文化創意所展現的多元面貌，即已道出後現代無所不在。若依後現代理念看，「主體性」早已過氣，理當被解構，然而弔詭的是，將主體性局部化再大舉揭示，竟也屬後現代「各自表述，各取所需」的包容精神。順此精神，強調中華文化的主體性，在二十一世紀全球化的大趨勢中，非但不顯突兀，反而益形珍貴。宏觀如此，微觀亦不遑多讓。我在把握文化主體性之後反身而誠，進一步肯定自我主體性。我認爲人文學者在從事存在抉擇之後推己及人，進行教學研究活動，大可提出一己之見，並且躬行實踐。

自從一九九七年我任教於生死學研究所之後，便與生命教育結下深厚因緣，至今已超過十七個年頭。在此期間，我從西化生命教育轉向華人生命教育，從學生生命教育走到教師生命教育，從青年生命教育移往成人生命教育，近一年來終於提煉出「大智教化」之說，用以重新概括及詮釋「生命教育」。大智教化的核心價値，乃係中華文化所體現的大智慧。其於二十一世紀的具體實踐，正是「後現代儒道家」意義下的「知識分子生活家」，心性特質爲「儒陽道陰、儒顯道隱、儒表道裏」的儒道融通生命情調。這並非口惠卻實不至，而是根據個體心性發展體驗所得，看看陶淵明、白居易、蘇東坡一脈相承的人生意境，便知所言不虛。想我從二十出頭接觸鵝湖諸君子，多年來若即若離，竟也受到一定程度的潛移默化，至今又偶然開花結果，令自己也深感意外。

話說我於臺灣高校內專任教職二十五年，其中有三年半在南華跟一群鵝湖諸君子共事，可視爲生涯黃金時期。後來大家各奔西東，擇木而棲，頗似「花果飄零」。近年更碰上所謂「高教評鑑」，以量化的指標效標衡度知識生產，卻將生命智慧拒斥在外。其於人文學者看來，制式教育之異化莫過此甚，終於令我做出提前退休的決定。然而就在離退這半年，卻接連於中研院及深圳出席兩回探討儒家思想的研討會，後來又到四川都江堰參與民間國學院的設立，一時竟應了唐君毅先生「靈根自植」的激勵。國學根於儒學又廣於儒學，於我的雜家性格與際遇不乏試煉機會，乃欣然前往共襄盛舉。自年輕時的生存競爭，歷經中年的生涯發展，於今暮年步向生趣閒賞，此即我的人生三階段。套句佛家的話，「法喜充滿」是也，並以此祝願鵝湖精神永續長存。

12. 從中華文化到大智教化

（2014）

- 引言
- 壹、中華傳統文化
- 貳、現代認知體系與價值體系
- 參、後現代文化教育與生命教育
- 肆、生命教育與大智教化
- 結語

引言

邁入二十一世紀以來，兩岸不約而同都興起了國學熱，亦同樣將生命教育列為重要教育政策加以推廣。本論文嘗試建立中華傳統文化與生命教育的積極聯繫，一方面肯定中華文化的主體性，另一方面也為教育之用提供可行方向。論文首先對「中華傳統文化」、「現代認知體系與價值體系」進行概念分析，以確定其間分際關係，再順此考察「後現代文化教育與生命教育」。在對傳統文化去蕪存菁的前提和努力下，最終提出「生命教育與大智教化」的具體可行方向。此乃扣緊個人安身立命而發，是「兼濟」理想中的「獨善」工夫。生命一旦有所搭掛，文化方得繼承與發展。

壹、中華傳統文化

一般人面對「中華傳統文化」之說，反應不外肅然起敬、敬而遠之、不聞不問，或是嗤之以鼻等等。放大來看，此等分歧態度在帝制結束、共和建立之初，曾經形成國故派與全盤西化派對立之爭，而百年後的今天，仍然存在著一定餘緒。不過更多的人似乎依舊漠不關心，這或許正是當前中華文化的危機。「文化」一辭在西方指「一個民族的生活方式之全部」，在中土則反映「人文化成」的努力，亦即古聖先賢推動禮樂制度以教化人民。這套肇始於兩千五六百年前的成果，造就了漢民族的生活方式。

現今回頭看漢人的生活方式，其受到儒家思想的影響不可謂少，甚至可說儒家思想構成了中華傳統文化的核心價值。「中華傳統文化」蘊含一組時空概念，「中華」相對於「外邦」而言，「傳統」則與「現代」有別。中華傳統文化的內容不全然都是精釀，必定雜有糟粕。大陸近年經由現代化的努力以去蕪存菁，得以保存者即視之爲「中華優秀傳統文化」，從而提煉出一系時代價值，歸納爲「講仁愛、重民本、守誠信、尙和合、求大同」，這些都需要通過家庭教養、學校教育及社會教化，方得以繼承與發展。

上述時代價值，楬櫫於二〇一四年三月大陸教育部所印發的《完善中華優秀傳統文化教育指導綱要》，其中要開展的教育內容包括三項：「以天下興亡、匹夫有責爲重點的家國情懷教育；以仁愛共濟、立己達人爲重點的社會關愛教育；以正心篤志、崇德弘毅爲重點的人格修養教育」，它們分別要培養青少年學生成爲「有自信、懂自尊、能自強；高素質、講文明、有愛心；知榮辱、守誠信、敢創新的中國人」，最終目的得以「完善青少年學生的道德品質，培養理想人格，提升政治素養」。

這份文件主要針對青少年學生而發，著眼於學校教育，要求分學段有序推進，分爲小學低年級、小學高年級、初中、高中、大學五階段循序漸進、更上層樓、止於至善，亦即「實現中華民族偉大復興的中國夢」。而當文件提到要「加強中華優秀傳統文化相關學科建設」，我便順應當前的「國學熱」，倡言將「國學」打造成中華優秀傳統文化的代言學科，樹立標竿，用以移風易俗，推陳出新。事實上，國學最好能視之爲一套學科群組，足以在大學內或民間設立國學院。以下即通過現代認知體系與價值體系，對之多方考察。

貳、現代認知體系與價值體系

將人類的認知體系與價值體系加以分判，乃是文藝復興以後近現代西方哲學所做的努力。笛卡兒提出「我思故我在」的命題，可視爲思想界重大里程碑，標幟著認識論進入哲學視野，而與價值論分庭抗禮。當然人類的認知與價值體系早於古希臘時期西方哲學興起時便已經存在，蘇格拉底的「知德合一」學說爲此奠定基礎。不過古代的理性認知心，實指向形而上學的本體論和宇宙論，連倫理道德及美感體驗的價值議題亦納入其中。由此可見，理性先行的西方傳統，一開始即與中國的德性關注大異其趣。

無可否認地，二十一世紀兩岸四地，甚至包括星馬等國的華人社會，其中人民的生活樣態和處世價值，都已大幅西化；尤其是施行法制維繫人權，更與傳統帝制凌駕百姓的情況明顯有別。回顧既往，中華傳統文化當中有利有弊，不能一概而論；到如今要提煉出優秀獨到之處，所應用的判準當爲現代認知體系與價值體系。倘若將關注焦點歸於中華國學的學科建設，則必然要通過這兩大體系的檢視與批判。基於西學路數，價值體系即使源於信仰或信念，在相當程度上也要靠認知體系支撐，傳統國學乃面臨現代學術的考驗。

中華傳統文化固然反映著漢人生活方式，然而一旦納入學術框架，對國學的考察就僅表現爲從「四部」到「七科」的轉型；亦即從傳統的「經史子集」向現代的「文法商理工醫農」過渡。國學原本體現爲「文史哲不分家」的「四部」之學，這基本上已涵蓋傳統學問的大部；至於文化所包含的庶民生活情狀，例如傳統天文、數術、醫藥、農事等，今日亦當納入國學範疇，如是始能全方位地銜接上現代「七科」。而當「現代」既歷時又共時地開出「後現代」風潮之後，「七科」已不足以覆蓋當前認知體系。

後現代鼓勵跨界發展，因而造就許多跨領域的科際學科，令現代認知體系面目一新。不過知識系統再怎麼說，至少還是有科學技術與人文社會之分；雖然彼此互通有無，終究不能混爲一談。正是在這種基本分野下，現代價值體系得以跟認知體系平起平坐，相互爲用，眞正達於「知德合一」的境地。在這層背景下，將國學的學科建設納入源自西學的現代認知體系內，需要高度的自覺與批判能力。這是當下的「中體西用」，其非本體與器用之別，而係主體與應用之分。在去主體的後現代堅持標榜文化主體性，實具有相當「中國特色」。

通過認知心去從事學科建設，需要辨別認識論、方法論、研究法三者的層次之分。其中認識論屬於最高層次的意識型態，依此奠定方法論基礎，落實紮根於學術研究的方法運用中。就國學的建設而言，傳統上文史哲不分家的特性，在今天看來可視爲跨學科交叉。然而國學的本質畢竟偏重人文社會面；一旦涉及人，則在認知取向外，必然形成價值取向。在西學看來，認知心多用作分辨事實眞僞，理性得以爲功，促成科學技術；價值判斷則在分辨是非、善惡、好壞、美醜等，多少歸於人心的情意作用。

在二十一世紀的今天，要讓億萬中國人通過中華優秀傳統文化教育，以認同並宣傳中國夢，絕非理性認知心單獨得以爲功，這需要令廣大人民群眾主動激發內心情意的價值判斷，對傳統文化去蕪存菁、推陳出新。其基本原則在官方文件中清楚載明，任何學術教育實踐，當從「歷史唯物主義和辯證唯物主義的立場、觀點和方法」出發，這大致對應前述學科建設三層次。一旦國學受到此一意識型態的批判，則傳統文化中最令人詬病的封建迷信、怪力亂神等等，自然無所遁形而一一被掃除。

從唯物論走向無神論，是西學的重大突破，也是人類文明的恢宏進展。但是國學傳統裏沒有西方信仰的唯一天神，因此無須動用無神論去加以否定。東方唯物主義可以向傳統道家式的自然主義求緣，而避免掉把傳統文化視爲唯心的窠臼。西方哲學自柏拉圖與亞里斯多德起，便有觀念論和實在論之爭，笛卡兒之後轉化爲理性論同經驗論相對，再經由康德、黑格爾、馬克思一路統整，爲現代認知體系與價值體系提供堅實基礎，亦即人文主義精神。另一方面，儒家思想正是中國人文主義的代表，國學在此遂與西學建立起對話空間。

眾所周知，馬克思是西方偉大的人文主義者，而中國人文主義之最當屬孔子。但從最宏觀的視角看，自然乃先於人，人則先於認知體系與價值體系。是由自然所生的人，通過人文化成在建構體系、建設學科。

若要以國學來凝聚中華優秀傳統文化教育的核心價值，必須將儒家的人文主義、道家的自然主義，以及來自西方的社會主義加以融會貫通，使之無所偏廢，並行不悖。在現代化進程中繼承與發展中華優秀傳統文化，不但要讓社會主義跟儒家思想攜手並進，更不能忘記「儒道融通」的重要與必要。

參、後現代文化教育與生命教育

中國人好講獨善與兼濟、內聖與外王，在現代化進程中同步形成後現代氛圍，令社會主義的國計民生理當尊重個體人心的多元發展，如此才配稱擁有優秀傳統文化的泱泱大國。後現代風潮可以用「質疑主流，正視另類；肯定多元，尊重差異」來概括，但這並非指向文化革命，而是提供多元包容。當今全球已在網絡文化下構築成爲一座地球村，任何民族文化唯有走向包容，方得以永續發展。百年前守舊人士倡議「中體西用」，妄自尊大地希望以中學凌駕西學；現在重提此說，卻是讓國學有自信地跟西學持平對話。

「國學」之說源於日本，是日本傳統文人在面臨明治維新全盤西化下的焦慮反撲，於清末民初同樣被守舊派借來用以維繫傳統文化，胡適乃視之爲「國故學」。當時的中國之命運乃是次殖民地，任人宰割。百年過去，今日中國不但早已走出後殖民，且和平崛起爲大國強國，令西方國家既不能忽視更需要瞭解，學習中華文化從而蔚爲流行。當中國政府在全球各地不斷設立「孔子學院」的同時，有必要對其中傳授的內容加以重估與強化。當境外的「漢語熱」跟國內的「國學熱」相互輝映，復興中華優秀傳統文化此其時矣。

「孔子學院」雖然擔負起對外漢語教學的重大任務，但是漢語所承載的中華傳統文化認知體系與價值體系，必須一併傳授，否則難免見樹不見林。倘若現代認知與價值體系大幅源自西方傳統，則後現代中華文化的體系就應該強調國學內涵，尤其是儒道融通的生命情調。「生命情調的抉擇」爲當代新儒家學者劉述先所提倡，而另一位新儒家學者牟宗三更將國學傳統視爲「生命的學問」發揚光大。這種重視生命意識的取向，值得作爲完善中華優秀傳統文化教育用以宣傳中國夢的重要途徑。

國學乃屬中國人的學術，不同於西方的「知識中心」取向，它是「生命中心」所彰顯之「生命的學問」，此爲當代新儒家於半世紀前耳提面命之事。經歷半世紀多的生聚教訓，尤其是十年動盪後的新時期，中國人在改革開放的大纛下奮力向前，一舉而爲全球經濟發展的典範。無奈在物質條件改善後，精神面卻出現前所未有的虛空與危機，亟待進行心靈改革，向傳統求緣便成爲一道挽救世道人心的良方。爲正本清源，此一心靈改革已以「生命教育」之名，在兩岸四地次地開展。

漢語中文「生命教育」之說最早出現於香港，係由英文翻譯而來，卻未見推廣普及。上世紀末，生命教育在臺灣受到政府重視並加以大力推動，終於二〇一〇年成爲高中德育正式課程全面授課。就在同一年，它也於大陸被寫入中央政策綱領，〈國家中長期教育改革和發展規劃綱要（2010-2020年）〉之中，總體戰略下的戰略主題明示「堅持以人爲本，德育爲先，能力爲重，全面發展」，從而「重視安全教育、生命教育、國防教育、可持續發展教育」。生命教育在此同樣作爲德育的創新表述。

德育在中國有大德育和小德育之分；後者僅及於個體，例如倫理道德教育、心理健康教育等；前者則包含關注群體的思想政治教育。新興的生命教育對此並未有清楚界定，但相對於臺灣只講小德育，大陸多少會涉及思政課。其實在傳統儒家的八項德目中，從獨善的「格物、致知、誠意、正心、修身」到兼濟的「齊家、治國、平天下」，的確表現出大德育的進路。回頭來看，新出爐的「中華優秀傳統文化教育」從小到大要求認漢字、習書法、誦經典、讀詩詞，「把個人理想和國家夢想、個人價值與國家發展結合起來」，明顯指向大德育。

文化教育最終的目的係「實現中華民族偉大復興的中國夢」；革

命家孫中山曾經指出「國者人之積，人者心之器」，國家民族由衆多個體積累匯聚而成，理想實現終須通過個人自覺有心爲之方得促成。在個體人心的做大做強方面，生命教育是相當有力的教育實踐。本論文建議「從落實生命教育到完善中華優秀傳統文化教育」一以貫之的途徑，其中文化教育以學生爲對象，生命教育主要針對授課教師設計，間接亦能影響及青年學生。兩者的內容皆扣緊國學之大要，從儒道融通的立足點出發。

後現代儒道融通的國學於中土從事學科建設，在通過現代認知體系與價值體系的唯物主義和社會主義之檢視及批判後，已然能夠屹立不搖並發揚光大，適足以作爲生命教育的重要內涵。當然爲新中國所肯定接納的新國學，雖仍具有文史哲不分家的統整面貌，但是走得更遠，有容乃大地涵攝西學爲己所用。其唯一堅持的去蕪存菁之道，是盡量擺脫封建迷信下的怪力亂神，回歸儒道融通的人文自然主義，以培養「儒陽道陰、儒顯道隱、儒表道裏」的「後現代儒道家」生命教師。其處世風格足以令其出入自如，收放自如，無過與不及。

肆、生命教育與大智教化

生命教育在臺灣較大陸開展爲早，最初著重於學生自殺防治與情緒管理，後來更走向心理輔導和哲學諮商之途，甚爲宗教團體所喜，乃積極配合推動。但宗教信仰難免囿於教團意識型態，不同宗教系統彼此互斥，令其各有所偏。然而長久以來，中國人尤其是漢民族缺乏明確宗教信仰實爲一大特點，哲學家梁漱溟、馮友蘭、胡適對此皆有所紹述。缺乏宗教信仰不表示沒有人生信念，不同在於後者無須皈依教團受其宰制。事實上歷來大多數中國人都過著以儒家思想爲安身立命之所繫的生活，如今我只不過將之更清楚地表述爲儒道融通的性質。

儒道融通可表現出有爲有守、無過與不及的處世作風，於兼濟與獨善皆有所拿捏。歷史上文士做得比哲人到位，陶淵明、白居易、蘇東坡是最佳代表，他們廣為流傳的詩詞即為明證。這些傳統文士所擁抱的，是一種健康的審美生活方式，完全不涉鬼神之說，輕死重生，適足體現出儒道二家共同嚮往的現世主義。這是生命教育與文化教育的良好起點，對年輕學子的人格養成塑造十分正向，也得以薰陶出適性敬業的生命化教師。教師與家長已步入成年，尤其在中年之後，對生死大事逐漸「有感」，最適合進行自我生命教育，或曰「大智教化」。

大智教化是我於花甲前後所領悟並加以提倡的教育實踐，由於多在民間經由自學而開展，因此更近於不拘形式的教化活動。它並非知識傳授，而是反身而誠地向內尋找生命本然中所潛藏的大智慧。對華人來說，這便是儒道融通的為人處世之道，我視之為中華優秀傳統文化的重要組成部分，用以獨善其身。當生命教師擁有此等心理建設和精神武裝，便臻於生命化的意境，可謂之「智者逸人」。智者愛好智慧，雖不能至，心嚮往之；逸人以退為進，擺脫塵務，回歸自我。智者逸人的生命情調，彰顯出儒道融通的人生信念，平易近人，十分可取。

結語

中國在上世紀九〇年代興起國學熱，至今仍方興未艾，不少家長將子女送去讀私塾，多少反映出對於制式教育的失望。為改善現今教育的弊與蔽，並進一步宣傳中國夢，我乃為文嘗試倡議以「大智教化」為內涵的國學新方向。它主要屬於成人的生命教育，促成教師及家長反身而誠，尋索安身立命之道，用以關心下一代。本論文通過概念分析，考察了中華傳統文化跟現代認知體系與價值體系的關係，進而提出後現代文化教育與生命教育銜接的可能。至於大智教化則可視為生命教育的民間版、擴充版及升級版，值得進一步推敲。

13. 大智教化的知情意行

（2014）

- 引言
- 壹、認知面
- 貳、情意面
- 參、行動面
- 結語

引言

「大智教化」是「吾十有五而志於學」至今四十六載，知情意行經驗積累的結晶之表述，屬於自我生命教育的心得記錄。我是一名自願提早從職場離退的大學教師，繼而遊走兩岸從事民間社會教化，期望在有生之年盡可能推廣心目中的大智教化。其意義簡言之，即是「以大智慧爲內涵的自我實現之道的社會教化」。我有心通過非制式的社會管道，將多年來漸次領悟的大智大慧推己及人，促成有緣人的性靈開顯。標榜領悟代表六經註我不假外求，強調有緣以示道不同不相爲謀。年過花甲，時不我予，我無意掩飾此乃個人心之所嚮的人生意境，更不諱言其實爲古今中外智者思想之統整，用以安身立命、了生脫死。大智教化之精義可分爲認知、情意、行動三方面來闡述，開展如下。

壹、認知面

一、人生哲理與應用倫理

孔子反思發現「吾十有五而志於學」，其實人人都可能有類似的體會，但好學心之所嚮，則可能因爲人各有志而大異其趣。我也曾像一般年輕人表示要當科學家，卻不甚熱中於科學的技術面，反而嘗試探索其中的哲理，終於以科學哲學成果步上教職，長期關注者則爲科技時代下的人生安頓之道。當代新儒家唐君毅曾指出，哲學研究不外宇宙與人生二端，從宇宙看人生是最彎曲的路，從人生看宇宙方能「直透本原」。我大半生爲學與任教，走了不少彎路，卻發現既不虛此行且無須計較。

科技開發利用宇宙時空內的質量與能量，生生不息；人生則屬個體潛能在教育啓蒙下，消化並凝聚成爲文明文化的歷程。近百年前哲學家胡適和馮友蘭都認爲人生哲學便是倫理學，如今倫理學受科學技術衝擊發展出應用倫理學，生活在科技時代與社會的人們不可不識。

現在的大學或研究所課表上，都可能找到「人生哲學」、「應用倫理學」等科目；既然能講授，表示它們有一定的認知意義。這些歸於哲學的分支學科，不但具備豐富的學理內涵，更擁有相應的學術共同體。我所提倡的大智教化，正是從這些認知活動中應運而生；只是它不受限於學術探究，而是從個體反身而誠的情意體驗中發揚光大。尤有甚者，這些彰顯生命意識的認知，即如當代新儒家牟宗三所言，不能是西方「知識中心」的，應爲中國「生命中心」的「生命學問」。不過從我由西學轉向中學之彎曲途徑看，西學仍有其重要且必要的參考價值。即以成形於三、四十年前西方學界的應用倫理學而言，將之分爲生命倫理、環境倫理、企業倫理三大部分，便充分反映出工商業時代科技掛帥下的倫理困境。

倫理學是哲學的核心內容之一，其他還包括形上學、知識學、邏輯學、美學、哲學史等。學院書齋裏的哲學不斷深化發展一如科學，但是像倫理學、美學這些涉及認知以外的價值性學問，一旦深化卻不免陷入鑽牛角尖的死胡同。正是因爲西方倫理學在上世紀七、八〇年代前嚴重脫離現實，乃有不平者另立門戶，提出應用倫理學的新途徑。平心而論，講究道德規範的倫理學，原本即具有應用的目的，再次強調應用實情非得已。不過回頭看中國傳統學問，由「五倫」出發的倫理道德教訓，絕不致陷入只知不行的地步。如今我講的大智教化，其實就是希望各人找出最適性的人生哲理；至於納入西方應用倫理學課題，則是爲考量身處科技時代如何御物而不御於物，以及避免諸如苟延殘喘、基因改造、全球暖化、環境污染、金融風暴、網路詐騙等種種危機。

二、生命倫理與生死關懷

西方應用倫理學之內有生命倫理一支，探討像墮胎、安樂死、自殺、臨終關懷、醫療資源分配等議題，大多和人的生老病死有關，於是跟老年學及死亡學產生連結。這兩門跨領域的學科，係於上世紀初出自一位諾貝爾醫學獎得主麥辛尼考夫之手，於今益顯其務實之特性。唯死亡學談死不論生，容易引起忌諱，傳至華人世界乃有「生死學」的提法。生死學由哲學暨宗教學者傅偉勳所創，至今僅有二十多年，它是結合西方死亡學與中國生命學所組成。依其構思，死亡學跟生命倫理學有相當重疊性，而生命學則屬「心性體認本位」的儒道融通之「生命的學問」。由於生命倫理學係醫療倫理學之擴充，直接涉及生物醫療科技對個體和群體生死攸關的影響，必須予以正視。放大來看，探討生態環保議題的環境倫理，亦屬廣義生命倫理的一環。

事實上，「生命倫理」之說於四十多年前進入學術領域，原本係指環境倫理，後來才嫁接至更傳統的醫療倫理。而無論醫療倫理或生命倫理，都在實踐生死關懷。「生死關懷」如今已成爲臺灣各高中所開授的一門選修課，其內容即是生死學。生死學既談死也論生，它是從生物、心理、社會、倫理、靈性五個面相來考察探究人的生老病死，並發展出教育、輔導、關懷、管理四項專業。其中方興未艾的專業乃是殯葬管理，或稱生命事業管理，由是激盪出生死學的核心價值，此即「輕死重生、厚養薄葬」。西方倫理學源遠流長，自古至今發展出德性論、義務論、效益論、關懷論四大學統。其中後者僅形成三十多年，前者則有兩千五百多年歷史，連儒家思想都可論列；兩者皆屬「生命的學問」，最適用於生命倫理和生死關懷。

關懷倫理具體表現爲對於有情衆生，甚至宇宙大化的關心與照顧。而以人爲對象的生死關懷，又可分爲廣義和狹義兩端；廣義即指生死學，狹義通常用於臨終關懷。臨終關懷議題近年才進入生命倫理的視野，在臺灣已被寫入兩種法案中，相當程度體現爲「盡人事，聽天命」的行止，可視爲大智教化的基本關注。我心目中的大智教化，其實偏向中年以上成人的自我生命教育。人屆不惑以至知天命之年，一生實已過半，逐漸趨近終點，加之雙親大去，對死亡無疑較爲「有感」。此際的生命課題，肯定跟青年學子以及社會新鮮人大異其趣。愛情、婚姻、家庭、事業之外，衰老、受病、向死的體驗接踵而至；首先爲至親，接著便是配偶和自己。「此念是煩惱，轉念即菩提」，大智教化的主要功用，正是令中老年人退一步海闊天空。

三、生命教育與大智教化

人類發展從幼年而少年、青年、中年，以至老年，個體生路歷程於各階段的重心有所不同，無法一概而論。如今兩岸各級學校都在推行生命教育，但是置身社會載沉載浮的成年人似乎更需要它。臺灣的學生生命教育列爲高中正式課程，內容至少涵蓋倫理學、心理學、生死學、宗教學四門學科；大陸將之歸爲高校德育，主要包括思想政治教育及心理健康教育，卻不涉入宗教議題。近年大陸倡導「復興中國夢」，要求「完善中華優秀傳統文化教育」，或爲另一條可行途徑。平心而論，宗教信仰具有強烈排他性，不同信仰間勉強可以對話，但絕不可能融合。由於華人尤其是漢民族，大多不具堅實的宗教信仰，卻深深擁抱傳統文化，大智教化遂以儒道融通的傳統文化爲理想人生境界，以臻入「輕死重生、厚養薄葬」的了生脫死大智慧。

我於花甲離退前正好任教三十載，起步之初講授科目即包括「人生哲學」，後期則多在指導碩士生撰寫生命教育領域的學位論文。綜觀半生教師生涯，無非在做生命學問並教生命教育。這些課題當然含有認知成分，但不能光紙上談兵，而是需要通過情意體驗以躬行實踐。生命教育在學校裏當成一類課程傳授給年輕學生，用考試評量成績無可厚非；一旦用於成人教化，這套制式活動便顯得不甚相應。我之所以嘗試將既有的學校生命教育，轉化擴充為社會大智教化，一方面是為增進成人自我實現，一方面則想擺脫制式教育的窠臼。有趣的是，長期在學校傳授生命課程，教學相長之餘，竟促成生涯的辯證發展，乃有提早離退之舉，用以彰顯個人存在抉擇。其實在有生之年，我樂於退而不休，但首先必須回歸本眞，獨當一面走自己的路。

然而在現實環境中走自己的路談何容易？我之所以知其不可而為之，只能說是當代新儒家劉述先所稱「生命情調的抉擇」。我奉行無後，當六、七年前雙親先後辭世，在臺上講授了十餘年的生死學，突然從事不關己的書本知識，一躍而成生死攸關的生命學問，令我不得不回頭向古人借智慧。大智教化正是我近年尚友古人的靈性與性靈結晶，如果說它還是有一些認知旨趣，其文學成分實多於哲學。回想自己十五歲啓蒙時接觸到的文學作品多歸存在主義，至五十歲翻轉而指向中國傳統文人的儒道融通；陶淵明、白居易、蘇東坡之於我，乃是歷史上大智慧的三盞明燈。或謂大智教化當為文殊菩薩，而我心儀的三位文豪雖都曾親近佛法，卻堅持以儒道融通的大智慧應世，值得華人在認知層面思考再三。

貳、情意面

一、存在抉擇與生涯發展

大智教化主要推廣中年以上成人的自我生命教育，用以安身立命、了生脫死。此等人生安頓之道，既要「講理」也得「抒情」更需「篤行」，其認知面、情意面、行動面三足鼎立，不可偏廢。由於教化主題觸及個人性命生死，主體本身的情感意志，實具有貫徹知行的關鍵作用。以我自己為例，上高中後首度涉獵存在主義思想即為之所動，更立志要報考哲學系。存在主義雖為法國哲學家沙特在二十世紀中葉所提，但其源頭可向上追溯一百年，至丹麥哲學家齊克果的「人之存在」觀點，可簡述為「個體在時間之流中不斷變化而趨於死亡」。於是「存在」就不是普遍抽象概念，而為你我他每個人一生經歷之總和。當沙特提出「存在先於本質」的命題，即表示個人命運應當操之在我，不可假手他人。

反思我在生涯發展伊始的存在抉擇，無疑情意強於認知。哲學為社會上極度冷門的學科，且出路堪慮，我卻在十五、六歲即有意投身其中，的確是一大冒險。然而其後四十五載的生涯，雖非一帆風順，卻是漸入佳境。用我自己的話說：「開始我選擇了哲學，後來哲學選擇了我。」哲學屬於文科，在現今理工醫法商科系走紅吃香的情況下，顯得相對邊緣。但我卻甘之如飴，不斷修練，最終悟出大智教化之道。大智教化不是哲學專利，而適用於每一個華人，有心便有所得。如今社會上大多數人選擇以理工醫法商為生涯途徑，對復興中國夢、強化民族魂大有助益。但各行各業每個人都是存在主體，平均餘命約在八十上下，當行過中點時，那股生命意識便會自然油生，開始關注自己與親人生老病死之種種。

生死學曾提出人生三問：「我從哪裏來？我往哪裏去？活在當下如何安身立命、了生脫死？」各宗教教義無不對前兩問，亦即生前死後之事，提出系統觀點。大智教化的生命教育則認同儒道兩家的現世觀點，融通而為中國人文自然主義，常識性地主張：「人打娘胎來，往棺材裏去，死即如燈滅。」將這種現世觀放大來看，活著當貢獻於社會文化，期能精神不朽；死則順其自然，一了百了。如今臨終關懷強調好死善終的自然死，可視為對身形不可逆衰亡的務實態度。至於如何看待身體的對立面，大智教化寧取精神不朽而非靈魂不滅。「後西化、非宗教、安生死」是我的一貫主張。對廣大華人而言，了生脫死不必靠講往生或永生的宗教信仰，儒道融通下人文自然主義的現世信念，同樣得以為功。

二、心性體認與儒道融通

傅偉勳提出以儒道融通爲主的「心性體認本位」中國生命學，跟西方死亡學及生命倫理學連結，作爲現代生死學的有機組合，的確有其慧見。身爲宗教學者，他很清楚看見儒道兩家思想的非宗教性質。而信不信教其實見仁見智。尤有甚者，接受道家思想可以完全無涉於道教，畢竟道教乃托言道家並模仿佛教而生。至於佛家思想亦不必等同於佛教，不信教照樣可以談學問。心性體認本位學問的一大特色，乃是反身而誠，無向外馳求之誤。當代新道家陳鼓應發現，在這一點上，道家、禪宗與存在主義有相通之處。心性體認重於內觀自省，具有相當主觀成分，其情意旨趣遠超過認知，但也不能說完全無知。我們似乎可以如此認爲，理性屬於一種凝聚收斂的高度感性，「道問學」的認知，也就歸爲「尊德性」的體驗了。

儒道兩家思想皆出於先秦，司馬遷曾記下孔子問學於老子之史事，則兩家當爲同一時代的產物。孔老二人俱少言死，對生死大事著力甚深的乃是莊子，他被傅偉勳推崇爲「中國生死學的開創者」。雖然莊子有不少批判儒家的言論，但是後世傳衍發揚莊子精神的，卻是一個又一個以儒家立身行道的文人官吏，集兼濟獨善、內聖外王於一身。前述陶、白、蘇三人，無不是儒道融通且身體力行，也都對佛家解脫思想有著一定的了悟與把握，孔、孟、老、莊、佛陀、六祖這些古聖，都是胸懷大智慧的超凡脫俗之輩，今人應當盡量涵泳於其思想中，以個人心性加以融會貫通，善自把握。大智教化樂見儒道融通或三家會通，但對「三教合一」有所保留。雖然有人認爲儒家非宗教，或此教實乃教化之意，然一旦立宗設派教化人民，即有團體組織的形成，從而產生宰制信衆身心的危險。

大智教化強調中老年華人的寬心之道，必須對生死大事「有感」方能畢其功。它指引人們輕死重生、了生脫死，涉入個人情意層面尤深，並非主張捨生取義的儒家之長，倒是相當貼近莊子的齊物論與禪佛的解脫觀。人死如燈滅，活著卻能創造意義，且能讓各種有意義的事物，通過文化傳遞繁衍，形成精神不朽，如此當死而無憾。人死不可怕，不死才可怕，然而貪生怕死乃是人之心病。心病雖靠心藥醫，但要眞正免疫，必須一勞永逸。大智教化通過儒道禪思想加上存在主義所產生的了生脫死綜效，足以令人撥雲霧重見青天。心性體認無須憂慮生前死後的際遇，倒是可以設想如何讓親人和自己得到好死善終。一般人多願「無疾而終，壽終正寢」，但這種境界可遇不可求，只能退一步迎接自然死，臨終關懷即以此爲依歸。

三、中體西用與安身立命

大智教化不是放諸四海皆準的社會教育實踐，其實連生命教育原本也只算一時一地之產物，僅在臺灣推動。但由於兩岸四地同文同種，文化擴散效應極快，生命教育不出數年便已遍地開花。不過它的內涵在大陸與港澳臺有一明顯差別，此即大陸完全不涉宗教。其實哲學家早已看清，華人尤其是漢族乃是漠視宗教的民族，但這並不表示缺乏信仰。一般燒香拜佛向神明祈福，因爲沒有皈依教團的過程，嚴格說只能算是民俗信仰。民俗信仰心誠則靈，足以轉化爲人生信念，擇善固執地活在當下，不顧生前死後之事。根據我多年教學經驗，年輕人大半聽不進信仰信念這一套，非要到年長才會有感而用心，大智教化即作用於此。其以儒道禪思想爲「中體」、存在主義爲「西用」，要求沒有明確信仰的華人，在有生之年妥善做出存在抉擇，藉以安身立命。

「安身立命」爲禪宗語，如今多用於自我激勵，即指安頓身心以實現理想。目前華人平均餘命約爲八十，而當大陸也逐漸將退休年齡調整至六十五歲，則人們「有用之身」可得五十載左右，即扣除前十五年的啓蒙和後十五年的安養。大智教化指引人們，將長達半個世紀的生涯視爲一道光譜漸層，從外爍逐漸內斂。臺灣的高中「生命教育」有一配套課程，即「生涯規劃」；若後者多指向立命用世，則前者主要就在安頓身心。十五歲的身心狀態跟五十歲肯定不同，相對於生命教育著眼於學生時代，大智教化更重視成人的身心兩全之道。其特殊視角乃是「由死觀生」，自然要向東西方談生論死最爲精闢深入的莊子思想和存在主義求緣了。「中體」指主體而非本體，「西用」講應用而非器用；中華文化的主體性在此必須被肯定。

大智教化是我在年近花甲時，自反構思的生命教育新詮釋、新方向；係以〈從臺灣生命教育到華人生命教育〉、〈從學生生命教育到教師生命教育〉兩篇論文爲標竿，逐步發展深化而成。它的對象以成年漢族華人爲主，試圖鼓勵各人樹立屬於自己的「後西化、非宗教、安生死」人生觀。近百年前蔡元培曾主張「以美育代宗教」，大智教化高度認同此一慧見，並明確將美育界定爲彰顯人生美的「德美育」，以示體現儒道融通的「人文自然主義」之化境。其中儒家人文倫理是德行外貌，道家自然本性才是美感內核，亦即「儒陽道陰、儒顯道隱、儒表道裏」。講孝道爲至親送終是人之常情，理當從善如流；大徹悟爲自我安頓是修養工夫，必須學以致用。以下便從社會實踐方面，來看大智教化的多元應用。

參、行動面

一、為人師表與有教無類

大智教化可視爲生命教育的民間版、擴充版與升級版，其中「大智」乃集合古今中外聖賢大智慧於一體的生命學問，而「教化」則強調善用學校以外非體制的社會教化功能。當然這無須畫地自限，它同樣可以放在學校裏面教，只是對象以已就業的成人爲主。尤其針對教育和助人專業，包括教師、醫師、護理師、心理師、社工師、禮儀師等，對其施行由死觀生的生命教育，或曰「生死教育」。其中以教師爲對象屬於教師教育，在大陸分爲職前培養與在職培訓兩階段。大智教化側重培訓階段，希望各行教師得以自我潛移默化，然後推己及人，對學生、家長及同儕施以機會教育。爲人師表有一座傳道授業解惑的講臺，有機會將自己的人生體驗心得借題發揮，盡可能對別人宣揚大智慧理念，有教無類。大智教化主要傳承「中華優秀傳統文化」，値得大加推廣。

在實際作法上，由於大智教化的提法並不爲衆人所熟知，反倒是生命教育先後被兩岸當局寫入教育政策中，因此大智教化不妨仍以生命教育之名施教，但強調「各自表述，各取所需」，不必定於一尊。在教師教育中，若開授有生命教育相關課程，可分爲對外和對內兩方面來設計。對外是讓教師學習如何給學生講授生命課題，對內則是向教師傳授一套自我學習的心性體認生命學問。生命的學問要求知行合一並推己及人，重點在於「先獨善、後兼濟、再獨善」的辯證修養工夫。年輕時獨善是培養專業技能，就業後兼濟是服務貢獻社會，中老年獨善則走向中隱之道。大智教化更多著眼於後期獨善，關注如何安頓家人與自己的生老病死。兩岸中小學教師都需要持續接受在職培訓，若能安排生命講座，讓專業人士反身而誠，開始關心生死，不啻爲難能可貴的靈性開顯。

死如燈滅一了百了實不足畏，倒是生來潛能無限亟待開發。輕死重生之道在於愛生惜福，包括修練身心，兩者不可偏廢。爲人師表首先自己要行得正立得穩，穩健的人生觀加人死觀必須先行確立，再以此推己及人。各宗教系統提出種種生前死後的答案，信不信由人，大智教化對此表示祝福。我所關切的是爲那些沒有明確信仰的人，拈出一套中體西用的大智大慧活水源頭任人取用。它強調「應盡便須盡，無復獨多慮」的儒道融通式現世主義，作爲「輕死重生、厚養薄葬」的方針指南。父母生前應多予善養，死後則施以符合環境倫理的自然葬法，才是爲人子女之道。各級教師若能通過大智教化進行自我生命教育，認同這套執中道而行的人生策略，並廣爲宣揚，可謂功德一件。

二、關心照顧與助人專業

教育專業任重道遠，必須擁有堅實的心理建設與精神武裝，方能充分勝任爲人師表、傳道授業的崇高工作。而助人專業也不遑多讓，且由於直接服務人群，更要常保身心整全的狀態。平心而論，大智教化關注生老病死，於助人專業的養成教育不可或缺。助人專業至少包括醫療、護理、諮商、社工、殯葬等，全都需要考授證照方能執業。臺灣的助人專業可以提供宗教性的寬心之道，大陸對此則不予涉入。但無論是對有無宗教性的服務，大智教化都希望提出另一種方案，以期令服務對象多元選擇。助人專業的核心價值是「關懷」，又可分爲情意的關心和實質的照顧。然無論如何它們都必須源自愛心，否則服務將不到位。選擇投身助人專業，需要較強的情意動機和存在抉擇，大智教化在此提供了一股非宗教的靈性精神支撐。

助人服務中，醫療的專業性最強；相形之下，殯葬似乎只能列爲半專業，有待向護理專業看齊。西方狹義的助人專業往往只及於輔導諮商與社會工作，但放在中華文化的脈絡裏，應可從寬認定。就像「臨終關懷」一辭，原本是指對末期病患的緩和療護，僅限於醫護界；如今在臺灣因列入禮儀師專業職能的法條，只能取其最廣義解釋。不過無論如何助人專業都應站在關懷的立足點，提供生老病死的關心照顧。助人工作雖然多半在操作專業技能，但由於是人與人面對面的施行，不純然是科學技術的運作，更多涉入情感意志的互動。生老病死之事一旦帶有情意成分，在行動上既可借助宗教信仰的力量，亦得運用人文信念的支持。當華人大多不信教之際，大智教化適時善用傳統文化中的人文資源而予以發揚光大。

雖然各大宗教系統信不信由人，但在中土以外的世界，宗教信仰大多和民族文化緊密相連。穆斯林的伊斯蘭文化、猶太人的希伯萊文化、印度人的婆羅門文化，都有悠久的歷史根源。即如今日西方的基督宗教文化，也是極其醒目的。爲了對抗基督信仰，西方無神知識界於二十世紀內，曾先後提出三份〈人文主義者宣言〉以明志。華人漢民族鮮見這等有神無神的爭論，倒是儒家生活方式早已內化於人心，爲國人所認同。大智教化順水推舟，從善如流，主張實踐儒家的現世主義人文信念，但應予以擴充，將道家的自然信念一併納入。儒道融通用以安頓身心、了生脫死，在華人世界可視爲宗教信仰以外的人生信念。它充分符合當前大陸教育政策要求「完善中華優秀傳統文化教育」，其影響力覆蓋世界五分之一人口，實不可小覷。

三、兼濟獨善與中隱之道

在尊重少數民族及皈依各教團信衆的前提下，大智教化向全球華人發出呼籲，希望大家嘗試親近儒道融通的生命學問，創造適性揚才的現世人生，盡量落實「輕死重生、厚養薄葬」的理念，將生前死後拋諸腦外，讓日日是好日。這是一種獨善的工夫，若能推廣流行，自然產生兼濟的效果。如今人們大可不必兼濟天下蒼生，卻可以關心照顧身邊的有情衆生。愛有差等，當從父母子女做起，逐漸向外擴充，甚至及於人類之外的衆多物種。華人看重孝道，「厚養」即須面對生命倫理中的醫療抉擇。有時過度愛之卻足以害之，甚至出現「久病床頭無孝子」的人倫悲劇，這些都需要通過社會教化加以改過遷善。大智教化正是以古今中外大智慧爲內涵的社會教化，自反身而誠中找到儒道融通的存在抉擇並躬行實踐。

太多儒家會產生憂患意識，太多道家則流於閒雲野鶴，過與不及皆非中庸之道。中庸的生活要能夠出入自如、收放自如，方能恰到好處。此一分寸拿捏，在歷史上最有心得的人物乃是白居易。他提出的「中隱」之道，係兼濟與獨善的絕佳調和，也是儒道融通的高明詮釋及實踐。白居易是典型科舉出身的士人官吏，自幼受儒家思想影響，希望出人頭地並兼濟天下，無奈在行過中年後得罪當道，被謫貶至遠方做閒官。此番遭遇大大打擊了他的濟世思想，開始尋思自求多福的途徑，終於在五十七歲時成詩〈中隱〉一首，表示不再強出頭以免遭殃。但他也不願辭官後招凍受餓，而是隱身在官場中自我邊緣化以明哲保身。事實上他正是靠著這種中隱之道，躲過一場殺身之禍，於致仕後安享天年，平安壽終。

古代儒者堅持入世濟民，一旦官場受挫往往選擇退隱，結果可能弄得三餐不繼，陶淵明便是例證。白居易的處境類似今天的中產階級，他在中年後明智地留在官場先保安身，不再奢求立命，而轉往文學創作中安穩終老。中產中年中隱的白居易，正是大智教化的人格典範。它教導人們中年以前盡量貢獻於社會，其後則逐漸將更多時間留給自己，而把機會讓與年輕人。平心而論，我不太主張「人生以服務為目的」、「犧牲小我成全大我」之類教訓。人各有志，但在追求民主自由、世界和諧的現今，理當營造皆大歡喜的平和樂境。人越老越應該珍惜眼前的幸福，當然獨善若行有餘力去當快樂志工，也算一種兼濟。總之，大智慧鼓勵世人盡力而為，適可而止；及時行樂，知足常樂。一如白居易樂天地表示：「窮通與豐約，正在四者間。」

結語

本議論文章分認知、情意、行動三方面，多元闡述「大智教化」之種種。我受到百年前蔡元培「以美育代宗教」學說之啓發，認為其中美育可為大智教化提供活水源頭。大智教化是民間版、擴充版與升級版的生命教育，熔儒家社會倫理學、道家人生美學、西方非宗教存在主義於一爐，煉成人文自然主義的宇宙觀與人生觀，足以構成一套「哲理諮商」的核心價值，向成年人宣揚輕死重生、了生脫死的理念。尤其年屆半百的中年人，多已進入中產階層，追求安定勝於進步，於職場內可藉

「中隱」以保「中確幸」。但應經營性靈之美的靈性生活，期能脫俗以擺脫媚俗，讓中產不至流於庸俗。而此一時期亦將逐漸面臨雙親步入老病死的過程，宜秉持「輕死重生、厚養薄葬」之原則，善養父母以終天年，並盡可能徵求其同意，施行環保自然葬，用以遺愛人間。

大智教化較適用於當前沒有明確信仰的漢人，希望在宗教信仰、民俗信仰之外，標幟出「後現代儒道家」的人文自然信念，其精神乃爲「後西化、非宗教、安生死」；前兩者係前提，後者爲結論。「後西化」指批判地理解接納包括科學技術在內的西方文化，「非宗教」對宗教教義存而不論，對教團組織敬而遠之；「安生死」則淡視生前死後，體現爲徹底現世主義。大智教化主張御物而不御於物，接近大智慧應少用智慧型手機，而以「智者逸人」之姿問世。「逸」是躲藏、逃避之意，亦即中年中產後，中隱於職場生涯內，創造心性體認的性靈之美。在資本流竄、商品充斥、科技掛帥的年代，保存與提供靈性之性靈，乃是大智教化的任務。它是拜物教之外的一劑清流，提點人們反璞歸眞的重要與必要。人生短暫，知足常樂，無須拚過頭。大智教化如是說。

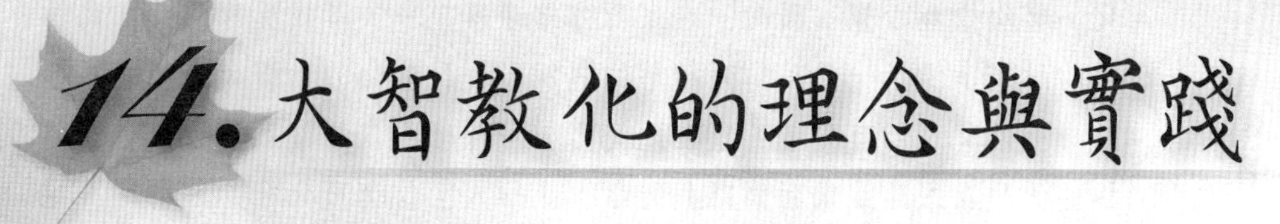

14. 大智教化的理念與實踐

（2015）

- 引言
- 壹、大智慧：由死觀生
- 貳、自我教化：反身而誠
- 參、人生信念：知行合一
- 結語

摘要

「大智教化」主要是針對成年華人而發的自我生命教育，希望用於妥善安頓生老病死。論文分為三部分，次第闡述大智教化的理念與實踐。首先提出由死觀生的大智慧，例舉六位中西文士哲人的作品和行誼，以彰顯儒道融通下的存在抉擇，促成從兼濟到獨善的生命情調轉化。其次依身心靈三面向，在東西方諸多學說中，尋找反身而誠自我教化的思想準備。一旦具備大智慧的觀照與自我教化的動機，具體的知行合一生活實踐始有可能。我在此提出一套「後現代儒道家」的人生信念論述，用以跟「當代新儒家」對話。此一人生信念可分社會、家庭、個人三層級逐步內斂，通過職場上的中隱之道，漸次尋回本真自我，展開審美生活方式，將群體的社會倫理學與個體的人生美學連結起來，構成一道生命光譜，最終達於了生脫死的超越境界。

引言

身爲大學哲學教師三十餘載，我主要講授人生哲理方面課程，內容大致指向牟宗三（2005）所言「生命的學問」。生命學問強調「生命中心」，而與西方哲學的「知識中心」相對。最近二十年，生命學問在臺灣發展爲生命教育，幾乎取代了傳統德育，其影響已擴散至港澳地區及整個中國大陸（徐敏雄，2007）。生命教育於二〇一〇年在臺灣成爲中學正式課程，同年大陸則將之寫入國家教育政策內。如今生命教育正活躍於兩岸學校課堂中，從幼兒園到大學生皆身受其惠。但出了校門，其實成年人及社會人士更需要它。我自生命教育創立伊始便投身其中，原本關注學生面，後來轉向教師面，近來則對焦於成人，尤其是中老年族群。由於生命議題需要大智慧觀照，而成人所接觸多爲社會資源，用以自我教化，我乃以「大智教化」概括成年人的生命教育。

壹、大智慧：由死觀生

人類心智活動可分爲感性、理性、悟性三層次，分別對應於常識、知識和智慧。唐君毅認爲哲學探究不外宇宙與人生兩端，宇宙問題通過知識來解決，人生問題則需要古今中外聖賢智者提供啓蒙慧見，尤其是了生脫死的大智慧。德哲海德格主張本眞的人生乃是「向死存在」，人從一出生便走向死亡終點，活著頂重要的責任就是做好存在抉擇。當代觀點於此頗能呼應傳統「盡人事，聽天命」之說，能夠對生死大事看破看透看開，便是最後一樁善盡人事。

一、中學為體：儒道融通

在佛教傳入以前，由於孔子與老子都較少談生論死，此一歷史任務遂落在莊子頭上，傅偉勳（1993）乃稱其爲「心性體認本位的中國生死學的開創者」，並視心性體認本位的生死智慧係「儒道佛三教合一的最大關鍵」。以下試舉陶淵明、白居易、蘇東坡三位儒道融通傳統文人的生死觀爲例加以闡釋。生死學如今在臺灣列爲生命教育類正式課程之一，餘歸倫理學、心理學及宗教學。由於授課要求三至四成體驗成分，在此遂藉文人作品引申之。古代士人謀生方式以入仕爲主，年輕時於官場立身行道是儒者「兼濟」，中年以後宦海浮沉或以道家式「獨善」因應，且包容有佛禪思想。

(一)陶淵明

晉末士人陶淵明不爲五斗米折腰的故事，古來不斷爲人津津樂道。

這種「仕與隱」的生涯選擇，歷代讀書人經常必須面對，且多少會形諸於文字。至於另一項常存人心，且越老越「有感」的人生體驗，則是對於「生與死」的反思。此等處境在陶淵明的因應之道，即爲儒道融通的現世主義（蔡瑜，2012）。雖然當時印度佛教已經傳入，但並未使其嚮往彼岸，其後的白居易與蘇東坡亦然。

大智慧教我們於生涯發展要盡人事聽天命，就了生脫死須拿得起放得下。陶淵明在歷史中雖予人隱逸之宗的印象，但實際上卻是儒道融通的典型。早年的他「猛志逸四海」，卻碰到政治黑暗，才無奈地表示「田園將蕪胡不歸」，從而躬耕以終老。面對老病死，「應盡便須盡，何復獨多慮」，還是儒道現世主義的考量。至於傳入未久的佛家之「神不滅」以待輪迴，並不在詩人考慮之列（郭維森、包景誠，2008）。

(二)白居易

陶淵明辭官歸隱，撰述不輟，雖然充分表現出精神豁達，卻在物質方面捉襟見肘。相形之下，四百年後同樣體現儒道融通的白居易，在面臨「仕與隱」抉擇時卻務實得多。他拈出隱於官場世間的「中隱」之道，靠俸祿而非勞動過活，不但免於殺身之禍，更得以安享天年。儒道融通使他到晚年樂當「富貴閒人」，至於方興未艾的六祖南禪，更爲他帶來一定的精神超越（蕭偉韜，2009）。

古代的官場可以轉化比擬爲現代的職場，爲求生存必須涉足其中，但即使做到致仕退休，還可能擔心養老給付。人在職場不見得一帆風順，甚至經常受挫，尋求「不勞心與力，又免饑與寒」的中隱途徑，或是自甘澹泊的人生策略。至於面對生死大事，白居易走向道禪融通，達觀卻不幻滅：「正如身後有何事？應向人間無所求。」晚年更笑稱：「支分閒事了，爬背向陽眠。」現世主義躍然紙上（陶敏、魯茜，2009）。

(三)蘇東坡

傅偉勳所建構的現代生死學乃是「心性體認本位」的中華本土學問，他認爲儒道兩家的生死觀，都不具有強烈的宗教超越性；尤其在宋代以後，哲學內在性的心性之學更蔚爲流行。歷史上三蘇的「蜀學」與二程的「洛學」處於同一時期，卻對於心性問題的關注大有出入；前者以人情爲本，反對理學家的性善情惡觀（劉燕飛，2014）。平心而論，哲學家不妨多從文學上去品味蘇東坡說了些什麼。

蘇東坡的許多詩詞至今猶爲人津津樂道、朗朗上口，其中不乏儒釋道融會貫通的美感體驗，例如「回首向來蕭瑟處，歸去，也無風雨也無晴」，體現出超然自適、無待於外的生命境界（王水照、朱剛，2006）。但他最具戲劇性的揮灑，則見於臨終前的一刻。當法師爲他接引西方，他表示「西方不無，但箇裏著力不得」。友人接稱「固先生平時履踐至此，更須著力」，最後遺言竟是「著力即差」，眞正空谷足音！

二、西學為用：存在抉擇

在一百多年後重提「中體西用」觀，並非復古而是創新。「體」在此非當抽象「本體」解，而是強調中華文化的「主體」；「用」亦非講船堅礮利之「器用」，更好視爲西方哲理的「應用」。我近年倡議的「大智教化」，正是十餘年前所提出「華人應用哲學」之實踐。從西學爲用觀點看，東方古人仕隱出處問題，不啻爲人生當中重大存在抉擇，理當擇善固執。現當代西哲考量生命存在處境，抒情成分大於說理，亦即多從情感意志入手。以下就舉出三位情意豐富且文采奕奕的哲學家爲例，藉以呼應前述三位傳統文人的際遇。

(一)叔本華

首先要講德哲叔本華，他的「意志哲學」爲西哲史首創。受到牛頓所提物理力作用的啓發，把人的欲望引申爲意志力；此外他又在原始佛教影響下，認爲諸行皆苦，遂提出以勤治哲學的方式，有意識地消弭盲目的本能意志之驅策（欽文譯，2010）。其思想看似悲觀實則不然，可視爲「置之死地而後生」的努力。這種個人生活態度的選擇，通過其後齊克果的「存在」標幟，與卡繆的「荒謬」昭示，遂成爲一以貫之的「存在抉擇」論述。

叔本華三十歲完成其哲學經典專著《作爲意志和表象的世界》，但長期乏人問津；六十二歲將該書的附錄與補遺，以文學通俗形式「獻給世界」，從此聞名遐邇。這些補遺內容如今可歸於應用哲理，其中一卷題爲〈悲觀論集〉，頭三篇分別是「論人世的痛苦」、「論生存的虛無」以及「論自殺」（范進等譯，2002）。雖然前兩者無所不在，但他卻反對自殺，認爲這是用意志滅絕意識的愚蠢嘗試。自殺問題後來被卡繆視爲唯一有意義的哲學議論。

(二)齊克果

丹麥哲學家齊克果和叔本華同屬十九世紀非理性主義者，其「存在哲學」將個人「存在」特別予以標幟，遂成爲二十世紀存在主義思潮的先驅人物。作爲一個虔誠基督徒，齊克果的思想圍繞著宗教信仰而開展。不同於天主教哲學的理性化，基督教思想帶有信徒「因信稱義」主觀體驗下的非理性傾向，使其作品多以文學形式表述，抒情成分實大於說理（劉玉江譯，2013）。

齊克果認爲主觀的思者會發現，個人存在有四大特徵：個體性、變化、時間、死亡；個體在時間的歷程中不斷變化而走向死亡（李天命，1990）。由於死亡的無法逆轉，存在抉擇便顯得獨一無二，這正是二十世紀存在主義的主調。牟宗三（1990）表示，存在主義可以主觀地講，「訴諸個人的存在的感受，以期對於最內在的眞理有所覺悟。……是主觀地指向個人的精神生活如何超轉之問題。」這一點在上世紀的顚倒夢想時代之中尤其重要。

(三)卡繆

卡繆雖然被歸入存在主義哲學家之列，但他眞正是在文學方面出類拔萃，可以思想家視之。不同於齊克果思索如何成爲眞正的基督徒，以得到救贖和永生，卡繆關注的乃是當下此生的存在性質。縱使從他的「荒謬哲學」看，一切到頭來皆屬徒勞，但絕非虛無，人生仍然值得「知其不可而爲之」。就像其筆下的悲壯角色西齊弗，不停地推動巨石上山，然後看著它滾下去，但他並不因而氣餒（傅佩榮，2013）。

西齊弗式的徒勞，反映出人生的荒謬。一如叔本華視之爲虛無，但兩人都反對因此而自殺，人無論如何還是得活下去。自殺在卡繆眼中，乃係人生是否値得一活的問題；這是指如實地活著，而非行屍走肉、醉生夢死（黃晞耘，2011）。在十九至二十世紀的一百多年裏，上述三位西方哲人將非理性的情意人生，分別貼上意志、存在、荒謬等標籤，反映出現當代人所面臨的普遍困境。但這只是「西用」下的問題揭示，而華人能否在「中體」內照見出困之路，正是本論文關切之所在。

三、生命教育：兼濟獨善

如果文如其人，叔本華和齊克果皆顯得孤高，卡繆筆下人物更見冷漠，但都無妨他們成爲原創思想家。三人對人性的深刻挖掘，以及對人生的殷切關注，在「知識中心」主導的西哲界，反而更貼近中哲的「生命中心」，値得進一步融會貫通，推陳出新，止於至善。我任教人生哲學課程三十載，近二十年係以生死學（鈕則誠，2003）或生命教育（鈕則誠，2004）爲名講授，而於花甲之際更拈出「大智教化」之說，尤其強調成年人的生命教育。華人有幸以古人智慧爲心理建設和精神武裝，或能克服西化後的時代弊病（鈕則誠，2010）。以下即仿孔子自述其生涯爲段落，考察現今中老年華人的處境。

(一)四十不惑

現代華人主要生活在臺港澳、大陸及星馬等地，個體人生從求學就業時的生存競爭到生涯發展，再到退休後的生趣閒賞，無不遭受市場經濟、社會福利與科技產品的籠罩。人們幾乎都在職場中謀生餬口，雖不如古代官宦生涯可以兼濟天下，但仍有可能服務社會。孔子反思「三十而立」，可比擬爲當今擁有可持續發展的職務；至於「四十不惑」，則意味對職務可能貢獻的評估。現代人多不做官，更少當上大官，即使兼濟也只能從善如流。

如今以「平均餘命」算計退休待遇，四十餘歲逐漸步上生涯中點，從此事業及身心都開始走下坡。加上日後更要面臨爲父母送終，兼濟之下的獨善工夫日益變得重要。此一時期的人生策略，最好是未雨綢繆地轉型，將事業心移往家人和自己身上。依此看來，陶淵明的躬耕自給和蘇東坡的身不由己，皆屬過與不及。相形之下，唯有白居易的中隱之道較爲務實。

(二)五十知命

中隱之道是白居易四十三歲時遭逢貶官的切身痛心領悟，而於五十七歲形諸文字並身體力行。孔子肯定「五十知命」，體現出「盡人事，聽天命」的大智慧。用現今的話說，即指半百以前「發揮個人潛力」，其後則「明瞭自身限度」。生涯至此不必再癡人妄想，而是要築夢踏實，將人生夢想漸次向內翻轉。這是令自我在職場邊緣化的開始，亦即從儒家式的外爍走向道家式的內斂。

大智教化是以「後現代儒道家」爲核心價值的華人應用哲學之生命

教育實踐，主要針對當前成年華人而發，所言所行必須接地氣，不應打高空。事實是大部分華人尤其是漢民族，從事的是市場經濟活動，想望的是中產階級生活，這些都足以讓人隨俗從衆。但年過半百後，老病死接踵而至，是該思考如何找回本眞自我。非宗教的儒道融通人生信念，於此或可爲功。

(三)六十七十

西方哲學史家威爾杜蘭曾指出，一般人二十五歲前嚮往哲學是好事，其後再擁抱哲學不放必須有勇氣。大智教化建議，身爲華人擁有儒者理想抱負是美德，但入老則不妨將憂患意識用道禪式生命意識加以稀釋。如今以民爲貴，大可不必爲兼濟捨生取義，從獨善中發現「中確幸」並不爲過。例如把白樂天的中隱之道當作存在抉擇之參照，走向「中年中產的中隱」，比起陶淵明的不折腰和蘇東坡的禍從口出有意義得多。

人各有志，物以類聚。蘇東坡向古人認同程度最高的對象首推陶淵明，爲此他寫了一百二十餘首「和陶詩」與之對話（張兆勇，2010）；其次他也因爲謫貶際遇相似和老來擁有小妾二事，跟白居易產生高度共鳴（陳金現，2010）。陶、蘇各活了六十二及六十五歲，白氏則達七十四高齡。中年中產中隱式的樂天態度，或許有些潛移默化作用，值得今人參考效法。通過風險管理活出平均餘命，是存在意志對荒謬人生最好的報復。

貳、自我教化：反身而誠

美國小說家費茲傑羅曾有「活得痛快是最好的報復」之語，其《大亨小傳》卻刻劃了一位理想浪漫的悲劇人物。但那是大富豪的瀟灑，對身爲小市民衆多中產而言，平安度日、好死善終才是心之所嚮。換言之，「在安定中求進步」乃爲衆望所歸。當代新儒家早已走過牟、唐兩先生所經歷那種「花果飄零，靈根自植」的漂泊歲月，撇開政治歧見不談，如今「兩岸一家親」方能坐下來論學言道。孔子固不願多言死，但是二十一世紀儒道融通大智慧的一個側面，卻足以教導人們透過「身—心—靈」反身而誠，由死觀生，以進行了生脫死的自我教化。

一、身形

孔子雖不喜談生論死，然而儒家「殺身成仁，捨生取義」的教訓，已通過歷朝各代忠臣良將身體力行（馬小虎，2004）。尤其將「三不朽」體現爲忠君的表徵，在明清兩代高度集權專制的情境中，更有著無數可歌可泣的故事。不過如今一切俱往矣，像方孝孺那種禍延十族的盡忠，絕非今人所樂見。回顧華人古往今來人禍浩劫，但願就止步在四十年前的「文革」結束，不要再發生了。當大陸通過改革開放，讓百姓富裕起來以後，愛生惜福、延年益壽之類世俗倫理，逐漸取代傳統立德立功的神聖使命。面對此情此景，新儒家如何因應？我建議考慮嘗試跟「文理並重、東西兼治；儒道融通、天人合一」的華人應用哲學對話合作，共同推廣大智教化。

(一)衰老

西方哲學自古希臘柏拉圖以降，便有抬舉理性心智之勢，相對貶抑情意身體。後來受到基督宗教影響更形加重，直到十九世紀叔本華發現意志本能之作用，方得扭轉乾坤。中國雖同樣有重心輕身、揚性抑情的儒家傳統，但是平行發展的道家生命情調，卻始終如影隨形。這便使得歷代士人於仕隱進退之中，有著相對寬廣的轉寰餘地。尤其當老之已至，更容易放下兼濟擁抱獨善，以審美生活方式安享天年（羅中峯，2001）。

現今除了貪官污吏在官場上自作孽，一般市井小民於職場中很難引來牢獄之災或殺身之禍。當大陸的經濟由計劃向市場轉軌後，幾乎所有華人都納入資本主義或中國特色社會主義層級管理下的職場，通過市場機制討生活，最後則仰仗社會福利及醫療保險以終老。而當經濟條件大幅改善後，兩岸四地皆已步入高齡化社會，醫療資源分配遂成重大政策。生命倫理除了向儒家求緣外，道家的養生工夫也值得推廣。

(二)受病

平心而論，延年益壽之說至今仍屬神話迷思，未來除非經由基因改造，否則當前所謂平均餘命的延長，只不過顯示出在醫藥科技、衛生保健、養生技藝的改善下，人類逐漸活出應有的水準而已。事實上，生死之間的老病纏身風險不斷增高，醫療普及有效與社會保障到位，越發成爲人們關注焦點。應運而生的應用哲學適足以爲患者受病過程，提供類似心理諮商的哲理撫慰，用以自我安頓。

生死心理學家借用存在主義哲學家海德格的觀點，爲常人每日生活的作爲列出四項特點：掌控、維序、行道、算計。大家的日常作息均依此運行，直到碰上生病，一下子打亂了常軌，迫使當事人有機會停下腳步，開始覺察地思索自己所作所爲以及何去何從（余德慧、石佳儀，2003）。尤其是老年罹患慢性病，將永遠改變原本的待人處世之道。新的存在抉擇需要一定的心理支撐，身爲華人可以考慮不具宗教信仰意味的儒道融通人生信念。

(三)臨終

任何宗教信仰都會試圖解釋人的生前死後之種種，但是以漢族爲主的華人卻大多數不信教，梁漱溟和馮友蘭都曾指出此一民族特性。不贊同此點的人多以「三教合一」來反駁，但此「教」至少不指嚴格意義下的集團式、制度化宗教，而毋寧是舉頭三尺有神明的心誠則靈，更好屬於社會教化。儒道以及佛禪的大智慧，構成現世主義的大智教化，視人死如燈滅，跟宗教許諾來世永生大異其趣。

僅具現世人生的「硬心腸」態度，和相信死後生命的延續，對臨終病人的價值判斷影響迴異。我不認爲宗教信仰提供的只是無神論所指精神麻醉或善意謊言，但主張安頓現世此生才是當務之急。人死不可怕，不死才可怕；人生有限方能凝聚起各種意義和價值，一旦長生不死，則任何可貴的事物都將被稀釋得平淡無奇。有些人到了臨終之際，方可能出現本眞的彰顯，即便如此也不嫌遲，就怕執迷不悟，死不瞑目。

二、心智

人爲何怕死？半是不知「道」，半屬不甘「心」；意即無視輕死重生之道，以及未具了生脫死之心。這些都屬於情意面的心智活動，不容易訴諸理性。西哲很早便以理性的有無來定義人獸之分，直到叔本華以意志力解釋欲望，才標幟出情意的重要。他揭示作爲最大盲目意志的生殖驅力，深深影響及佛洛伊德的精神分析思想體系建構。佛氏早期以「原欲」指涉生殖驅力無所不在，構成其「泛性論」；後來將之轉化爲原欲「本我」衝動，搭配以理性「自我」抑制以及道德「超我」昇華，形塑出完整人格與人性理論（周斌譯，2012）。這套西方心性理論是很典型的「西學爲用」，較之中國傳統的人性善惡之爭，更能在當前搔著癢處。

(一)本我

西方心理學長期屬於哲學的一脈，直至十九世紀後期才獨立成爲一門科學。生長於當時奧地利的佛洛伊德受的是醫學訓練，當他想探索心理人性問題，一方面固然傾向於用科學生理學解釋，一方面仍不可避免地受到哲學影響。對佛氏影響最大的哲學思想，首推叔本華意志論。此一欲望觀點結合生理現象，構成佛氏的「本能」學說；他起初將本能區分爲生存與生殖兩端，後來則轉化擴充爲生之本能與死之本能。

本能意指由機體內部刺激引起的持久力量，在人類就是如食色需求等動物性原欲衝動，亦即不受「四端」管制的獸性。但單單如此不足以解釋人性的全部，於是佛洛伊德發展出「本我—自我—超我」一體三層的人格結構理論。他的本我說法係借用自哲學家尼采，但發展出來的精神分析療法，主要處理的卻是本我之變態。有意義的是，佛氏希望哲學家對此給予一定的重視，此又屬「西學爲用」的一例。

(二)自我

佛洛伊德所創精神分析學派，於上世紀中葉以後，在美國被視爲「心理學四大勢力」之一，其餘三者爲行爲主義學派、人本心理學派、超個人心理學派；至於歸屬應用心理學的心理諮商及治療理論，更多達十餘種（車文博，2002）。由此可見關於人心人性的觀點，不像物質及生命科學理論放諸四海皆準，充其量只能視爲瞭解複雜多變人類的方便法門。爲此我們可以繼續順著佛氏思想，進一步看自我及超我。

佛洛伊德認爲自我可以隨意進行由自己控制的行動，它從而構成本我與外在世界的中介。換言之，原欲衝動雖無所不在，但人畢竟不能任性而行，否則後果不堪設想。通過自我此一人格機制，有意識地篩選欲望衝動的表現，使人生在世得以平和地跟他人及環境相處。但是有效應世光靠自我的理性思索並不夠力，還需要超我的良知良能發揮作用。在西方神話的「情結」觀點以及宗教的「原罪」理論等背景下，超我是以罪惡感形式呈現。

(三)超我

必須說明的是，佛洛伊德的身分始終是醫師，他從神經科起家，而後幾乎可說開創出整個現代精神醫學，其人格理論多來自對個案病例的科學歸納。在當時科學主義趨勢下，他不可避免地會自覺撇清跟哲學的關聯。像曾經爲文否定受叔本華影響，這其實正顯示二人思想的延續性。不過叔本華對佛氏的啓發僅止於本我部分，其以意識作用所建構的自我及超我思想則頗具原創性。對此他卻認同尼采的觀點，認爲跟自己相當神似。

尼采將宗教信仰、人類大愛、藝術美感等高尚表現，視爲欲望衝動的昇華；而佛洛伊德也指出，欲望受壓抑所產生的焦慮，會昇華至爲人所稱道的社會活動。超我以道德規範的型態，指導自我以限制本我，讓人們過著正常的倫理生活。一旦人格機制出現失衡，精神狀況便會產生變態，有可能進行自我毀傷或社會破壞，此時醫療行爲的介入便不可或缺。然而現代人在醫學化的視角下卻顯得全身是病，大智教化即對此有所修正。

三、靈性

佛洛伊德的醫學生涯從神經科走向精神科，對人性本然尋求科學解釋，從而相信身體影響心靈的生物決定論。百年後臺灣各大醫院精神科紛紛改名爲身心科，多少意味這套傳統歷久彌新。至於有些具宗教或人文情操的醫護人員則強調「身—心—靈」整全的臨床照護，實爲大智教化提供了寬廣途徑。「靈」指靈性，亦即深層的精神性，而與表層的心理性有所區別。尤有甚者，在社會醫學及醫護倫理學等多元發展啓迪下，我於十餘年前便建構出「生物—心理—社會—倫理—靈性一體五面向人學模式」，用以處理人在面對生老病死各方面的問題，並據以形成自己的生命教育與大智教化觀點。

(一)靈魂

在最基本的「身—心—靈」分判下，我最終主張「靈性即性靈」，用以回歸中國傳統文人審美生活方式所彰顯的大智教化理想。但是不可否認地，像生命教育、身心靈整合、存在抉擇之類論述，無不來自西方，在我看來即屬西方觀點於華人世界的可能應用。西方心理學的原意乃是研究「靈魂」的學問，後來通過對「精神」的探索與理解，發展爲研究「心靈」的哲學分支；直到獨立形成一門科學學科，又次第以「意識」、「行爲」、「認知」爲對象。

在一般人心目中，靈魂之說頗具宗教性，但是早在古希臘亞里斯多德便主張人心有生魂、覺魂、靈魂三層，卻屬於純粹哲學觀點。他認爲靈魂主理性認識，爲人所獨具；覺魂主情意，爲動物所共有；生魂表生命意志，連植物也包含。靈魂說沾染上宗教色彩，在西方是希伯萊信仰傳入後的影響，在中國則反映於古代鬼神說及佛教傳入後的業力流轉觀。對死後生命的寄望，多少與此有關。

(二)精神

全球各大小宗教系統甚至民俗信仰，多少都會提供一些有關「靈魂不滅」的依據，用以安撫死亡恐懼或尋求塵世解脫。然而信仰之事信不信由人，大智教化乃視爲審美生活方式的一環，對之表示尊重但存而不論。求眞、行善、審美皆屬哲學的目的，將「靈魂不滅」轉化爲「精神不朽」，或可激勵人們追求「三不朽」。尤其「立德」一項，跟宗教信仰同樣可以起到勸人爲善的作用。

無論是宗教抑或民俗信仰，只要勸人爲善都値得肯定鼓勵，但是妖言惑衆或蠱惑人心卻絕不可取。宗教是團體活動，正信與斜門的差別，就在於教團是否宰制信衆身心。至於民俗信仰雖較無組織，但有些打著傳統「五術」的旗號，卻在傳播鬼神迷信，同樣有礙於社會和諧發展。民國初年幾場科玄及心靈論戰，即有除舊布新的用意（燕國材，2002）。不過時至今日後現代處境提倡多元發聲，對於另類論述似乎傾向包容而非排斥。

(三)性靈

開放社會應依法行事，不宜凡事定於一尊。推行大智教化的目的正是希望撥雲見日，以期人們耳目一新。大智教化主張華人通過反身而誠從事自我教化，在借用西方「身—心—靈」的架構用以省思，到頭來最好能夠「獨抒性靈」。這原是晚明「公安派」的寫作風格，後來被林語堂發揚光大；他的名著《生活的藝術》原擬題為《抒情哲學》，由此可見其心之所嚮。

「性靈」之說的根源可上溯至儒道融通的心性之學，再摻入佛禪的眞如本心，目的是希望人們處世能常保赤子之心（易聞曉，2003）。這種提倡眞性情的文化傳承為華人所獨有，前述三位文士的作品行誼，便是「中學為體」的豐富例證。我在此重提「中體西用」，是想呼籲有識之士堅持把握傳統文化的主體性，從而去蕪存菁，活學活用現當代西方思想見解。人實無逃於天地之間，生老病死都需要適當安頓，大智教化作用即在於此。

參、人生信念：知行合一

大智教化有意向成年華人提供一套有關生老病死的人生信念，作為宗教或民俗信仰之外的了生脫死之選項，可以無教團不修行的「大智教」視之。無論是儒道融通或三教合一，重點在於一生一世的現世主義。人死如燈滅，活出本眞才稱得上存在。存在主義講「存在先於本質」，個人命運應當盡可能操之在我，要能脫俗而非媚俗。本論文旨在通過對生命學問的闡述，提倡以大智慧為教義的人生信念。其內涵歸於華人應用哲學，期望有助於成年華人安身立命、了生脫死。以下即分社會、家庭、個人三方面，嘗試勾勒出大智教化的外延及實踐之道。

一、社會

「社會」原指一群人在土地神廟前面集會，引申而為群體共同生活與作息之所在。法哲孔德於十九世紀上半葉創立社會學，傳來中國最初譯爲「群學」，其實更接近原意。世上不同民族文化看待社會的態度有所差異，著重個體發展的文化僅視之爲活動背景，強調群體影響的文化則賦予其控制力量。華人社會自古以來多以群體力量抑制個體發展，直到西學東漸後才接觸到並瞭解民主、人權、法治等概念，逐漸彰顯個人價值。然而華人至今仍相當看重人情倫常，家庭的影響力始終較社會來得大。傳統「八目」從「齊家」一躍而爲「治國」，跳過了社會這一層，有待通過法治教育凝聚共識。

(一)天災

仔細考察，修身齊家皆屬私領域，治國平天下才是公領域的事。但是傳統上由私到公的跨度太大，今人理當有一參與社會的機制爲中介，方能培養出有爲有守的「公民」。公民的責任爲選賢與能和監督政府，更重要的是投身於社會服務，例如擔任志工。管理學家彼德杜拉克就相當肯定及推崇自外於政府的政治部門與企業的經濟部門之民間非營利組織，即所謂「第三部門」的社會部門。

現代化社會裏的第三部門不可或缺，於推廣公益活動外，更得以協助政府處理重大事件。像當年「九二一」大地震期間，首先抵達各地災區的除了消防救災人員外，隨處可見宗教團體的志工。大智教化雖然對宗教及民俗信仰存而不論，但絕不忽略宗教團體所凝聚起的社會服務及教化力量。遠的不說，二十年來生命教育在臺灣興起、維繫與推廣，宗教團體貢獻之力量都是最直接也是最關鍵的。

(二)人禍

大智教化鼓勵中老年華人在政治及經濟部門的職場內，盡可能以中隱之道守成敬業但不求聞達，而將時間精力多分配給社會、家庭和自己。社會參與可以擔任志工及關心時弊的方式同時進行，於天災中提供救助，於人禍上勇於揭弊。像近來發生的食品安全、危樓違建、官商勾結、貪贓枉法、詐欺猖獗等等社會亂象，組成公民團體予以監督和揭露，用群衆力量對不肖官商施以壓力，讓中產生活更趨健全並爲民共享。

白居易曾將自己一生詩作歸類爲「諷諭」、「閒適」、「感傷」、「雜律」，而以前兩者分別代表「兼濟」與「獨善」的生路歷程（毛妍君，2010）。古時專制政體難得清明，文士們人在江湖身不由己，最多只能做到明哲保身自求多福。相形之下，現今媒體公開資訊流通，年歲日長即使中隱也不必畫地自限委曲求全。獨善之際對社會上人謀不臧現象不平則鳴，像是投書報端或上網議論，實爲舉手之勞，不妨一試。

(三)殺生

不過大智教化的社會參與還是有輕重緩急，生老病死才是主要矚目所在，由此針對社會上的殺生現象多方關切乃爲當務之急。「殺生」在此作廣義解，包括意外、殺人、自殺、疏老、虐童、摧殘動植物、破壞物種生態環境等等。面對此類現象，儒道融通至少要做到身體力行好生之德，以及順應自然不事造作。這種人文自然主義的體現，反映出人之本眞的存在抉擇，正是大智教化的實踐途徑。

舉例來說，絕不酒駕將會減少意外事故、低調行事或能免除殺身之禍、水平思考得以擺脫鑽牛角尖想不開、關心鄰里可補充社工力量不足、把衆生平等和生態環保觀念常繫心頭則生生不息。這些都是現代公民的基本修養工夫，只要有心從中西文化裏的大智慧提煉出來，便能終身受用無窮。社會參與不是政治角力而屬自我實現，人人皆應學會如何頂天立地。

二、家庭

家和萬事興，家庭在華人社會裏的地位從未減少，即使在尊重個體、張揚人權的今天，人們還是無法擺脫家庭的影響。例如結婚不全然屬於兩個人的事，更是兩家人的事；絕症簽署不繼續治療並非自己說了算，醫師大多仍會聽從家人共同的決定。往好處想，有家人做支撐，一個人在外打拚並不孤單。不過傳統家庭正逐漸向核心家庭過渡也是事實，社會學家所形容看重上下關係的「親子軸」華人家庭，已大幅轉型成西方式橫向為主的「夫妻軸」。尤有甚者，近二十年受到少子化的衝擊，連核心家庭都要讓出部分位置給新興的「頂客」無後家庭，從而直接影響及養生送死大事。

(一)養生

中華文化特重孝道，具體落實而為養生送死、生養死葬之事。但是如今至少在臺灣，少子化的確成為驚人現象，新世紀前後的兩個虎年之間，臺灣人口出生率竟然溜滑梯似地折半，更居於全球之末。第一波對高等教育的衝擊將在二〇一六年到達，其後數年內至少有三分之一的大學要陸續關門。過去老一輩相信養兒防老，未來老而無後的人隨處可見，養生送死終將無從搭掛，孝道實踐亦不免成為空談，這是多麼情何以堪的趨勢！

大陸的家庭制度至少尚有計劃生育下的獨生子女在維繫，「單獨二胎」政策最近也已啓動。反觀臺灣，出生率持續低落，不久即將出現人口負成長。但人民平均餘命卻相對穩定提升，女性早已超過八十。在此情況下，頂客或少子女的夫妻唯有相互扶持，同時廣結善緣，靠著彼此加上朋友及社團的力量安度晚年。不過養老儲蓄和醫療保險的安排，必須及早準備。

(二)送死

大智教化就事論事，不尚空談，從一開始主張儒道融通的存在抉擇，就是要在養生送死方面派上用場。今後的中老年人根本不必寄望養兒防老，儒家的孝道實踐有必要轉向道家的自處安頓，才不會自怨自艾若有所失。求人不如求己，俗稱「老伴、老友、老狗」，君不見養寵物排憂解悶已成時尚，將貓狗視爲「毛孩子」家庭成員更隨處可見。在這種情況下，養生送死將何去何從？

企業家王永慶生前曾創立「養生文化村」，以老人公寓的租賃形式，吸引花甲以上可自主行動的老人申請成爲村民。這套模仿西方國家養老社區的設置，日本早已效法。其內聘雇有醫護、營養、社工、宗教、清潔等各種人員，甚至設有股市號子，可謂一應俱全。由於其針對中產階層的收費標準，對領有固定年金的軍公教人員較爲適合，目前尚未普及，但肯定是未來趨勢。

(三)喪葬

少子化現象在臺灣發生已近二十年，再過半個世紀，大多數老夫老妻的後事料理都將自己來。此事不可掉以輕心，必須未雨綢繆，以免亡羊補牢。在傳統家庭及孝道德行的光環逐漸褪色淡去之際，如何正視文化的解組與再造？這是我輩讀書人必須深思熟慮的問題。大智教化誠摯呼籲，在一些有關生老病死的現實議題上，當代新儒家不妨參考後現代儒道家作法的可能，例如喪葬事務。

「後現代」的特徵爲「質疑主流，正視另類；肯定多元，尊重差異」，「儒道家」的性質則是「儒陽道陰、儒顯道隱、儒表道裏」。後現代儒道家的後事料理，希望「維繫孝心，淨化孝行；保存禮義，簡化禮儀」，實際作法可以參考企業家許文龍所提倡的「五不」：不治喪、不豎靈、不設牌、不立碑、不占地，死後燒灰拋灑，徹底道家莊子式的環保自然葬。「送死」道家化，那麼儒家的責任呢？宜集中於「養生」方面，並考慮「老吾老以及人之老」的社會參與。

三、個人

本論文是我近年為推廣大智教化所撰系列文章之一，具有推廣成人生命教育的任務。由於半百之後對於華人應用哲學的探索以及成人生命教育的實踐，反映出我在為學與做人方面的心之所嚮，文末論及個人處世之道，也算是我自己反身而誠下的用心之所得。我的心得主要來自講授生死學和涉足殯葬業的經驗積累。由於長期從事殯葬教育，並曾擔任禮儀公司董事，讓我有機會近身觀察華人民俗內禮數儀軌的三教雜糅，以及喪者家屬親友在繁文縟節中的無可奈何，乃亟思改革創新之道，此即儒道融通的「輕死重生、厚養薄葬」（鈕則誠，2007）。本論文乃順此通過由死觀生，尋思適於中老年人的生活態度。

(一)中隱

過去十年間陸續為多位長者養生送死，自身也年過花甲並提前於職場急流勇退，為的就是避免異化，尋回本真。中年中產的中確幸，令我悟出中隱之道的重要。此所以我雖然仰慕老鄉陶淵明的小隱不折腰，但還是效法樂天白居易的中隱不匱乏。二十一世紀的華人依然可以嚮往精神桃花源，大智教化即為此而發。中隱之道是將生涯從兼濟轉向獨善，逐步經營後現代儒道家的人生美學（張應杭，2007）。

胡適認為人生哲學與倫理學是一回事，馮友蘭則以人生哲學涵蓋倫理學；依我看來，後者值得進一步省思。倫理學處理人倫人際關係，必然要兼及他人；但是人生哲學卻可以畫地自限，完全考量自處之道。當然這只是光就道理講，現實處境不可能徹底劃清界限。不過我還是想發現一條從儒家社會倫理互動走向道家人生美感體驗的可能途徑（鍾仕倫、李天道，2012），這便是本論文所積極推崇的中隱之道。

(二)修養

不可否認地，白居易自願靠邊站當閒官，雖有其特定時空背景，但卻始終構成後代文人一方夢土，乃至於現今入職場仍崇尚「事少錢多離家近，睡覺睡到自然醒」的妙境。我無意鼓勵青年人投機取巧、敷衍塞責，然而對中老年人卻主張應考慮「退一步海闊天空」的可能。人死如燈滅，是非成敗轉頭空；得意須盡歡，莫使金樽空對月。中隱就是一種懂得進退自如、收放自如的人生美學修養。

儒家雖常懷憂患意識，卻不必然以此自苦；一旦落實「盡人事，聽天命」，則「仁者不憂」、「樂以忘憂」的修養境界便由衷而生（王建疆，2003）。至於道家的修養工夫，則從人生境界轉化至審美境界，化有待於無待，盡可能順乎自然，不事造作（王建疆，2006）。這在今天看來雖難免消極，但其眞正用意卻是勸人不必太積極進取，給自己保留後路，如是實為知命而非認命。孔子反思五十而知天命，代表從盡人事向知天命過渡，的確不啻爲大智慧見。

(三)交代

大智教化是生命學問的躬行實踐，適用於中老年華人的自我生命教育，其內涵大致爲人文自然主義旨趣下的後現代儒道家。後現代既歷時又共時，雖標榜去主體化，但另一方面卻容忍多元發聲，我乃將之嫁接於儒道融通與存在抉擇，目的則是希望中老年人了生脫死。這當中自我開顯的成分不少，但我還是樂於形諸文字，說與有緣人聽，此即我在文末想要揭示的寫作緣起。

華人一向諱言死亡，尤其不願及早交代後事，如今理當居安思危，未雨綢繆，從吾輩做起。我有幾年擔任大型醫院的醫學倫理委員，半夜接到電話電郵，要我投票決定是否讓末期病人拔管大去。這是當時法令所規定，卻讓倫理委員成爲手執生死簿的閻王判官。近年雖已修法，令家人和醫師共同決定即可，但當事人若能在入院清醒時，簽署放棄急救意願書並留下遺言，則身後之事就可以眞正達到「無後顧之憂」的地步，於自己及家人兩全其美。

結語

後現代儒道家不是多元拼貼，而是融會貫通，最好從光譜漸層的比擬來設想。也就是將生路歷程逐漸由兼濟向獨善過渡，隨年齡將心境從儒家向道家遷移。儒家講究禮法，不免在養生送死方面大費周章；但是新世紀的臺灣現況，卻越來越不是那麼一回事。從最極端情形看，不生養子女何來善盡孝道？不入土爲安何來清明祭掃？此念是煩惱，轉念即菩提，一念之間的轉變可以省卻許多事。本論文不做學術論辯，僅爲議論文章；雖是借題發揮，但相信並無違牟宗三對「生命的學問」的呼籲。我在此樂將心得付諸文字，期望關注當代新儒家的朋友，思考後現代儒道家大智教化的可能。實踐生命學問的途徑之一是推廣生命教育，「我手寫我心」，以「大智教化」爲名的中老年華人自我生命教育途徑，正是我的親身體證。

參考文獻

毛妍君（2010）。《白居易閒適詩研究》。北京：中國社會科學。

王水照、朱剛（2006）。《蘇軾詩詞文選評》。上海：上海古籍。

王建疆（2003）。《修養・境界・審美——儒道釋修養美學解讀》。北京：中國社會科學。

王建疆（2006）。《澹然無極——老莊人生境界的審美生成》。北京：人民。

牟宗三（1990）。〈序〉。載於李天命，《存在主義概論》（頁序1-3）。臺北：學生。

牟宗三（2005）。《生命的學問》。桂林：廣西師範大學。
余德慧、石佳儀（2003）。《生死學十四講》。臺北：心靈工坊。
李天命（1990）。《存在主義概論》。臺北：學生。
車文博（2002）。《西方心理學史》。杭州：浙江教育。
周斌（譯）（2012）。《弗洛伊德人生哲學》（S. Freud著）。北京：九州。
易聞曉（2003）。《公安派的文化闡釋》。濟南：齊魯書社。
范進等（譯）（2002）。《叔本華論說文集》（A. Schopenhauer著）。北京：商務。
徐敏雄（2007）。《臺灣生命教育的發展歷程：Mannheim知識社會學的分析》。臺北：師大書苑。
馬小虎（2004）。《魏晉以前個體「自我」的演變》。北京：中國人民大學。
張兆勇（2010）。《蘇軾和陶詩與北宋人文詞》。合肥：安徽大學。
張應杭（2007）。《審美的自我》。濟南：山東人民。
郭維森、包景誠（譯注）（2008）。《陶淵明集全譯》。貴陽：貴州人民。
陳金現（2010）。《宋詩與白居易的互文性研究》。臺北：文津。
陶敏、魯茜（譯注）（2009）。《新譯白居易詩文選》。臺北：三民。
傅佩榮（2013）。《荒謬之外——加繆思想研究》。北京：東方。
傅偉勳（1993）。《死亡的尊嚴與生命的尊嚴——從臨終精神醫學到現代生死學》。臺北：正中。
欽文（譯）（2010）。《叔本華及哲學的狂野年代》（R. Safranski著）。北京：商務。
鈕則誠（2003）。《醫護生死學》。臺北：華杏。
鈕則誠（2004）。《生命教育概論——華人應用哲學取向》。新北：揚智。
鈕則誠（2007）。《殯葬與生死》。新北：空中大學。
鈕則誠（2010）。《生命的學問——反思兩岸生命教育與教育哲學》。新北：揚智。
黃晞耘（2011）。《重讀加繆》。北京：商務。
劉玉江（譯）（2013）。《克爾凱郭爾》（P. Gardiner著）。南京：譯林。
劉燕飛（2014）。《蘇軾哲學思想研究》。北京：人民。
蔡瑜（2012）。《陶淵明的人境詩學》。臺北：聯經。
燕國材（2002）。《中國心理學史》。杭州：浙江教育。
蕭偉韜（2009）。《白居易生存哲學本體研究》。南京：南京大學。
鍾仕倫、李天道（編）（2012）。《人生美學研究》。北京：中國社會科學。
羅中峯（2001）。《中國傳統文人審美生活方式之研究》。臺北：洪葉。

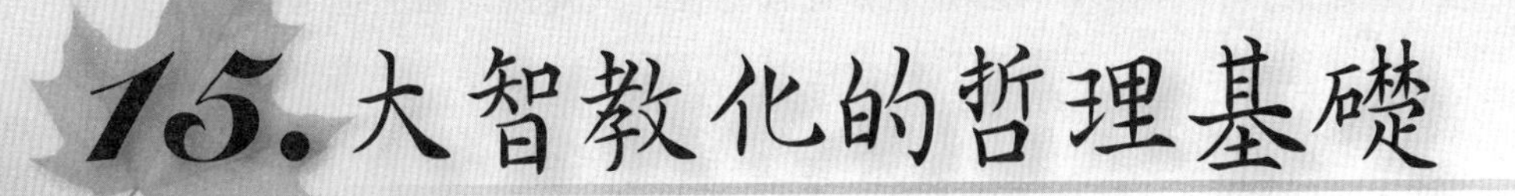

15. 大智教化的哲理基礎

（2015）

- 引言
- 壹、從西方哲學到應用哲學
- 貳、從中國哲學到應用哲學
- 參、華人應用哲學
- 結語

摘要

大智教化是生命教育的民間版、成人版、擴充版及升級版，本論文嘗試為其建構哲理基礎，此即以儒道融通之人文自然主義為核心價值的華人應用哲學。文章分別自西方哲學與中國哲學兩端，向內融匯以勾勒出應用哲學的交集：西方哲學從根源性的形上學通過自然哲學、科學哲學達於應用哲學；中國哲學亦從根源性的天道論經由人生哲學、道德哲學殊途而同歸。西方應用哲學主要關注應用倫理學，轉化為華人應用哲學則須提倡人生美學。臺灣的生命教育西化程度甚深，為了促使其本土化，我長期為文多元發聲，本論文即屬個人通過存在抉擇的生命體驗之作。現今全球華人大多追求中產生活，主要以成年華人為訴求對象的大智教化，乃順著生存競爭、生涯發展、生趣閒賞之人生三階段，提出安身立命、了生脫死之道。

引言

這是一篇概念性的議論文章，與其說是學術推敲的成果，不如視爲學科建構的嘗試，以及情意哲思的發揮。二○○三年我提出「華人應用哲學」論述，用以建言官方生命教育本土化；十年後更倡行「大智教化」，作爲生命教育的民間版、成人版、擴充版和升級版。近年兩岸都將生命教育納入教育政策加以推行，臺灣於二○一○年啓動爲高中正式課程，同年大陸則列入國家教育改革戰略主題。值得一提的是，兩岸教育理論與實務工作者，都不約而同地把它視爲德育的新提法，我則有意使其擴充至美育，形成具有「人文自然主義」核心價值的「德美育」。大智教化的目的，是讓成年華人懂得如何安身立命、了生脫死。天、人、地謂之「三才」，人既無逃於宇宙天地之間，就應該學會如何頂天立地，並妥善落實自我「存在抉擇」。

壹、從西方哲學到應用哲學

應用哲學的提倡始自上世紀八〇年代的英美等國，主要對焦於應用倫理學。其實西方哲學很早就擁有像倫理學這樣傾向實踐的傳統，但英語國家的倫理學一度走進語言概念分析的死胡同，加上醫療科技帶來的臨床倫理困境，乃有強調應用之議（鈕則誠等，2004）。當前生命教育爲德育之創新，大智教化又屬生命教育之擴充，爲其奠定哲理基礎，理當正本清源，從頭說起。

一、西方哲學

一般認爲西方哲學始於西元前六世紀的古希臘，泰利斯用元素性的「水」來說明萬有之本源，而不再採取神話解釋。這是人類首次以系統思考而非原始信仰來概括外在世界，因此泰利斯被後世尊爲「哲學之父」，以示理性啓蒙之始（鄔昆如，1971）。他的貢獻用現在的哲學分類看可歸於形上學，其他重要分支還包括知識學、倫理學、理則學、哲學史等科。

(一)形上學

西方哲學長達兩千五百多年，分爲古代、中古、近代、現代、當代五個時期。其中前兩期便占去兩千一百年，古代「愛好智慧」的哲學，逐漸向源自希伯萊信仰的神學靠攏；至於文藝復興以後的四、五百年，哲學又不斷受到科學影響。過去哲學無所不包，始自中世紀的西方大學體制，對學術研究頒授的最高學位統稱作「哲學博士」，至今猶然，多少可以看出它在傳統中的地位。

十七世紀以後科學興起，知識逐漸走向分工，反映於其後大學科系的設置。於今哲學也只是一門學科，其內容正是上述分支。西哲一開始主要思索宇宙，後來則擴充至關心人生；當代新儒家學者唐君毅便指出，哲學即爲解決宇宙與人生的問題，也就是思索「三才」應如何安頓。時下宇宙問題已交給物理學解決，倒是宇宙背後的「本體」、「本質」或「存有」爲何，仍留待哲學探究（葛慕蘭，1974）。

(二)宇宙論

《易經》言：「形而上者謂之道，形而下者謂之器。」中文「形而上」指的是有形現象之上、之外、之後，正好借用來翻譯亞理斯多德著作之一的《物理學之後》。物理學研究的是宇宙時空中現象世界的性質，此一努力從泰利斯便已起步，即是用人心理性思考森羅萬象的根源所在。古希臘和古印度都認爲地、水、火、風「四大」形成各種事物及變化，中國人對此則相信「五行」流轉。

這些看似素樸的觀點，其實正是後世化學元素的雛型；而今人所習知的「原子」說，也早在西元前四世紀就已問世。由此可見人類文明的世代傳承和經驗積累，以及西方哲學在知識發展上的歷史源頭位置。不過從二十一世紀的現在回顧，形上學的宇宙論部分早已讓位給各門科學去提問，而「玄之又玄」的本體論部分則仍留給自己獨力承擔。

(三)本體論

本體論也稱作存有學，是研究萬有之所以爲有的學問。問題在於作爲萬象背後的本體之存有，既看不見也摸不著，無法用感官經驗去探索，只能訴諸心智靈明的理性分析。如此一來見仁見智的成分較大，各說各話的情況亦多，難免「玄之又玄，不知所云」，遂引來「玄學」之譏。但平心而論，沒有了本體論，哲學便不成爲哲學，其乃核心之核心自不待言。

古今中外哲學家都有一種類似傾向，那就是希望找出一套以不變應萬變的根本道理。這種追求眞理的精神，其實正是科學興起和文明進步的動力。本體論追問事物之本然，其是否有一內在「本體」姑且不論，但尋求「知其然，更知其所以然」的用心，無疑値得肯定與鼓勵。正是對於此一大方向的認同，大智教化便本著「中體西用」原則予以善用之。

二、自然哲學

古希臘哲學到了雅典學派達於巔峰，蘇格拉底、柏拉圖、亞理斯多德祖徒孫三代，爲其後整個西方哲學奠定了全方位的基礎。至於千年中古時期雖然受到基督宗教影響頗深，甚至淪入「哲學爲神學婢女」的處境，但是哲學仍然繼承著傳統於不墜。到了近代文藝復興，更爲擺脫宗教束縛而復古理性精神。傳統上對於天文宇宙的探討，至此轉化爲自然哲學研究（張燈譯，2014）。

(一)物理學

近代自然哲學開啓了現代自然科學的先河，自然科學一開始實以物理學爲典型。物理學自哥白尼以「日心說」革命性地改寫亞理斯多德以降「地心說」之後，歷經伽利略、科普勒以至牛頓，基本呈現出自然科學的具體形貌。但即使是十七世紀的牛頓，其經典著作仍題名爲《自然哲學的數學原理》。至於十八世紀道爾頓則以《化學哲學》一書，復興並深化古代原子論。

化學的起源是中世紀煉金術，連牛頓到晚年都熱中於此道；至於生物學的出現則須歸功十九世紀的達爾文，古代只有專事分類的動物學和植物學。相形之下，亞理斯多德哲學體系中早已包含物理學與心理學，算是歷史久遠的學問了。心理學自古至今先後探究人類的靈魂、精神、心靈、意識、行爲以及認知，西方近代哲學有理性論和經驗論之分，即指心靈的不同作用（鈕則誠，2006）。

(二)理性論

上世紀初自然哲學已大幅通過數學演算或實驗觀察等方法發展爲自然科學，當時數學暨哲學家懷海德經由對自然科學的考察，界定自然便是人們通過感官在知覺中所觀察到的事物，其乃獨立於思想之外（張桂權譯，2011）。依此而論，自然是經驗的對象，但要把經驗到的自然，系統化表述爲科學知識，就必須運用理性思考。十七世紀笛卡兒提出「我思故我在」的命題，把理性思考的作用推上了高峰。

哲學暨數學家笛卡兒被後世推崇爲理性論始祖，其思想可上溯至柏拉圖的觀念論，兩人都對感官經驗不予信任。標榜理性同時看輕經驗，促使笛卡兒對人類身心抱持二元論看法，並有高下之分。心智的理性作用通過懷疑方法，找到清晰判明的眞理，至於身體則如機械一般在運作。從他的數學眼光看世界，萬物就像鐘錶般機械裝置，均爲上帝心智的產物，其自然哲學遂走向機械論。

(三)經驗論

自然科學係對自然界進行探索所形成的系統知識，其前身正是自然哲學，以及更早期的哲學宇宙論。近代以前不是肯定理性的力量，就是相信神明的保證，因此哲學的重心在於形上學，不太關注知識之種種。直到笛卡兒以「我思」爲哲學進路，知識學才漸受矚目。知識學又稱知識論或認識論，一方面探究人如何認知，從而銜接上心理學；另一方面則考察知識的性質，由此開出科學哲學。

笛卡兒像他的前輩柏拉圖一樣，傾向以數學化的理性演繹來看待世界；但是近代與之平行的還有一脈傳統，強調經驗歸納的重要性，以提倡「知識即力量」的培根爲代表。經驗論自然哲學相當重視觀察與實驗，這種相信實作不服權威的態度，最終導致自然科學的興起（許宏彬、林巧玲譯，2010）。由於實驗越做越細也越深入，科學便眞正走上分科之學的途徑，以致所見日小，從而見樹不見林。

三、科學哲學

自然科學在十九世紀以前還只有物理學，後來陸續納入化學和生物學，並以數學爲基本工具知識。此時數理化生成爲大學理科內容，與傳統文科「自由人」教育並駕齊驅，形成高等教育中的「兩種文化」。後來學系、學位、學會、學刊的設置，更使得科學研究步上專業化，學者專家逐漸取代業餘實驗者，科學論述日趨嚴謹，各學科學門也出現各自的規範。

(一)知識學

十九世紀誕生了一門學科「科學歷史與哲學」，進而分化成科學史和科學哲學兩科；它們雖然都以科學知識爲研究對象，但採取的方法卻大不相同。其中科學史繼承了自然史研究傳統，始終相當「務實」；而科學哲學則日益走向邏輯分析途徑，顯得越發「務虛」。後者曾試圖發展出一套人工語言，用以系統表述各門科學的研究成果，並規範其活動。

如果說近代的自然哲學反映出古代的形上學傳統，則現代的科學哲學便接續著近代的知識學傳統。知識學一度被視爲「大邏輯」，以對照於理則學所教的「小邏輯」。理則學包括演繹法、歸納法及辯證法，這些思維方法用來引領指導哲學與科學探索。由於邏輯之於哲學一如數學之於科學，邏輯遂跟數學整合成數理邏輯，作爲發展科學哲學的工具（翁昌黎譯，2013）。

(二)邏輯論

科學哲學和科學史在二十世紀上半葉分道揚鑣，至下半葉再度合流，且加入科學社會學，共同構成以科學知識生產活動爲對象的「科學學」，甚至包括技術在內的「科學技術學」。史哲分合的兩個原因，一是前期邏輯掛帥，再爲後期歷史當道。一般多以一九六〇年代區分爲邏輯論時期與歷史論時期，前者看重科學表述的內在理路，後者則關注科學活動的外在條件（金吾倫、胡新和譯，2012）。

早期的科學哲學家多爲科學家轉行，尤其是物理學家及數學家。物理學論著自牛頓起便以數學演算形式表達，不諳其道者完全沒有置喙餘地。數理論文內容嚴謹且條理井然，不尙空談亦不近人情，與玄之又玄的哲學表述大異其趣。一次世界大戰後歐陸出現「維也納學圈」，試圖用數學化的人工語言「統一科學」，逐漸形成一股運動，影響及英國，二次大戰後更擴散至美國。

(三)歷史論

科學哲學由邏輯論轉向歷史論，是受到科學史與科學社會學漸被重視的影響。這兩門學科將科學知識生產當作具有時空脈絡的歷史社會事件來看待，而非科學家沉思默想閉門造車的產物（邱慧譯，2012）。人們可由此正視科學政策的制訂，以及可能帶來的災難之防範，例如全球暖化與核能發電等。這便使得科學哲學銜接上應用哲學，尤其是包括科技倫理、環境倫理在內的應用倫理學。

大智教化是民間版的成人生命教育，雖然可以進入學校，但更適於通過社會教育管道推動，進而使之成爲終身學習的自我教育。它秉持中體西用的立場，以人文自然主義爲根本信念與核心價值。西方人文自然主義主張善用科學並揚棄宗教，但在華人社會並沒有需要被揚棄的宗教，反倒有足以取代宗教信仰功能的人生信念，此即儒道融通的應用哲理。

貳、從中國哲學到應用哲學

爲大智教化奠定以華人應用哲學爲內涵的哲理基礎，需要「文理並重、東西兼治；儒道融通、天人合一」。西方哲學由根源性的形上學起步，通過自然哲學、科學哲學走進應用哲學；中國哲學亦從根源性的天道論出發，順著人生哲學、道德哲學匯入應用哲學。如此殊途而同歸，建構出以中學爲主體、西學爲應用的華人應用哲學，適足以因應二十一世紀華人所面臨的後現代處境。

一、中國哲學

後現代相對於現代既歷時又共時，具有「質疑主流，正視另類；肯定多元，尊重差異」的特質。在東西文化出現極大落差的現今，多元的後現代批判論述，對走過頭的西方要去主體性，但在嫌不足的東方則須立主體性。西化及現代化雖爲大勢所趨，全盤西化則大可不必。尤其是涉及安身立命、了生脫死的生命教育，更應當汲取中國哲學的活水靈泉，如是方爲眞正「生命的學問」。

(一)天道論

西方哲學作爲愛智之學已有兩千五百多年歷史，而東方的孔子、老子與佛陀也差不多生活在同一時期，再加上基督宗教前身的希伯萊信仰亦躬逢其盛，構成人類文明最爲輝煌的「軸心時代」。但在西方文化蔚爲主流的今天，有人甚至質疑中國沒有哲學，可謂膚淺之論。中國哲學以生命爲中心，不同於西方以知識爲中心，兩者只能類比對照地看（牟宗三，1976）。

中華民族在遠古同樣發展出素樸的天神信仰，但未形成制度化的宗教系統，而是由天神信仰向下落實為天道哲理和天命人性。依西方觀點看，天道論正是集宇宙論與本體論為一體的形上學。中國哲學亦可分為古代、中古、近代、現代、當代五個時期，古代先秦有九流十家，影響至今不減的則為儒道兩家。回顧既往，儒道長期互補而融通，歷久而彌新，體現出中國式人文自然主義的核心價值。

(二)儒家：誠

衆所周知，古代儒家的哲學旨趣以倫理學為主，形上關注則多見於孔孟之後的《中庸》和《易傳》。《易經》六十四卦反映出宇宙秩序，用之於占卜便聯繫上人生。人生觀有對外與對內兩方面的意義，對外處理人際關係，形成倫理學或道德哲學；對內安頓個人身心，體現為人生哲學。胡適認為倫理學即人生哲學，馮友蘭則將倫理學納入人生哲學。

素樸的天道觀為先民所有，必然早於儒道兩家，因此中國哲學仍須如希臘哲學一般，從天道講到人事。不同於儒家較晚才由素樸天道觀發展成系統天道論，道家對此從老子便有所用心，從而提出「道法自然」。儒家至《中庸》始講「誠者，天之道也」，此乃聖人的道德境界，足以參天化育（韋政通，1977）。儒家把天道跟人事加以統合，可類比視為古希臘所嚮往的眞善美通透無礙之境界。

(三)道家：自然

「自然」是道家的根源觀念，同樣通透於天道與人事；此一概念在漢語中文內所指涉的範圍，較之用於譯介西方概念來得既廣且大。「自然」哲學在西方對焦於宇宙本體及科學實作，但其於中土更泛指一種「自然而然」的狀態，以相對於人為造作。就天道論而言，「道法自然」所呈現者，即是諸事萬物的本來面目，其不脫盈虛轉化及循環往復的過程（陳鼓應，2008）。

老子喜言天道，孔子則罕言之；就道體本身而言，老子賦予其較多形上意義，孔子則始終留在倫理及政治範疇內。倘若果眞如《史記》所載，孔子曾問學於老子，則二人當爲同時代之人。氣質稟賦的不同，使他們各自發展出一套宇宙與人生的偉大哲理，經歷千百年的激盪辯證與融會貫通，在日後得以發揚光大，成爲當今華人安身立命的一盞明燈。

二、人生哲學

傳統中國哲學要轉化成後現代華人應用哲學，需要自形而上的天道論出發，通過安頓個體的人性論，達於規範群體的道德論，如此方得爲功。這是從獨善到兼濟、從內聖到外王的修養工夫，但對於大智教化而言，如此其實只達至半途。人生若要眞正得以圓滿，還需要進行反璞歸眞的翻轉，由外爍回歸內斂，辯證地揚升，走向更高的獨善境界。

(一)人性論

中國哲學的出現幾乎跟西方哲學同時，也同樣關注宇宙與人生的問題，但從一開始就採取了不同的進路。雅典學派主張「知德合一」，是以追求眞知的態度去處理道德實踐問題；而儒道兩家追求「天人合一」，則是以人倫道德的安頓去體現天道性命。唐君毅認爲從宇宙看人生是「最彎曲的路」，只有從人生看宇宙方能「直透本原」。

討論中國人生哲學要從人性論方面看，古代最受矚目的人性爭議即圍繞著孟子、荀子、告子的觀點而發。人的本性問題在今天可以納入心理學探究，在古時則須上溯至天命及天神等觀念（燕國材，2002）。《中庸》講「天命之謂性」，這種來自至高意志的力量，造就了人性的善根。有此良知良能，彰顯出人獸之分，道德實踐方有可能。但是儒道兩家的人格典型卻大有出入。

(二)儒家：聖賢

人生哲學不同於道德哲學，它可以反身而誠，不假外求，即無向外馳求之誤。用當代人本心理學的觀點看，其極致乃是達於「高峰體驗」的「自我實現」。雖然儒道兩家的自我實現之道看似大異其趣，但仍舊爲儒道融通保留了相輔相成的可能。對儒家而言，人生最高境界是成聖成賢；但在道家看來，懷抱赤子之心的眞人、至人、神人境界才値得心嚮往之。

儒家的聖人是通過至誠以上達天德，這明顯把道德人格與天命天意聯繫在一起，使得宇宙天道成爲人生人性的投射反映。由於人具「聖賢才智平庸愚劣」的差等，乃有向上發展改善的可能。聖賢之輩經由良知良能反身而誠，將人性與天道融合，遂形成人生一貫之道的「仁」（勞思光，1968）。「仁」字由「二人」組成，象徵人際倫常的實踐，儒家人生哲學即成爲倫理學。

(三)道家：眞人

若說儒家的人生哲學偏重倫理學，則道家便傾向於美學；是小國寡民、自給自足的生活美，是縱浪大化、超凡脫俗的精神美。莊子標幟眞人意境，追求「獨與天地精神往來」，必須從老子的「絕聖棄智」出發。道家反對多用心智巧思，不願成聖成賢，於先秦是對儒家的逆耳諍言，自有其時代任務（徐復觀，2005）。兩千多年後講求「文理並重、東西兼治；儒道融通、天人合一」，則是爲了當前的需要。

我們這一代人需要的是大智教化，用以安身立命、了生脫死。尊儒陷入憂患意識，揚道流於閒雲野鶴；崇洋走向全盤西化，守舊終究食古不化，這些在今日看來皆屬過與不及。大智教化主張「後西化、非宗教、安生死」的人文自然主義宇宙與人生哲學，熔聖賢和眞人理想人格於一爐，在現實生活中以「儒陽道陰、儒顯道隱、儒表道裏」的身心狀態應世，自能出入自如，收放自如，無過與不及。

三、道德哲學

西方的道德哲學即為倫理學，是對社會生活中道德規範的系統探究。倫理道德的實踐必須具有可以施展的社會人群場域，隱居避世可說遠離了倫理生活而走向美感生活。不過古代未充分開化尚有山林可隱，今人則完全無逃於受科技嚴重影響的天地之間，只能學會如何安頓身心，用以頂天立地。別的不說，光是全球暖化和手機充斥，就足以讓我們深思熟慮身處其中的因應之道了。

(一)道德論

後現代的中體西用雖然允許觀念嫁接，但仍必須對語詞的使得有所自覺並加以明辨。像運用西方觀點討論倫理學或道德哲學，主流論述用基督宗教的超越性或儒家思想的內在性來支撐，都能夠有所體會；然而一旦碰到非主流的道家思想，同樣「道德」二字就會引起爭議。此所以韓愈在〈原道〉中，斥老子所謂道德乃「一人之私言」，而與儒家「天下之公言」相對立。

衆人皆知老子著有《道德經》五千言，但與其說他所討論的是我們所習知的「道德」概念，不如說他其實是把「道」與「德」分開來講。最簡單的說法為：道是體，德為用。由於道家的「道」乃是自然之道，而非儒家的人文之道，於是「德」作為道之用就不能用人文觀點解，而是要回歸自然（馮友蘭，2003）。此所以道德絕非指向仁義，而是表現為去仁義不造作的情意美感體驗。

(二)儒家：美德

順著倫理學看儒家容易理解，但是看道家卻不甚相應；考察道家得放大視野至同時包容倫理學和美學在內的價值論層面，用人生美學來觀照便能了然於心。西方倫理學大致分爲四派：古希臘的德行倫理、近代的義務倫理和效益倫理，以及當代的關懷倫理；其中近代兩派被合稱爲正義倫理，古今兩派則遙相呼應。由於儒家被視爲德行倫理，如今乃受到關懷倫理的重視（方志華，2004）。

德行又稱德性或美德，此派主張人性中足以提煉出一些基本德目，形成道德規範令人遵行；例如儒家所看重的「仁義禮智信」，以及臺灣所提倡的「四維八德」皆屬之。美德體現成人之美，但仍以倫理道德爲核心，美感體驗則處於外圍。一旦道德實踐置於生命的中心，必然形成人生責任；若繼之以人文化成推己及人，禮樂教化便順此推展普及。

(三)道家：德美

儒家禮樂教化構成傳統教育的大部，雖有其良法美意，然推行不當就會出現禮教吃人，此所以爲道家所反對者，像老子言「大道廢，有仁義」。道家反對將倫常規範放在生活的中心，視其乃人爲造作，希望代之以自然無爲，無爲無不爲。這種順乎自然的和諧之道，完全屬於美感體驗而非道德實踐，而道家的德也就成爲無用之用了（李生龍，2009）。

如果說儒家的道德哲學看重美德人文化成，那麼道家的態度便是以無爲的道德落實自然而然之美，或可稱作「德美」。情意美感在此居於核心，人際相處才有可能「小國寡民，雞犬相聞，老死不相往來」。這是一種肯定獨處而非合群的道德哲學，用以將華人應用哲學自西式的應用倫理學，部分轉化爲中式的人生美學；尤其用於了生脫死方面，更有助於找到出困之路。

參、華人應用哲學

大智教化是適用於沒有明確宗教信仰成年華人的自我生命教育，跨度自十八歲至八十歲；其內容爲「文理並重、東西兼治」的華人應用哲學，進而以「儒道融通、天人合一」的人文自然主義爲核心價值。其中儒家思想可助人於「知天命」之前安身立命，而道家思想主要作用於其後的了生脫死。當然核心價值無須一刀切，而是可以像光譜漸層般相互通透。年輕時不妨多些人文使命感，老病死襲來則務必要學得順乎自然。

一、應用倫理學

應用倫理學自上世紀八〇年代於英語國家應運而生，首先是醫學倫理學，繼而加上環境倫理學及企業倫理學，兼及相關議題。華人應用哲學視三者皆有所用：企業倫理讓人們認識科技時代中市場經濟的可能與限制，環境倫理使公衆瞭解愛生惜福的重要從而推行環保，而醫學倫理更足以向衆生提示「盡人事，聽天命」之要義；三者同爲大智教化輝映出施展之背景。

(一)中體西用

華人應用哲學主張於後現代的今日再倡「中學爲體，西學爲用」，擺脫前現代、次殖民的本體、器用之分，代之以後現代、後殖民的主體、應用兼顧。彰顯主體是爲因應東西文化的不對等，強調應用則體現出哲學對科技掛帥的批判功能。尤其是應用倫理學，幾乎完全針對時弊而發，具有振聾啓聵的作用。相形之下，傳統中國哲學對於揭露時代問題便有所欠缺。

中國哲學是生命的學問，源遠流長，歷久彌新，雖然內涵足以不變應萬變，但外延仍有必要與時俱進，此時便須西方哲學的助力。西方哲學的知識導向同樣歷史久遠，由其中開出的科學技術，已經深刻且不可逆地改變了世界的面貌。不過西哲並不乏有關生命的情意取向思想，十九世紀叔本華突出「意志」、齊克果彰顯「存在」，二十世紀卡繆感受「荒謬」，都對生命教育有所啓蒙。

(二)存在抉擇

情意取向的西方哲學在二十世紀最耀眼的思潮乃是存在主義。作爲存在主義先驅的齊克果，提出個人存在的四大特徵：個體、變化、時間、死亡，其關係爲：個體在時間之流中不斷變化並走向死亡，後來海德格遂稱人爲「向死存在」。死亡無所不在，個人如何自處？就像卡繆筆下不停推石頭上山的西齊弗，從徒勞的荒謬中發現自身的存在意義，從而妥善做出人生抉擇（李天命，1990）。

存在抉擇要求每個人將命運操之在我，不得假手他人，否則就不算眞正地活著。奇妙的是，當今科學家對此有所揭示，謂「命運」其實在於生命分子的遺傳基因之內。諾貝爾醫學獎得主莫諾於一九七〇年出版一本融分子生物學與存在主義於一體的《偶然與必然》，被《新聞週刊》選入二十世紀百大名著，其副題竟爲「現代生物學的自然哲學評論」，由此可見自然哲學光芒不減（劉鴻珠譯，1977）。

(三)儒道融通

當我們生活在連飲食已無法擺脫基因改造物的影響，以及人們期待利用基因療法治癒絕症甚至延年益壽的二十一世紀之際，要把以儒道融通的人文自然主義爲核心價值之哲理思想活學活用，勢必得通過中體西用的策略與時俱進。如今兩岸中小學都在推廣關注生命的德育，這是儒家傳統在持續發揮作用；但要讓孩子們的心靈得以全方位發展，落實嚮往自然的道家式美育同樣很重要。

將儒家人文主義同道家自然主義融會貫通，用以尋思如何解決西方應用倫理學及存在哲學所揭露的人生困境，對當今華人安身立命與了生脫死至關重要。以臺灣為例，學校生命教育最初是以一所天主教女子中學的倫理課程與教材為藍本，及至後來發展成正式課程，仍深具西方哲學及宗教色彩，跟本土民眾與文化不全然相應（徐敏雄，2007）。為改善此一現狀，我乃提出華人應用哲學取向的本土化學校生命教育，以及鼓勵成人自學的民間大智教化。

二、生命教育

本論文意在替作為成人生命教育的大智教化，奠定以華人應用哲學為內容的哲理基礎。臺灣的學校生命教育已取代傳統德育而普及推廣，其課程設計幾乎全以倫理學為主。我基本認同此一教學大方向，只是希望它能包容本土觀點和美學取向（鈕則誠，2004）。生命教育正視並探討科技倫理與生命倫理，對當前華人安身立命至關緊要；至於提倡中國人生美學，主要是想為了生脫死善盡功德。

(一)科技倫理

廣義的科技倫理係針對任何科技產品、活動及政策，做出倫理、政治、社會和法律諸方面的反思與批判，狹義則主要對焦於電信、資訊、傳播等三C產業相關的事物進行觀察監督，使人免受異化及宰制。科技倫理可以通過科技哲學發現並釐清問題，且教人以存在抉擇，「御物而不御於物」。像網路原本是為快速存提資訊，卻可能讓人流連於虛擬世界難以自拔，有待科技倫理加以規範。

資訊科技發達的益處是「天涯若比鄰」，但監控系統的無所不在及社群網站的無孔不入，卻使得個人隱私全都露。凡事有利即有弊，分寸拿捏恰到好處，方能使人出入自如、收放自如，而不致淪為網路工具的奴隸。儒道融通的大智慧指引人們執中道而行，無過與不及；無為無不為，為而不有。擁有智慧型手機有時非但不會擁有智慧，反而更形物化異化，令人不可不慎。

(二)生命倫理

誕生於一九七〇年代的生命倫理，最初是以關心環保的立場出現，後來逐漸轉向考察生物醫療科技的倫理困境，尤其是臨床的生死抉擇。近年大型醫院皆仿效美國，設置醫學倫理委員會，集不同領域的學者專家共商大計，一方面對病患及家屬負責，一方面也分擔引發醫療糾紛的風險。西方講究醫療決策自主，華人卻傾向由家人共同決定。此等文化差異，理當納入本土考量。

當前醫療科技最大的弔詭，是有極大可能造成病患陷入求生不得、求死不能的苟延殘喘窘境，尤其是所謂的植物人。臺灣已締造出植物人存活的世界紀錄，十七歲時車禍昏迷不醒的王曉民，又多活了四十七載，直至二〇一〇年去世。面對此情此景，凡有識之士皆應予以正視，並共謀妥善的人道處理方案。這些社會現實對孩子而言很沉重，但成人理當在有生之年勇於面對，因為它可能發生在每一個家庭甚至個人身上。

(三)人生美學

佛家說「此念是煩惱，轉念即菩提」，一念之間可以改變許多事，但必須先學會做水平思考。一般人多站在定點進行垂直的因果思考，因而忽略掉換一個立足點的可能，此即決策多樣性與多元化的層級不同。人生美學是解決應用倫理學問題的另類選項，兩者共同建構起華人應用哲學。人生美學指向以情意為主軸的生活態度（鍾仕倫、李天道，2012），雖屬儒道融通，但內核的中心乃是道家自然主義，尤其是莊子思想。

大智教化爲成年華人提供安身立命與了生脫死的大智慧，兩者的分際大約在五十知天命之年。但是「向死存在」開創生涯在前、面對生死在後，呈現一道不可逆的生路歷程，至死方休。當老子與孔子皆不多言死，唯有莊子承擔起此一歷史重任，成爲「心性體認本位的中國生死學的開創者」（傅偉勳，1993）。我在臺灣推動生死學與生命教育整整二十年，遂以莊子生死智慧爲大智教化最高標竿。

三、大智教化

大智教化所宣揚的是一套非宗教性的人文自然主義人生信念，它所推崇的典型人物與人生，於安身立命是白居易與叔本華的「中年中產中隱」，於了生脫死則爲莊子與卡繆的「輕死重生、厚養薄葬」。生活於二十一世紀兩岸四地加星馬地區及海外的華人，占了全球人口近五分之一，有意無意都在追求進入中產階級；而一旦入老，又必須有「置之死地而後生」的覺醒。以下便話說從頭。

(一)生存競爭

擱置政治體制不談，當今華人幾乎全部生活在市場經濟下的商品社會；經歷了五千年的歷史社會試誤過程，終於不必依成分吃飯，而是靠努力賺錢。在此一時空背景下，平等的教育資源提供個體向上發展的機會，求學主要爲就業。孔子說「三十而立」，大致反映出年輕人在升學與謀職上所面臨的生存競爭，在三十上下必須有所著落。

人生的角逐關卡從當學生準備考試便已開始，由於義務教育以上僧多粥少，遂走向考試引導教學的歧路。大陸在一九八〇年代爲改善「應試教育」偏差，乃於中小學全面推行「素質教育」，內容涵蓋智育以外的德、體、美、勞四育。臺灣則遲至世紀末始拈出生命教育以取代與強化德育；至於體、群、美三育仍各自爲政，但終究已踏出重要的一步。

(二)生涯發展

對岸素質教育到大專以上稱「文化素質教育」，相當於我們的「通識教育」，其目的主要為平衡所學，以免囿限於知識的一隅。大學生之所以有此需要，是因為所念科系的確是在「術業有專攻」前提下盡量畫地自限，以培養學有所專的人才進入就業市場。如果所學符合社會需要，大學或研究所畢業後順利就業，便算是人生階段已由動盪的生存競爭邁入穩定的生涯發展。

生涯發展的理想是循序漸進，更上層樓，止於至善。古代學而優則仕，一旦踏進官場就得以治國平天下；今人走向職場，充其量只能兼顧謀生餬口與服務社會。當然能力強的人可以做大事、賺大錢，但也可能賠上健康的身心。總之，在這個長達三、四十年的階段，逐漸把理想由兼濟回歸獨善，力行隱於職場的「中隱」之道，才是眞正有為有守、無過與不及的安身立命長久之計。

(三)生趣閒賞

為什麼要拿白居易和叔本華作為生涯發展的參照對象？因為他們都有一定的經濟基礎，而且精打細算，得以免於為五斗米折腰，正好是今日中產之士的寫照。叔本華長期靠遺產過活，六十之後又因著述博得聲名；白居易除了未當上宰相外，七十致仕安享天年。倘若人生就如莊子眼中的蟲角牴觸，或卡繆筆下的徒勞荒謬，不啻是非成敗轉頭空，何不退一步海闊天空？「盡力而為，適可而止」便是（李霞，2004）。

雖然基因科技已能夠為人算「命」，但陽壽幾何誰也說不準。在以「平均餘命」為退休考量的現今，半百之後逐漸隱於職場中不求聞達，轉而培養靜觀閒賞的生趣，用以銜接離退後的漫長歲月，可謂相當明智的存在抉擇。中產社會不需要天縱之聖，要的是精神桃花源的自求多福、自得其樂。大智教化終究不屬玄妙高遠的空言，而是平易近人的慧見。

結語

本論文是我爲大智教化一系列多元發聲的全方位論述，歸於涉足哲學四十七年來用心之所得；楬櫫其哲理基礎可謂重要任務，接下去就是從事教化實踐了。必須承認的是，身爲哲學學者，長期關注和講授人生哲理，不能說一套做一套，因此必然選擇「我手寫我心」。當我「吾十有五而志於學」之際，存在主義與道家思想的生命情調便常繫我心，於今非但不曾稍減，而且歷久彌新。至於儒家教誨所規範的華人生活方式，無疑已成長期社會化的薰習結果。我尚友古人清風明月、自然而然的生死境界，雖不能至，心嚮往之。爲正本清源，乃嘗試檢索哲理取徑鋪陳之。將「後西化、非宗教、安生死」的大智教化論述形諸文字，說與有緣人聽，多少有些自我安頓的作用。如今推己及人，就當作是心靈會客吧！

參考文獻

方志華（2004）。《關懷倫理學與教育》。臺北：洪葉。

牟宗三（1976）。《中國哲學的特質》。臺北：學生。

李天命（1990）。《存在主義概論》。臺北：學生。

李生龍（2009）。《無為論（修訂版）》。長沙：湖南師範大學。

李霞（2004）。《生死智慧——道家生命觀研究》。北京：人民。

邱慧（譯）（2012）。《結構之後的路》（T. S. Kuhn著）。北京：北京大學。

金吾倫、胡新和（譯）（2012）。《科學革命的結構（第四版）》（T. S. Kuhn著）。北京：北京大學。

韋政通（1977）。《中國哲學辭典》。臺北：大林。

徐敏雄（2007）。《臺灣生命教育的發展歷程：Mannheim知識社會學的分析》。臺北：師大書苑。
徐復觀（2005）。《中國人性論史》。上海：華東師範大學。
翁昌黎（譯）（2013）。《孔恩vs.波普：爭奪科學之魂》（S. Fuller著）。新北：群學。
張燈（譯）（2014）。《自然哲學》（P. Feyerabend著）。北京：人民。
張桂權（譯）（2011）。《自然的概念》（A. N. Whitehead著）。南京：譯林。
許宏彬、林巧玲（譯）（2010）。《科學革命——一段不存在的歷史》（S. Shapin著）。新北：左岸。
陳鼓應（2008）。《老莊新論（修訂版）》。北京：商務。
傅偉勳（1993）。《死亡的尊嚴與生命的尊嚴——從臨終精神醫學到現代生死學》。臺北：正中。
勞思光（1968）。《中國哲學史（第一卷）》。香港：香港中文大學。
鈕則誠（2004）。《生命教育概論——華人應用哲學取向》。新北：揚智。
鈕則誠（2006）。《波普》。新北：生智。
鈕則誠等（2004）。《醫學倫理學——華人應用哲學取向》。臺北：華杏。
馮友蘭（2003）。《中國哲學簡史》。北京：北京大學。
葛慕蘭（1974）。《形上學》。臺北：先知。
鄔昆如（1971）。《西洋哲學史》。臺北：正中。
劉鴻珠（譯）（1977）。《偶然與必然》（J. Monod著）。臺北：杏文。
燕國材（2002）。《中國心理學史》。杭州：浙江教育。
鍾仕倫、李天道（編）（2012）。《人生美學研究》。北京：中國社會科學。

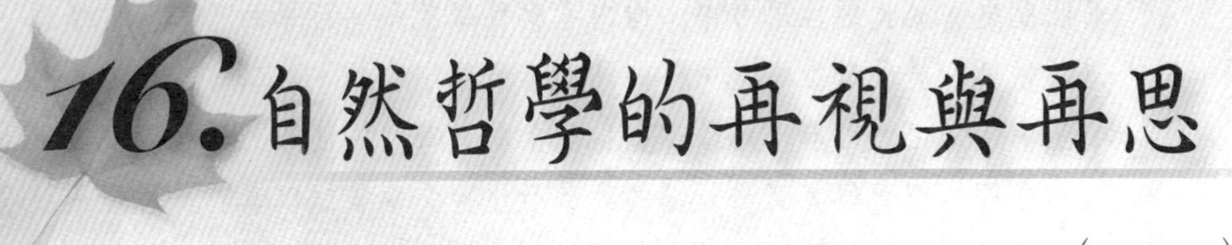

16. 自然哲學的再視與再思

（2015）

- 引言：愛好智慧
- 壹、再視：哲學史觀點
- 貳、再視：科學史觀點
- 參、再思：收斂性思考
- 肆、再思：發散性思考
- 結語：大智教化

摘要

本論文是對西方自然哲學的重新詮釋與多元倡議，分為再視與再思兩部分鋪陳，前者檢視哲學史與科學史觀點，後者進行收斂性與發散性思考。在哲學史觀點內，羅列愛智之道、古代哲學、中世紀哲學的重要論述；在科學史觀點內，勾勒雅典傳統、亞歷山大傳統、培根傳統的簡明歷史。於收斂性思考中，向內考察科學革命、科學的哲學、科學哲學之種種；於發散性思考中，向外思量科學宇宙論、第二自然觀，並引申至中華文化之可能。結論部分指向生命教育的民間版、升級版及擴充版，亦即熔德育與美育於一爐的大智教化。文章嘗試以真善美哲理用於天人地三才，希望將西方「自然哲學」銜接上中國「自然的哲學」；由探索宇宙之自然哲學始，以安頓人生之自然的哲學終。

引言：愛好智慧

自然哲學作爲西方哲學以愛好智慧爲目的而從事思考的最初也是最主要內容，早在西元前五、六世紀的古希臘即已充分體現。它一度居於哲學探究的中心位置長達兩千多年，直到十七世紀科學革命爲止。科學革命其實就是在革自然哲學的命，從而形成自然科學，後者至今甚至在知識領域中一枝獨秀。現代科學遲至十九世紀始臻於成熟，加上技術器械的迅猛發展，從此不可逆地改變了世界形貌和人生圖像。在二十一世紀的當下，對人類心智活動的流變回首來時路，自然哲學實不宜忽視。但它在此時各地的命運，似乎已被徹底邊緣化。今日哲學界雖無義務也沒必要將它復興，但多少予以正視仍然可行。尤有甚者，在華語中文的脈絡內，「自然」一辭具有較西方更豐富的內涵，足以對人們產生高度啓發及附加價值。

壹、再視：哲學史觀點

自然哲學在西方哲學史中，曾經擁有極度輝煌的時期，更居於源頭和中心的地位。無奈當後世自然科學興起，自然哲學不但全面讓位，且徹底邊緣化，甚至乏人聞問，僅成爲少數科學家從事人文思考的副產品。自然哲學本係探索自然界奧秘所累積的哲學知識，交棒給自然科學後，就大幅轉化爲依於科學之科學的哲學，以及關於科學之科學哲學。傳統自然哲學試圖發現森羅萬象的根本性質，屬於哲學愛好智慧的核心價值，對關切哲學發展的人而言，仍然值得通過哲學史對其重新考察。

一、愛智之道

世人公認西方哲學始於公元前六世紀的古希臘，當時有少數的思者醒客，擱置神話對外在世界的解釋，轉而通過觀察與思考，試圖發掘諸事萬物之所以存在的理由。他們對此提出了不同的答案，重點不是答案正確與否，而是他們解決問題的方式。他們不再滿足於民族神話的種種說法，代之以自身思索的結論。用現在的話說，這種依靠理性推論的心智活動，正代表哲學的萌芽。一群標榜「愛好智慧」的古希臘哲人，爲人類文明開啓一道愛智之門，最終爲我們帶來了現代科學與技術。

(一)宇宙論

當代新儒家唐君毅曾經很扼要地指出，哲學探究不外宇宙與人生兩端。古希臘哲學以蘇格拉底爲分期，之前幾乎全部爲宇宙論時期，其後才擴充至人事論。上下四方之謂宇，古往今來之謂宙，宇宙論即指對外在時空世界的素樸認知。它從泰利斯主張世界由水所組成開始，其後陸續有人提出世界的原質爲未限定物、氣、太一、火、存有等等，爲自然哲學帶來百花齊放的盛景。這種哲理思考係由外而內，由現象到本體，由形而下到形而上，哲學宇宙論從而深化爲本體論，共同組成哲學的重要分支形上學。

(二)本體論

對世界的素樸認知見仁見智，產生了不同的宇宙觀；其雖衆說紛紜，卻都是直指自然本性的慧見。自然不脫天地時空之間，遂出現變化無常。哲理對此意見不一，但覺似去智慧漸遠，乃有以不變應萬變之議。較蘇格拉底年長的巴門尼德提出不變的「存有」之說，將先蘇時期的宇宙論導引至本體論探討，使愛好智慧的哲學關注，從動態的時空宇宙轉向靜態的存有本體，象徵著哲學的進一步深化。此後哲學對宇宙表裏的探究，遂有自然哲學（物理學、物性學）與「第一哲學」（物理學之後、形上學）兩大進路。

(三)自然哲學

西方哲學從西元前七世紀泰利斯出生，至前四世紀亞理斯多德去世止的三百年間，歷經了一系列的轉化發展與辯證揚升，到頭來在亞理斯多德身上奠定了今日哲學最重要的基本分支：理則學（邏輯）、形上學、知識學（認識論）、倫理學。至於美學直到十八世紀始進入哲學視野，而自然哲學則於此前的十七世紀讓位給自然科學。由於身處二十一世紀的我們，日常生活早已深受自然科學與技術的影響，回顧哲學應正本清源，追溯「自然」概念的典範轉移如何發生，實有其必要。

二、古代哲學

西方哲學共分爲古代、中世、近代、現代、當代五階段時期，其中古代與中世的跨度都在千年上下，由西元前六世紀綿延至西元後十五世紀，此正是自然哲學的黃金時代。在這段漫長的文明演進過程中，哲學先後繼承了古希臘思想與東方希伯萊信仰兩大傳統，令後世得以站在批判地傳承的高度，開創出豐富多元的自然科學以及社會科學諸學科，爲今日人類帶來福祉。飲水應當思源，爲正本清源、推陳出新，回到古代哲學的論點中一探源頭究竟，無疑是既重要且必要的愛智活動。

(一)先蘇時期

先蘇時期是指蘇格拉底以前的哲學家，他們大致可分爲四代：第一代的泰利斯、亞納西曼德、亞納西米尼三人，分別主張水、未限定物、氣爲宇宙原質；第二代的赫拉克利圖、巴門尼德，則認爲是火或存有；第三代的恩培多克勒肯定水、火、土、氣四元素，阿納薩格拉更強調元素無限多；至第四代的德謨克利圖又回到本源處，指出不可分割的原子才是萬物之根。四代學者從前人的愛智經驗中，累積醞釀而成自己的論點。由此可見，此一時期的創意無限，爲哲學道路奠定了堅實的基礎。

(二)雅典學派

雅典學派代表古代哲學的巔峰，一般多指希臘三傑，即蘇格拉底、柏拉圖、亞理斯多德祖徒孫三人。蘇格拉底未有著作傳世，思想多見於柏拉圖的記錄中；其主張知德合一，是人事論的代表人物。柏拉圖哲學頗具原創性，且博大精深，發人所未發，以至二十世紀的懷海德認爲整個西方哲學不外爲柏拉圖下註腳。他雖然對整個哲學貢獻良多，但於自然哲學宇宙論部分相對甚少。對此眞正集大成的人物，乃是其學生亞理斯多德。「吾愛吾師，吾更愛眞理」，亞理斯多德以系統化的哲學思考批判前人，爲探索眞理樹立標竿。

(三)亞理斯多德及其後

亞理斯多德在西方哲學中的影響力至少長達兩千年，從其在世直到十七世紀。這一方面固然是受到體制化的天主教會強力支持，但其思想的全方位覆蓋以致難有出其右者亦是重要原因。亞理斯多德寫出了巨幅的系統著作，其中的《物理學》與《物理學之後》兩部，分別爲後世對宇宙論和本體論的探究提供了基本原理。他生前規定作爲自然哲學的物理學不得跟數學及神學混爲一談，多少也限制了後人的研究方向。但無論如何，他的確爲自然哲學起到了承先啓後的貢獻。

三、中世紀哲學

希臘哲學於西元前三世紀的亞理斯多德時代達於巔峰，因後繼無人而開始式微，不久希臘城邦逐漸被亞理斯多德的學生亞歷山大大帝統一爲帝國。又過了一個多世紀，羅馬人興起並征服希臘，但希臘思想卻統治著羅馬，希臘文獻被譯成拉丁文流傳。當羅馬人繼承了希臘文明的同時，耶穌基督則把希伯萊信仰從民族性的猶太教，改變擴充爲普世性的基督宗教。其門徒信衆建立起羅馬公教，即後世的天主教。希臘思想與希伯萊信仰這兩種偉大的文明傳統，在五世紀前融會貫通，產生了新的神哲學思想，哲學從而進入中世紀。

(一)基督宗教

中世千年大約跟東羅馬帝國同時。當西羅馬帝國被日耳曼部落占領後，文明中斷以致必須向東方取經，此時反倒是信仰伊斯蘭教的阿拉伯國家保存了較爲完整的希臘文明。另一方面，基督宗教逐漸在民間普及深化，終於成爲羅馬帝國的國教。基督宗教的基本教義至少包括創造、啓示、三一、救贖四項，其中創造說對西方自然哲學具有決定性的作用。創世結論固然基於上學而下達的天啓，但也爲下學而上達的推理保留了餘地。將亞理斯多德哲學在中世紀發揚光大的聖多瑪斯，就爲此樹立了里程碑。

(二)教會哲學

雖然羅馬公教於中世紀分化出希臘正教，但西方文明的延續主要還是公教的責任。教會創辦大學以鑽研學問及傳播教義，便是影響深遠的努力。中世哲學受制於時代環境勢必要走向教會哲學之路，熔神學與哲學於一爐的神哲學乃哲學發展勢之所趨。聖多瑪斯既著有《哲學大全》，又撰成《神學大全》，堪稱融會貫通的代表人物。尤有甚者，聖多瑪斯和他的老師大亞爾伯在哲學上大幅繼承亞理斯多德學說，使得古代思想的精華得以在中世紀重現光輝。當然其條件乃是以哲學如婢女般爲神學服務，這點早在古代末期的聖奧斯丁便已提出。

(三)文藝復興

亞理斯多德的宇宙觀分爲月上天界與月下世界，各由不同物質組成，依不同原理運作。這種思辨觀點因爲人心桎梏加上觀察條件難以突破，一直延續至十六世紀，其後逐漸爲利用較精密儀器所做的天象觀測所推翻。儀器的改良是由學者的實踐興趣所導致，用以更準確地觀察自然，這是中世紀文藝復興的獨到之處。文藝復興發生於東羅馬帝國覆亡之際，學者從神哲學中解放出來，希望讓古代文化再生，但也同時產生控制自然的興趣。這便使得自然哲學必須面臨感官經驗與工具器械的挑戰，爲近代科學開創了契機。

貳、再視：科學史觀點

從某種意義上看，至少在十七世紀科學革命以前的所謂科學史，其實就是自然哲學史。尤有甚者，像「科學」、「科學家」這些說法，其嚴格意義遲至十九世紀才被認定，亦即將科學研究當作學術專業，而非哲學家或實驗家的個人興趣。站在當今立場回顧，科學與哲學開始分道揚鑣，大約是牛頓時代的事。實驗方法加上數學演算，使得沒受過這方面訓練的哲學家，無法再深入探討自然哲學的奧妙。牛頓的貢獻意味科學革命的完成，亦即對自然哲學進行了徹底的變革。

一、雅典傳統

西方人對於世界的理性認識，主要表述爲解決巴門尼德問題的不同答案，亦即如何看待森羅萬象的變化。事物變化與否的問題，來自赫拉克利圖由觀察火燄而領悟出事物本性的變化不羈；但巴門尼德卻提出相對的看法，認爲變化在邏輯上不可能，眞相是不變的存有定義了一切。然而後來的哲學家並不全然支持此一論點，於是又出現一些各自表述的議論，包括德謨克利圖的原子論、柏拉圖的觀念論，以及亞理斯多德的實在論。這些都屬於定性的自然哲學觀點，可視爲雅典傳統。

(一)原子論

當代科學哲學家波普認爲哲學的主要工作便在於猜想臆測，一旦哲學家的觀點於現實世界能夠被駁斥推翻，就進入科學層次。這種判準稱爲「證僞」，但科學家大多在從事「證實」。倘若既不能證實又無法證僞，就稱不上科學，但仍屬哲學，自然哲學正是如此。古希臘哲學中最接近當今科學的觀點無疑是原子論，德謨克利圖主張，世界由一些不能再分割的微小粒子，通過隨機運動碰撞而排列組成。這種原創性的哲學臆測，使得德謨克利圖的頭像，在兩千三百年後被印在希臘鈔票上，背景則爲電子繞射。

(二)觀念論

哲學思想大多傾向於以不變應萬變，但是如果事物始終不變，則其從何而來又成問題。再說一般人常以感官知覺接觸現象世界，只有哲學家才會反身而誠，深入到理性內心去構思抽象觀念，柏拉圖的貢獻即在此。他分辨出不完美的現象世界和完美的理想形式，變化發生於前者，眞實卻以幾何圖形存於後者。此種理型或觀念只能理解難以感知，眞理知識從而指向數學而非自然哲學。這使得柏拉圖思想更接近看重數學認識的亞歷山大傳統，也爲後世自然科學運用數學方法奠定了知識基礎。

(三)實在論

柏拉圖的觀念論頗有深意，但與日常經驗不易呼應，其學生亞理斯多德亦有同感，乃亟思改善之道。亞理斯多德不貶低或排斥現象界的變化，他把存有分爲潛能與現實兩端，變化即是由潛在轉變爲實在。不變的本質並非抽離於事物，而是內存於其中，並承載著一定的目的與目標。相較於德謨克利圖的唯物原子圖景，亞理斯多德的實在存有意象，並不見得更易於科學分析操作。但由於他那博大精深的全方位學術成就，加上強調目的設計的作用，到了中世紀頗符合教會哲學的需求，也就長期受到肯定與重視了。

二、亞歷山大傳統

亞歷山大大帝於希臘帝國時期建造了一座與雅典齊名的城市，也開創爲學術重鎭。在亞歷山大城形成一種不同於雅典的哲學傳統，即在定性的自然哲學之外，發展出定量的數學取向哲理思想。數學的歷史悠久，埃及人與巴比倫人貢獻良多。希臘亦有精於此道者，哲學初期著名的畢達格拉斯，就以數學作爲認識自然的方法與結論。雖然他也承認物質由四大元素組成，並影響及阿納薩格拉。但是數學結論卻使他從哲學走向幾何學，這又提供柏拉圖以靈感。而後世更有不少兼爲哲學家與數學家的偉大學者，如笛卡兒、萊布尼茲等。

(一)歐幾里德

幾何學自古有之，研究物質世界之外的抽象觀念，著重數學演算，這與自然哲學的途徑大異其趣。雖然後世自然科學係用數學方法解決自然哲學問題發展而成，但數學嚴格說來並不屬於自然科學，而爲其推理工具與方法。公元前三世紀歐幾里德在亞歷山大匯整前人的幾何知識，發展出由公理依邏輯推理，演繹出一系命題與結論的方法。但是幾何知識原本由埃及人進行土地丈量而來，其實涉及人們對空間的觀察，於是一些公理和假設，就代表了空間的性質，亦即歐幾里德空間。

(二)阿基米德

數學不盡然是科學，有時數學就是數學。但是數學跟宇宙世界以及自然哲學的結合早已根深柢固。西元前二世紀阿基米德的工作就是最佳例證，衆所周知的物體排水原理和槓桿支撐原理皆出自其手。一般而言，哲學史多未將歐幾里德與阿基米德列入哲學家之林，但其實他們的成就對自然哲學貢獻良多。後世用數學方法探究自然，正是繼承這種亞歷山大傳統而來。如今要回顧自然哲學的發展，不能忽略科學史的材料。下面要談的托勒密，就跟亞理斯多德淵源深厚，科學史常將二人相提並論。

(三)托勒密

公元二世紀的埃及天文學家暨占星學家托勒密，之所以不斷被哲學界討論，正是因為他根據亞理斯多德的物理學，建立起一套以地球為中心的天文系統，其工作代表了亞歷山大傳統的巔峰。作為運用數學演算的天文學家，托勒密其實有意畫地自限。他早已發覺日心說較地心說在數學模型上更簡潔有力，但仍選擇維護亞理斯多德的自然哲學觀點。因為這套學說在其死後四百年，早已變得更獨斷且不可侵犯。身為亞歷山大傳統的一員，托勒密無心改變雅典傳統所揭示的自然面貌，只要在數學上說得過去便成。

三、培根傳統

發掘自然宇宙眞相的努力，在古代和中世紀的兩千年間，維持著雅典傳統與亞歷山大傳統雙軌並行的局面，直到文藝復興以後進入近代時期，始出現第三種的培根傳統。簡單地說，雅典傳統是「自然哲學的」，亞歷山大傳統是「抽象數學的」，培根傳統則屬「實驗發現的」。十六至十七世紀的英國哲學家培根，提倡用歸納法發現問題，再以實驗法驗證問題。實驗工作要能順利進行，必須盡可能控制相關條件，亦即干預自然狀態。而其背後的自然哲學預設，也傾向較客觀中立的粒子論或機械論。

(一)實驗觀察法

培根是哲學家而非嚴格意義的科學家，他積極提倡實驗方法，自己卻從不動手做實驗。雖然他曾經主張以「博物學」為名，嘗試盡量廣泛記錄森羅萬象之種種，卻不免眼高手低而徒勞無功。但把眼光從思辨玄想轉向觀察記錄，仍對後世科學發展有所啓發。培根本人對雅典傳統與亞歷山大傳統都不以爲然，他認爲這些是由上而下的理性主義，不足以眞正認識自然，應當由下而上通過感官經驗以捕捉觀察實驗的結果。實驗不止在於證實理論，更重要的是改善人類生活，這又爲後世技術創新賦予了動力。

(二)粒子論

培根傳統是近代的產物，跟另外兩種認識自然的傳統相去近兩千年，心態上有著根本的差別，終於促成科學革命的出現。這其中有一個關鍵人物，他就是著名的哲學家笛卡兒。笛卡兒的貢獻在於爲古今傳統的結合開創契機，使得古代兩大傳統分別跟近代傳統互補整合，避免爲時代所淘汰。笛卡兒的自然哲學從古代原子論得到靈感，發展出運動粒子論。這是一種感官知覺難以直接把握卻決定物質結構的主張，後來因爲望遠鏡和顯微鏡的發明，令感覺得以延伸，而逐漸受到人們的肯定與支持。

(三)機械論

笛卡兒不止爲當時的自然哲學提供了粒子論解釋，更帶來機械論觀點。受到當時上發條的鐘錶以及其他精密機械裝置的啓發，虔信天主的他，認爲上主創造了一個可以用數學去運算解釋的機械性宇宙，其中包括各種生物體。這種觀點不免走向唯物，笛卡兒的作法是將心與物加以拆解，變成在天主之光觀照下的物質與心靈二元世界。身體結構的機械性觀點深深影響及其後的西方醫學發展，以至如今任何一本醫學入門書都會提及笛卡兒的身體觀，這不啻爲自然哲學在近現代的擴充應用。

參、再思：收斂性思考

自然哲學是對於自然世界的哲學思考，在近現代科學尚未昌明之際，哲學觀點蔚為流行；一旦通過科學革命，自然哲學便顯得不合時宜而遭淘汰。前面曾提到，科學革命正是革自然哲學的命，但身為哲學學者，我非但認為其命不該絕，且更有脫胎換骨、推陳出新的可能。本論文前半對自然哲學的再視部分，著眼於前科學的自然哲學之檢視；而後半的再思部分，則嘗試思索在二十一世紀的今天，自然哲學是否還有發揮餘地？既然整個哲學都在與時俱進，自然哲學沒有理由落人之後，以下便從收斂與發散兩方進路，再思自然哲學的可能之道。

一、科學革命

收斂地看，自然哲學在通過科學革命的洗禮之後，轉化出基於科學之「科學的哲學」，以及關於科學之「科學哲學」兩大路數，它們都與革命所創生的近現代科學關係密切。一般認為科學革命的跨度為十六至十七世紀的兩百年間，它的主要任務是將自然哲學中的神學和形上學內涵予以革除，僅保存自然之本來面目，得以讓科學家深入探究。人文主義興起、印刷術發明、航海大發現、基督宗教改革等因素，為革命提供了動力與動機。革命主要體現於天文學方面的成就，從哥白尼通過伽利略、開普勒，直到牛頓。

(一)哥白尼

哥白尼的貢獻是以日心說取代地心說，但日心說並非他的原創，他只是復興了公元前三世紀亞歷山大傳統內的阿里斯托克之觀點。哥白尼繼承了亞歷山大傳統的數學方法，發現托勒密地心系統既繁複又不合理，倘若改以日心來計算便恰到好處。哥白尼的復古作法嚴格說來似乎稱不上革命，但是在那個教會力量高漲的時代裏，敢於質疑教會認可的亞理斯多德—托勒密正統觀點，從而導致其代表著作《天體運行論》被教廷查禁三百年，難怪康德要稱讚「哥白尼革命」的除舊布新歷史意義了。

(二)伽利略與開普勒

伽利略與開普勒是同時代的人，彼此相差七歲，沒見過面但曾通信。他們的貢獻是站在亞歷山大傳統上，修正並深化了哥白尼的觀點；但由於兩人身處的政治宗教環境不同，遭遇也產生很大差異。伽利略住在義大利，教會拿他的著作當作迫害材料，使其終生被軟禁。而活在異端統治下奧匈帝國的開普勒，則無礙地傳播個人思想。他們都把數學巧妙地用於天文觀測上，將演算結果跟經驗證據結合，大幅改善自然探究中的哲理贅言，使得物理學更趨近數學而遠離哲學，為下一代的牛頓力學奠定基礎。

(三)牛頓

科學史學家將牛頓的兩部代表作《自然哲學的數學原理》及《光學》，視為科學革命完成的里程碑，時間約在十七世紀結束前後。牛頓的自然哲學秉持機械論立場，將亞理斯多德嚴格區分的物理學和數學加以統合，用以解釋物質與運動的關係。他的機械論最早用粒子論虛構的「以太」來發展，在無法驗證及自圓其說的情況下，轉而用引力及斥力來取代思辨性的以太。至於他對於光線所進行的稜鏡實驗，從而發現光譜的存在，讓人們見識到科學實驗所揭示感官之外的自然奧秘。

二、科學的哲學

哲學思考是一種愛好智慧的心智活動，源遠流長，歷久彌新。其中關注於宇宙萬象本源的自然哲學，雖然在科學革命以後已大幅讓位給自然科學，但其用心非但不曾稍減，更發展爲向科學緊密靠攏的哲學路數，亦即科學的哲學。其以科學知識爲核心意理，用以取代神學或形上學。這種趨勢自十九世紀進入哲學視野，至今仍不斷推陳出新，値得一提的包括實證主義、實用主義、實驗主義等。它們的共通之處在於非但不以哲學的人文觀點批判科學，反而把科學方法與科學精神融入哲學的人文事業。

(一)實證主義

牛頓的科學研究成果結束了形上思辨體系時代，取代以用精確知識對自然進行理智征服的時代，因此有人認爲應將他歸入實證主義者之林。但眞正標榜實證主義的卻非科學家，而是在牛頓之後一百五十年的法國哲學家孔德。他嘗試用十九世紀的科學觀，將人心從神學及形上學的桎梏中解放出來。二十世紀的邏輯實證主義更變本加厲，一方面從語言上取消形上學，另一方面更以邏輯、數學、物理學爲基礎重構哲學知識。這一派學者中有不少受過數學或物理學訓練，然後轉行成爲看重實證與經驗的哲學家。

(二)實用主義

邏輯實證主義在二十世紀前期匯聚成「維也納學圈」，二戰前後不少學圈成員前往美國任教，爲美國帶去了分析哲學與科學哲學。但是在同一時期內，美國本土也發展出一套正視與重視科學的實用主義哲學，這其中又以杜威的影響既大且久。他主張一種經驗的自然主義，提倡一條接受現代科學立場與結論的哲學途徑。為呼應此一進路，他將科學工作的價值提高至藝術創作層次，認為科學雖然在控制物質自然，卻也具有直指人心的實用目的。眞理即有用，經驗與自然於是被實用目的有機地結合在一道。

(三)實驗主義

哲學一旦反身而誠，直指人心，就會面臨認識論的問題。笛卡兒著名的「我思故我在」命題，促使後世哲學家不斷追問人究竟如何在認知。原本屬於哲學分支的心理學，在十九世紀後期獨立成科學學科，如今更發展為認知科學。這種科學化的趨勢在近年回過頭來影響及哲學的進步，一種以通過認知科學對人類心理活動所從事經驗性研究為基礎的新興哲學，正以「實驗哲學」為名形成一股運動，並發表運動宣言。作為一種自然主義運動，實驗哲學以哲學直覺為研究對象，對之進行概念分析與實驗。

三、科學哲學

不同於科學的哲學表現出相當程度唯科學傾向，科學哲學可視為哲學對科學工作及科學知識所做的後設性考察。這其中至少包含兩項提問：科學家究竟在做什麼？科學家究竟說些什麼？前者歸於科學史，後者則為科學哲學的主要關注。事實上兩者早在十九世紀科學漸趨成熟之際，即已形成一門相應於科學發展而稱為「科學歷史與哲學」的學科，卻由於史學與哲學的知識分工乃各行其是。但到了二十世紀後期，結合科學史、科學哲學、科學社會學，甚至科學人類學的「科學學」或「科學技術學」又應運而生。

(一)邏輯主義

科學革命促成科學知識的深化，當不同的科學學科各自形成專業學會、出版專業期刊、設立專業科系之際，作爲知識生產與傳授主要場域的大學，也相應提出專業規範。學者們從此謹守畫地自限的原則，不允許也不太有能力做出撈過界之舉。當人文領域裏的哲學與史學也像科學內部一般分家後，而形上學又受到知識界質疑，哲學家手中握有的利器唯有邏輯分析。因此在邏輯實證主義當道之際，科學哲學的主要工作便是檢視科學理論表述的邏輯結構。此派甚至提出「科學統一運動」，被視爲科學哲學朝向邏輯主義發展的極致。

(二)歷史主義

科學統一運動以出版叢書的形式提倡了三十多年，到頭來卻由其中一本專書點燃顛覆整個運動的火種，那便是科學史學家孔恩所著《科學革命的結構》。孔恩的成就是說服了科學哲學家不能只看科學的產出，必須兼顧其運作。也就是說，哲學在處理科學的邏輯有效性同時，也應當關注有效的科學思想如何一步步發展而成。這無疑又回到史學與哲學無所偏廢的科學人文探究。由於此派要求檢視科學史的過去史料，而非僅處理當前的科學論述，科學哲學從而擁有了歷史景深，由是出現歷史主義學派。

(三)科學技術學

科學史與科學哲學分分合合，最終納入科學社會學組成科學學，甚至進而包含技術議題而爲科學技術學。由於科學技術學本身具備人文學與社會科學雙重性質，屬於跨領域、跨學科探究，無形中擴大了科學哲學的視野，更讓傳統的自然哲學旨趣得以與時俱進、推陳出新。尤其是當科學技術學強調科學知識並非全然指向揭示自然奧秘，而毋寧是研究人員的心智建構產物。新興的建構論觀點跟傳統的實在論大異其趣，使得自然哲學的研究旨趣必須改弦更張，否則無以爲繼。以下即是以發散性思考重新省視自然哲學的可能。

肆、再思：發散性思考

回顧漫長的西方哲學史，可以發現自然哲學幾乎就是人類文明愛好智慧，從而探索眞理的起點。但是哲學自宇宙論開其端以後並不曾畫地自限，而是在廣度與深度上同步開展，希臘三傑就標榜哲學要同時追求眞、善、美，亞理斯多德更是具體落實爲知識的全方位覆蓋。科學革命以前許多哲學家皆屬博學通人，對宇宙與人生的雙重關注不存在壁壘。其實自然哲學本身正是對於自然界的人文探問，因此本論文的末節即以發散性的思考途徑，來省視自然哲學兼顧眞善美的可能，並由此銜接上中國哲學。

一、科學宇宙論

古代哲學始於對自然世界的好奇探索，是爲宇宙論時期；到蘇格拉底始把部分焦點投向倫理道德問題，開啓人事論時期；宇宙與人生從此成爲哲學由追求知識走向領悟智慧的兩大主題。在以宇宙論爲主的自然哲學方面，由於探究宇宙時空的理論基礎、研究方法、觀察器械不斷推陳出新，使得今日的宇宙圖景已截然不同於過去。因爲哲學宇宙論的不足所導致的科學革命，讓哥白尼、伽利略、開普勒及牛頓不斷從天文學研究成果中，爲科學宇宙論紮下堅實基礎，形成今日的多元圖景面貌。

(一)宇宙圖景

牛頓的豐績令科學革命告一段落，他所提出的萬有引力定律及運動三大定律，爲當時的宇宙圖景進行了定量描述，其基本原理一直延用至今。牛頓之後不斷有哲學家及科學家在構思更豐富的宇宙圖景，其中由康德所提出的宇宙演化觀與星雲學說，都具有豐富的原創性，且爲後世觀察研究所證實。到了二十世紀，由於望遠鏡升級所發現的太空無遠弗屆，大大改變了世人對宇宙圖景的認識與想像。像愛因斯坦便提出一種靜態宇宙觀，在無窮時間和彎曲空間內，宇宙有限而無邊。此一說法雖出自大科學家之口，無疑已超過一般人的想像了。

(二)大爆炸

靜態宇宙有限無邊令人不易理解，相對的動態宇宙因爲能夠被觀察而漸受支持。首先有人發現，當我們持續觀測遙遠處任何一顆天體星球時，就會產生光譜向紅色偏移的現象，這意味該星體跟地球正在做相對方向的運動，彼此距離越來越遠，由此可見宇宙是在不停膨脹之中。起初大家還以爲膨脹屬穩定進行，後來又有證據顯示，宇宙在原始生成之際，是以大爆炸形式迅猛發生，其背景輻射痕跡已被無線電望遠鏡偵測到；如今甚至已估算出大爆炸至今約爲一百三、四十億年，而整個膨脹過程將長達四百億年，其後則逐漸收縮。

(三)人擇原理與自然神學

動態宇宙的膨脹收縮觀似乎較接近常識，但其細節牽涉到相當複雜的觀測和演算；加上宇宙至大無外，地球卻杳不可及，幾乎難以確定何種宇宙觀爲眞。這便爲自然哲學的臆測性質保留住不少餘地，其中人擇原理和自然神學就是頗具參考價值的觀點。人擇原理的總體思路是說，宇宙之所以能夠被觀察及說明，是因爲它剛好符合由其所創生的人類之視野。這似乎表示「我思故我在」同「存在即被知」的唯心立場仍有一定道理，也爲嘗試在宇宙觀不斷深化中發現上帝創造萬物證據的自然神學提供了著力之處。

二、第二自然觀

物理學作爲自然科學的典型模範學科，於過去兩百年針對宇宙與世界圖景，產生一系列突破性成就，徹底且不可逆地改變了人們所賴以生存的地球面貌。上世紀中，當物理學的偉大成就一一實現後，科學家逐漸將視野轉向另一個極具發揮空間的知識領域，即是生物學及生命科學。曾獲諾貝爾獎的物理學家薛丁格寫下一本小書《什麼是生命？》，激勵了同爲物理學家的克里克走向分子生物學，終以發現DNA結構而震驚世界。物理、生理、心理狀態同樣由自然界演化生成，諾貝爾醫學獎得主愛德曼稱後兩者爲「第二自然」。

(一)生命科學

基督宗教長期將上帝創造的人類置於宇宙中心，成爲萬物之靈，並深具理性意識。然而十六至二十世紀先後有三位科學家分別顛覆了這種人類中心立場：哥白尼的日心說、達爾文的演化論，以及佛洛伊德的原欲觀。其中演化論指出所有生命體同出於一源，而以天擇及適應的機制不斷由簡至繁地演化。人類看似萬物之靈，但並非高高在上，而是地球上眾多物種的一員。其之所以開創出獨到的文明與文化，實肇因於神經系統演化出語言功能，而語言溝通又回饋改善大腦神經的作用，形成人獸之分。

(二)神經科學

達爾文的演化論創生於十九世紀中，至二十世紀初與孟德爾的遺傳學結合，再到世紀中融入分子生物學，可說眞正統一了物理學、化學及生物學，但是尚未能納入心理學。心理學自十九世紀後期由哲學獨立後，便竭力模仿物理學企圖轉型爲自然科學。這種努力歷經百年後，終於在大腦與神經科學方面不斷有所突破。DNA之父克里克晚年潛心鑽研神經科學，並正確地認爲這是自然科學繼物理科學、生命科學之後，最新也可以說最後一塊有待開發的領域。其實哲學家早就意識到其重要性，但並非通過自然哲學，而是經由形上學及認識論。

(三)認知科學

形上學雖然在科學革命之後被質疑有否意義，但這只是針對它的思辨性答案，卻無損於其提問的合法性。事實上，如今形上學結合認識論，對心物問題、心靈哲學提出許多新的進路，有些已踏入科學領域而走向認知科學。認知問題的提出可上溯至蘇格拉底與柏拉圖的理性主義，以及亞理斯多德的心理功能主義，這些都對後來心理學科學化有所啓發。心理學的原意是研究靈魂的學問，其對象從靈魂轉向精神、心靈、意識，再到行爲與認知，無不針對人類心智而發，在東方可以中國的心性之學相呼應。

三、中華文化

對自然哲學的再視與再思，使我們看見西方人在哲學及科學各方面的心智成就；尤其是科學與技術的結合，徹底改變了全球風貌。雖然科學未發生於古代中國，但是生活在華人圈的我們，沒有理由對此一成就不加思索地便全盤接受。至少從中國哲學看，難道「道法自然」的東方論述，就完全沒有自然哲學旨趣嗎？就像科學哲學有「科學哲學」與「科學的哲學」之分，自然哲學也不妨從寬認定包括「自然哲學」與「自然的哲學」；後者的「自然」與其說是名詞，還不如視爲形容詞，因而帶有中華文化所特有的「自然而然」、「順其自然」之意。

(一)道

西方人眼中的自然指的就是大自然，亦即未經人工介入的自然世界。但整個西方文明的發展卻是征服自然，直到近年環保意識高漲才想到愛護自然。相形之下，華人一開始就有意通過反璞歸眞以貼近自然，以免被非自然的文化設計扭曲本然之性。以「道法自然」爲最高意境的道家思想，始終堅持不事造作的人生途徑，最終能夠長視久生。這種期盼因爲跟陰陽家有所交集而彼此結合，竟然開創出道教系統。道教爲追求長生不老而求仙煉丹，意外地將中國科學與技術發揚光大，甚至在中世以前遠勝西方，可惜後來停滯不前，終至大部消亡。

(二)儒

相較於道家的「道法自然」，儒家則強調「人文化成」；不過當代新儒家卻清楚認識到「自然先於人，人先於自然科學」。由於《史記》載有孔子曾問學於老子之事，道家似乎較儒家更源遠流長。儒家鮮少表現出對自然的興趣，即使討論「天道」之初也有超自然傾向，後來則由超越轉向內在性，以彰顯道德良知爲主軸。就哲學關注宇宙與人生而論，儒道兩家理當互補互利，相輔相成，無所偏廢。面對商業當道、科技掛帥，今日哲學不但要講究文理並重、東西兼治，更要做到儒道融通，讓天人合一的宇宙與人生兩全其美。

(三)前現代與後現代

宇宙即天地，人生歸於人，天人地謂之三才；人既無逃於天地之間，就要學會如何頂天立地。如今華人占全球人口五分之一，雖然幾乎都生活在西化及現代化的處境中，但個人安身立命之所繫，不可能也沒必要全盤西化，走向「中體西用」的途徑才是正道。雖然前現代的中體西用說是受到船堅礮利衝擊而企圖擺脫次殖民困境的反應，堅持本體走向器用；但百年後的後現代立場，大可轉爲肯定文化主體性及善用科學技術。主體性的建立靠的不是知識而是智慧，華人大智慧需要通過「大智教化」以達到潛移默化的效果。

結語：大智教化

生命是第二自然，教育即生活。近年兩岸都將生命教育列爲重要政策積極推廣。西化的生命教育是德育的後現代提法，允許「各自表述，各取所需」，至於後現代精神則爲「質疑主流，正視另類；肯定多元，尊重差異」。提倡德育固然是爲彌補與改善偏重智育所導致科技掛帥的不足與弊病，但光有德育並不盡爲功，必須加上價值論天秤上另一項重要主題的美育，方能在哲學追求眞善美的理想上面面俱顧，無所偏廢。美育雖然背負著藝術教育的責任，但同樣可以爲生命教育做出貢獻，此即發揚自然美、生活美、人生美。人生哲學不全然等於倫理學，後者處理人倫關係，前者則尋求自我安頓之道，包括如何安身立命與了生脫死。

我個人涉足哲學四十餘年，探索和講授愛智學問超過三十載，始終關注天人合一的宇宙與人生相互通透，博士學位論文即題之爲《宇宙與人生》。由於長期從事通識教育及生命教育的教學工作，積多年之經驗，於花甲前後拈出「大智教化」的教研途徑，作爲生命教育的民間版、擴充版及升級版，其核心價值即爲「文理並重、東西兼治；儒道融通、天人合一」。本論文係對西方傳統自然哲學進行再檢視與再反思，但不局限於西方視野，而以東方心靈將之擴充至中國哲學，提倡熔西方「自然哲學」與中國「自然的哲學」於一爐，去蕪存菁，推陳出新。自然哲學讓人們看見宇宙天地之宏偉，而自然的哲學則提點我們順應自然，從而與天地合其道。

參考文獻

王加豐、宋嚴萍（譯）（2014）。《三種文化——21世紀的自然科學、社會科學和人文學科》（J. Kagan著）。上海：格致。

任安波（譯）（2011）。《科學史方法論講演錄》（N. Sivin著）。北京：北京大學。

李珩（譯）（2012）。《科學史》（W. C. Dampier著）。北京：中國人民大學。

李劍龍（譯）（2013）。《宇宙之書——從托勒密、愛因斯坦到多重宇宙》（J. D. Barrow著）。北京：人民郵電。

汪鳳炎、鄭紅（2014）。《智慧心理學的理論探索與應用研究》。上海：上海教育。

周程、于霞（譯）（2012）。《近代科學為什麼誕生在西方（第二版）》（T. E. Huff著）。北京：北京大學。

武建峰（譯）（2014）。《認知科學的歷史基礎》（J. C. Smith著）。北京：科學。

邱慧（譯）（2012）。《結構之後的路》（T. S. Kuhn著）。北京：北京大學。

金吾倫、胡新和（譯）（2012）。《科學革命的結構（第四版）》（T. S. Kuhn著）。北京：北京大學。

唐璐（譯）（2010）。《第二自然——意識之謎》（G. Edelman著）。長沙：湖南科學技術。

孫雍君、張錦志（譯）（2008）。《高級迷信：學術左派及其關於科學的爭論》（P. R. Gross與N. Levitt著）。北京：北京大學。

徐紀貴（譯）（2014）。《進化思維——達爾文對我們世界觀的影響》（C. Buskes著）。成都：四川人民。

翁昌黎（譯）（2013）。《孔恩vs.波普：爭奪科學之魂》（S. Fuller著）。新北：群學。

馬來平（2012）。《科學的社會性與自主性：以默頓科學社會學為中心》。北京：北京大學。

馬其炎、陳婧（譯）（2014）。《新教倫理與資本主義精神》（M. Weber著）。北京：北京大學。

張燈（譯）（2014）。《自然哲學》（P. Feyerabend著）。北京：人民。
張卜天（譯）（2012a）。《世界的重新創造：近代科學是如何產生的》（H. F. Cohen著）。長沙：湖南科學技術。
張卜天（譯）（2012b）。《重構世界：從中世紀到近代早期歐洲的自然、上帝和人類知識》（M. J. Osler著）。長沙：湖南科學技術。
張卜天（譯）（2012c）。《近代物理科學的形而上學基礎》（E. A. Burtt著）。長沙：湖南科學技術。
張卜天（譯）（2012d）。《科學革命的編年史研究》（H. F. Cohen著）。長沙：湖南科學技術。
張卜天（譯）（2013a）。《西方科學的起源（第二版）》（D. C. Lindberg著）。長沙：湖南科學技術。
張卜天（譯）（2013b）。《科學革命》（L. M. Principe著）。南京：譯林。
張卜天（譯）（2014）。《無限與視角》（K. Harries著）。長沙：湖南科學技術。
張桂權（譯）（2011）。《自然的概念》（A. N. Whitehead著）。南京：譯林。
許宏彬、林巧玲（譯）（2010）。《科學革命——一段不存在的歷史》（S. Shapin著）。新北：左岸。
許為民等（譯）（2007）。《科學技術學導論》（S. Sismondo著）。上海：上海科技教育。
傅統先（譯）（2012）。《經驗與自然》（J. Dewey著）。北京：中國人民大學。
童世駿、郁振華、劉進（譯）（2012）。《西方哲學史——從古希臘到二十世紀》（G. Skirbekk與N. Gilje著）。上海：上海譯文。
廈門大學知識論與認知科學研究中心（譯）（2013）。《實驗哲學》（J. Knobe與S. Nichols著）。上海：上海譯文。
楊適（2012）。《古希臘哲學探本》。北京：商務。
詹文杰（譯）（2014）。《古代哲學史》（W. Windelband著）。上海：上海三聯。
劉鴻珠（譯）（1977）。《偶然與必然》（J. Monod著）。臺北：杏文。
樓巍（譯）（2013）。《實驗哲學導論》（J. Alexander著）。上海：上海譯文。
蔡蓁（譯）（2013）。《微調的宇宙——在科學與神學中探索上帝》（A. E. McGrath著）。上海：華東師範大學。

韓應忠（譯）（2013）。《科學哲學》（S. Okasha著）。南京：譯林。
魏鴻鐘（譯）（2013）。《托馬斯・庫恩》（T. Nickles著）。上海：復旦大學。

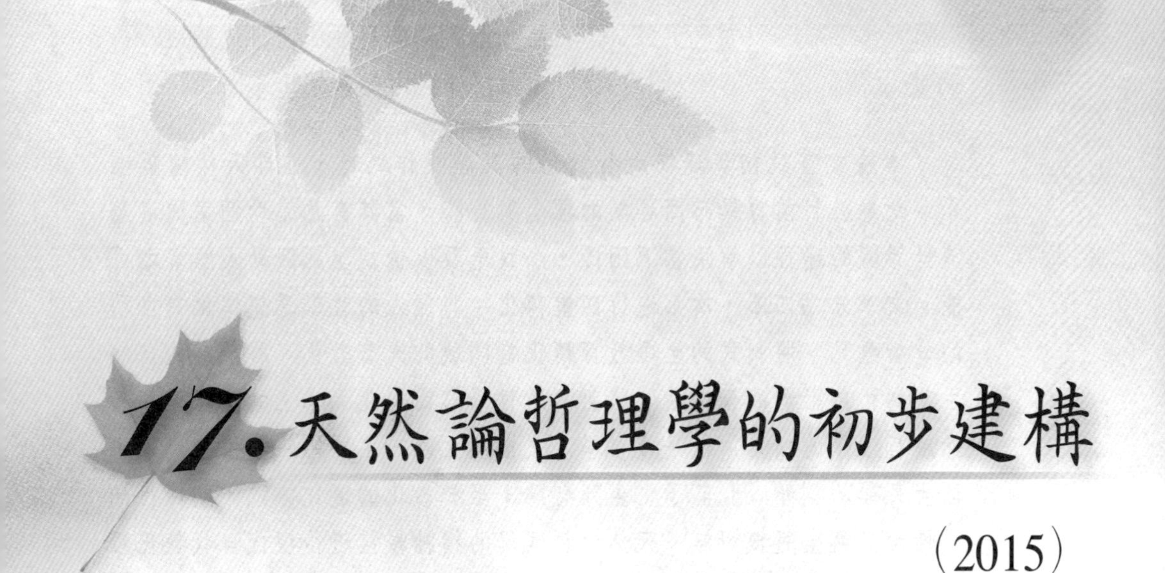

17. 天然論哲理學的初步建構

（2015）

- 引言：標新立異
- 壹、哲學思想與愛智慧見
- 貳、生命教育與大智教化
- 參、自然主義與天然論
- 肆、哲學諮商與哲理學
- 結語：語重心長

摘要

本論文嘗試初步建構大智教化的具體操作之道，亦即天然論哲理學。受惠於目前哲學諮商專業的理念與實務，當其有意協助個案通過釐清世界觀的途徑以解決當下困擾，令我思及以檢視生死觀助人解套之可能。文章分為四節，次第進行四重轉化：將他人的哲學思想轉化為自己的愛智慧見、將制式的生命教育轉化為開放的大智教化、將既有的自然主義轉化為融通的天然論、將西式的哲學諮商轉化為本土的哲理學。天然論哲理學的核心價值是後科學人文自然主義，主要師法被推崇為「中國生死學的創始人」莊子之生死智慧；至於教化的運作方式，則採行開放性由死觀生隨機對話。天然論哲理學的精神較接近後現代自我教化哲學，藉由策勵個人反身而誠的工夫，令其激盪出安身立命、了生脫死的大智大慧。

引言：標新立異

這是一篇標新立異的議論文章，作爲推廣「大智教化」的講義。在六經註我的情況下，我嘗試把涉足哲學四十七年的認知和體驗推陳出新，轉化出一套盡可能適用於不同個體的當下中道思想。它是我的哲思意見與異見，卻可以推己及人，跟任何有緣人對話會通。吾十有五初識哲學，便有志於斯；及後如願步入此道，卻始終不安於室。我執意疏離主流迎向另類，由科學哲學而應用哲學，再至生命教育，終於花甲之年悟出大智教化途徑，而其核心價值即是此前一以貫之的「愛智慧見」。簡言之，愛智慧見乃是我所醞釀多時的哲理思想，用於生命教育遂將之擴充升級爲大智教化。我的愛智慧見可總結爲「後科學人文自然主義」，又稱作「天然論」；至於大智教化的操作型態類似於方興未艾的哲學諮商，可稱爲「哲理學」。我希望據此能形成「哲理術」，進而培育「哲理師」，最終跟「倫理師」、「心理師」平起平坐，共同服務社會。

壹、哲學思想與愛智慧見

本論文用愛智慧見代表我的哲理觀點，以有別於他人的哲學思想。傳統哲學一如現代科學，強調發掘事實眞相，進而追求普遍眞理；而對衆說紛紜的個人意見不屑一顧，甚至嗤之以鼻。及至今日，在後現代反本質的大纛下，全球化、本土化以及在地化得以相提並論，眞理讓位、意見彰顯已成常態，我乃順勢楬櫫自身長期「愛好智慧」的一己之見。我自忖所言並非癡人說夢，而是近半世紀理性認知與情意體驗的積累融貫，可視爲自我生命教育的用心之所得，說與有緣人聽並不爲過。

一、哲學思想

早年初習哲學，必修中國、西洋及印度哲學史，強記硬背、囫圇吞棗一番，沒有深刻體認。及至後來研究科學哲學而接觸到科學史，發現其中史料相當豐富。對比之下，哲學史似乎只有哲學沒有史，百年前胡適早就有感於此。科學其實源於哲學，原本歸爲自然哲學，爲何至今有此落差？我想簡單的理由無非是：哲學始終追求以不變應萬變，而科學卻堅持與時俱進；光是這點差別，就足以讓科學從哲學掙脫自立門戶了。但話說回來，這絕非哲學之過，而是哲學在知識演化中所承擔的歷史任務。

(一)宇宙

哲學是人類自我啓蒙擺脫神話的心智產物，用以處理宇宙與人生諸問題。但神話並未消失，而是轉化爲文學藝術、宗教民俗等情意傳統，並讓哲學以及平行發展的數學扮演著智性功能的角色。宇宙與人生問題在不同民族文化內各有解釋，我生長於東亞臺灣，所受哲學教育不似西方人忽視東方，而是東西兼治、儒道融通的。東西雙方處理宇宙與人生問題，都有「知德合一」之說，但取向進路卻大異其趣。西方哲學雖然兼顧眞善美，卻明顯讓追求眞理的途徑掛帥。宇宙問題在傳統哲學中占據核心地位，亞里斯多德的「物理學」及「後設物理學」（形上學），加上他爲生物分類的嘗試，都對後世自然哲學乃至自然科學的發展影響深遠。這點在東方的中國哲學內無可比擬相似之處，因爲中國人敬天、法天，但鮮見戡天。

(二)人生

雖然亞里斯多德的德性倫理學也在後世占有重要的一席之地，但作爲實踐哲學的倫理學，終究不似在中國哲學內蔚爲主流。當代哲人馮友蘭、梁漱溟、胡適、張岱年等，都視倫理人生爲中國哲學的核心議題。人生問題生死攸關至爲重要，西方長期以來都交予宗教信仰去安頓，文藝復興以後乃有人文主義分庭抗禮。而中國儒道兩家人生思想智慧，則分別被歸於人文及自然主義。如今哲學探究已無法畫地自限，勢必要東西兼治，我乃提出「異中求同、同中存異」的中道方法以爲因應。其觀點態度在於用類似「光譜漸層」的方式看待哲學問題，宇宙與人生皆作如是觀，當可不陷於一偏之見。透過光譜漸層的視野去觀照哲思，時空因素逐漸呈現，哲學於是有史可考，不必然放諸四海皆準，而是隨緣流轉。

二、轉化

哲學探索雖然抽象，同樣可以像具象的科學研究一般與時俱進，而非堅守傳統以不變應萬變，這便是因時因地制宜的思想觀念轉化。以我涉足二十年的生死學爲例，養生送死必然涉及殯葬，而在華人社會裏，儒家與道家可以發展出兩個極端的處理之道：一面是儒家式的繁文縟節古禮厚葬，另一面則是道家式的反璞歸眞自然潔葬。傅偉勳推崇莊子是「中國生死學的開創者」，予我極大的啓發與鼓舞，乃有我的愛智慧見核心價值之結晶凝聚。由死觀生，再由人生看宇宙，終能「直透本原」。

(一)傳統

從人生看宇宙方能「直透本原」之說出自唐君毅，相反途徑在他看來無疑是「最彎曲的路」。回顧我的治學歷程，正好應驗其所言而曲折不已。然我非但不後悔，反深覺殊途同歸，從而發現由兩個極端以光譜漸層方式向內匯通的中道觀點。如今我正嘗試用這套觀點，自傳統思想中轉化出後現代論述，頗覺運行無礙。依傍六經註我的大原則，套句廣告臺辭：「各家就是我家」，同樣符應傅偉勳從「學問的生命」到「生命的學問」學思道路。反身而誠，傳統之於我不外哲學史所記載的大中小家，以及爲安身但非立命而從事知識生產所涉獵的文獻作者。耳順之年我自願從職場提早離退，從此不爲安身之事煩惱，立命之心反而奇妙應運而生，而於賦閒後不斷拈出自己的愛智慧見。

(二)後現代

六經註我的策略不是背棄傳統，而是有所取捨地善用之。在此多少有些拼貼效果，可說相當呼應了後現代精神與狀況。從傳統到現代，臺灣的哲學處境可謂邊陲之邊陲；然而一旦訴諸後現代，去除發言位置的壁壘，頓時顯得海闊天空。就意識型態作爲「觀念的學問」而言，非涉於船堅礮利，阿Q一點又何妨？何況我從接觸哲學起，所關注的重點始終不脫個體自身的「存在抉擇」。就像我所心儀的叔本華一樣，不斷爲自己的一偏之見找尋理由，目的則是安身立命、了生脫死。這種個人化甚至自我化的哲理思考途徑，竟然可以在後現代思想家當中找到呼應，那便是羅逖的自我教化哲學。身爲美國學者，他擁抱住實用主義精神，卻把整個西方哲學拆解得支離破碎，令我這個東方後生小輩大開眼界。

三、愛智慧見

大破而後自立。始終立於哲學宮牆之外的我，一方面看見所出身學圈的各自爲政甚至分崩離析，另一方面也漸感老之已至彷彿時不我予，乃不揣淺陋端出自己的愛智慧見。與其說我在此著書立說、推廣己見，不如說是有意借題發揮、自渡渡人。我的所思所想、所言所行，不歸爲知識眞理，而屬於愛智慧見，亦即探索生命學問的心得意見。此一生命探索始於我在高中時期所接觸到的存在主義、道家及禪宗思想，並一度誤以爲這就是哲學的全部，於是立志投考哲學系。

(一)愛智

我學習並傳授哲學的身心歷程無法一言道盡，已於花甲之際出版《觀人生》一書細說分明。在其中曾表示長期面臨「邊緣人的苦悶」，後來則一掃而空，到如今更是「也無風雨也無晴」。此一困境就是身處職場卻沒有歸屬感，這其實可歸因於知識分工與教研專業化所造成的門戶之見。我在哲學系以外的系所任教，彼此都懷有成見。這種供需失調所導致的愛智門徒在「花果飄零」中必須「靈根自植」的處境，雖然不似當年唐君毅提出此言的大時代之感慨，卻也反映出哲學圈小人物的眞實遭遇。愛智是好事，能拿它當飯吃卻不容易。我算是順利以教哲學謀生餬口半輩子，如今於西方國家尚有靠哲學諮商執業收費的行當，倒也可開發為哲學人的出困之路。不過在臺灣，寺廟附近的「哲學相命」或許更切實際。

(二)慧見

不要小看傳統「五術」，高雄「龍發堂」的民俗療法一度還曾遠赴德國，登上世界精神醫學大會的講壇哩！哲學既然以開啓人心智慧為目的，那麼求知工夫只是方便法門而非不二法門，反倒是常識之見更形重要。專門或專業科系學生的常識充實，在今天大專院校中靠的就是通識教育。而通識教師許多皆為正統「哲學博士」出身，二三十年前我的入行正由此起步。我把教通識當專業，其中大部分是在教生死學。人家封我為此道專家，我說死而後已才配稱專家，像吳寧遠、傅偉勳、余德慧、鄭曉江皆已先後辭世而留名千古。反觀我何德何能？不過在引領學子由死觀生罷了。回首過往，我終於看清這就是我想做也樂於去做的人生志業，通常稱為生命教育。如今生命教育在臺灣已列為高中正式課程，其中有「生死關懷」一科，教的正是生死學。

貳、生命教育與大智教化

飄零的生命搭掛上生命教育，是從我接手哲學前輩傅偉勳的遺志，意外成為全球唯一的生死學研究所創所所長開始。剛好就在那幾年，生命教育於臺灣應運而生，而且跟生死學一拍即合。從認知角度看，此兩者皆有豐富的情意成分，不宜完全通過知識講解以傳授，必須要有體驗活動。我自己的作法是靜態地反芻生命故事並形諸文字，對學生則要求試寫哲理小品。至於比手劃腳帶動唱或愛的抱抱那一套，則敬謝不敏。近年我已將學生生命教育擴充至教師及成人，並升級為大智教化，以自助助人身心安頓。

一、生命教育

「生命教育」是一項極爲光明正向的提法，因此受到兩岸四地教育界一致認可，並積極推廣普及，但彼此的動力源卻大有出入。簡言之，臺港澳的生命教育受到宗教團體大力護持，官方亦樂見其成；大陸則以思政教育及心理健康爲主力，完全排除宗教色彩。情勢不同無可厚非，但我身處臺灣，卻發現除宗教及民俗信仰外，非宗教的人生信念也具有豐富生命力，値得一顧。尤其在生老病死方面，將傳統思想轉化成爲後現代多元價值，同樣足以面面俱顧。這正是我提出生命教育擴充升級版的大智教化之緣起。

(一)生命

曾有新儒家學者指出，「生命教育」至大無外，凡事一網打盡，卻可能流於說了等於沒說。於是有佛家學者花大工夫去界定「生命」，更有日本生命倫理學者創立「生命學」以獨樹一幟。然而究竟「生命」何所指？我認爲從西方的「生命科學」到中國的「生命學問」都必須納入，對此我提出「生物—心理—社會—倫理—靈性一體五面向人學模式」以概括之，要求知情意行無所偏廢。如今在華人圈傾向將生命教育視爲道德教育的替代；傳統德育既然不受重視，那就把它重新打造包裝，甚至以花俏多樣面貌問世。我不反對教學形式的多樣化，但更看重教育內涵的多元性；最好是五育兼顧，進而突出情意與價值取向的德育與美育。臺灣正式推動的高中生命教育相當偏重倫理道德教育，對哲學界毋寧是好事，至少愛智弟子下山行道擁有更多施展空間。

(二)德育

說到傳統德育其實有兩重意義，其一是指傳統式的道德教育，再者則為傳統中的教育內容，後者反映更多時空背景。以教育學來說，十九世紀初接替康德在大學中擔任講座的赫爾巴特創立了普通教育學，他視倫理學為教育的本質，心理學則為其方法。但是到了二十世紀初，當史賓塞為提倡德、智、體三育撰寫小冊時，他心目中的教育典型卻是以科學為內容的智育。西方從德育當道到智育掛帥的百年間，推波助瀾的是大學專門科系的設置，加上學術團體的成立和期刊的出版，逐漸形成一個壁壘分明的共同體。各學科共同體的社群意識傾向排外，意志集中力量也集中，知識生產突飛猛晉，為人類文明不斷添增新頁。這種群性最初以自然科學為宗，其後擴散至社會科學及人文學科。如今哲學亦有樣學樣，東西方傳統德育皆套用智育模式在推行。

二、轉化

教育為人而設，要求生命化並不為過。生活在二十一世紀，知識分工已然成形，不可能走回頭路。現實地看，身處地小人稠的臺灣，學生受教先考慮出路乃天經地義無可厚非；當一小群人懷抱愛智理想投身哲學，也必然受到市場機能的牽制。一般念了哲學到頭來多半當老師，如今有著生命教育講壇可以揮灑，但必須先行確認所學何事？所為何來？像我以教生死學為主，講的就是我的一體五面向人學模式，藉以讓學生當下由死觀生，未來了生脫死。

(一)美育

目前臺灣的生命教育主要還是在各級學校內針對學生而設，甚至規準化為一套課綱及八門科目，在高中統一開授，用以取代並充實德育。不過在我看來，它其實還有更多發揮空間，包括至少兼及德育和美育，以及走出學校面向社會。我稱這樣的改革創新為「大智教化」，「大智」代表生命智慧，「教化」則彰顯突破制式教育的框架。最近兩年我寫了一系列討論大智教化的文字，本論文可視為總結篇章，大智慧的內容便不再贅述，在此僅就美育稍做說明。我所提倡的美育內容主要是自然美與人生美，藝術美尚在其次。像我喜用電影討論生命，第八藝術的形式可以不計較，扣人心弦的生命故事才是重點。人生若能盡量活出自然不造作，尤其是死得坦然、死得其所，更可謂美的最高境界。

(二)教化

前面曾提到我受惠於羅遜的自我教化哲學，決定不斷精進自我生命教育，在五十至六十歲之間寫成十數種相關著述流傳於世，也算是推己及人，進行社會教化。社會即指人群，我從小便不太合群，及後更發心成爲自了漢，希望「無求於人，亦不爲人所求」。高中時強烈爲存在主義、道家及禪宗思想所吸引，而無視於學校教的儒家那一套。但是年歲日長，社會化不減反增；站上講臺當了老師，總不能太自我中心忽略學生。「三人行必有吾師」，三十載教學生涯跟學生試誤地不斷互動成長，令我眼界心胸相繼大開。例如爲謀生去教主義政治課，被學生連番詰問，不得不向社會科學自學補課，竟意外對陌生的「社會」有所體認，日後更從反商情結中走出來，修習了三年MBA課程。

三、大智教化

我從生命教育在臺灣一開始推動便投身其中，十八年來爲此寫了一堆書，偶爾會被別人視爲學者專家，心中多少也萌生出一份使命感，希望以「大智教化」爲名多做些事情。近年因緣際會去大陸參與民間辦學，發覺傳統書院日益流行，竟有心仿效而成立「大智教化院」；不過目前尚停留在網路虛擬階段，尚未有實體教學活動的設計。但我也的確據此在兩岸進行多次講座，對象主要爲各級教師和社會人士，聽衆反應不惡，予我極大信心。看來將自我教化推己及人依然可行。

(一)大智教

自認爲是人文自然主義的信徒，宗教信仰則始終是我心中的一道結。小時候隨家人進教堂、高中自行參加團契、念天主教大學跟神父修女聽道理、在佛教大學教書甚至皈依受戒，到頭來卻轉眼成空，仍於世俗中載沉載浮，不知所終。宗教是團體活動，信仰爲個人抉擇，我確定自己頗有宗教感，但不願追隨教團參與活動，於是選擇疏離靠邊站，久之便走向非宗教。非宗教不是像西方「人文主義者宣言」那般明顯反宗教，而是將之納入括弧存而不論以示尊重。宗教顧名思義乃是立宗設派教化人民，教主多爲受到天啓靈動的卡理斯瑪型領袖人物。他們高高在上，於神聖光環的氛圍中受人景仰，其後世傳教宣道者亦多如是。對此我有所反思：那大智教化呢？它可否發展成大智教，藉以普渡衆生？

(二)獨善自渡

身爲學術中人，有時我還眞以爲在臺灣充滿宗教味的生命教育，其本身就是一門準宗教。相對於一般學術研討會上的劍拔弩張、砲聲隆隆，生命教育團體辦活動大多溫情流露，笑聲不斷，其樂也融融。此雖反映出群體內聚力量大，但也同時顯示道不同不相爲謀。宗教原本就是給人信仰，而非討論批判。一路推動生命教育至今，我終於悟出「各自表述、各取所需」的眞諦，從而選擇不與人爭，心平氣和走自己的路，於獨善中自渡。猶記我於八年前奉派擔任高階主管，爲應付大學評鑑忙得團團轉，不時興起「人在江湖身不由己」之嘆。也就在這段期間，繼父與母親相繼去世，自願無後的我上無父母下無子女，生命情調頓時臻入空靈之境，彷彿大死一番，遂拈出「享閒賞情趣，親性靈體驗；做隱逸文人，過澹泊生活」座右銘。於今看來，這正是我的生命蛻變之始。

參、自然主義與天然論

我的蛻變至今始告一段落，乃爲文總結心得，嘗試以文會友，廣結善緣。回想一路走來的存在抉擇，多少有些矛盾。例如以隱逸爲志，理當不爲人所知；我卻大言不慚，難免好爲人師。不過此生既已出了二十八本書，再寫下去也未嘗不可。「我手寫我心」，接下去我就要講述近年所領悟的中道哲理了。爲標新立異以示新穎的異見，本論文試圖建構「天然論」的「哲理學」；前者代表我的愛智慧見，後者則用以從事大智教化。我期望體用通透，以達知行合一。

一、自然主義

自然渾然天成，遂可稱作天然；天然論說穿了就是自然主義，換個說法是想強調其中的四句教：「文理並重、東西兼治；物我齊觀、天人合一。」天然論大同小異於自然主義之處，一是以光譜漸層的方式，從西方「自然哲學」講到東方「自然的哲學」；再則以由死觀生爲前提，從莊子的生死學出發，一路走向後現代視死如歸、無後顧之憂的喪葬觀。這些靈感得自我從事多年的殯葬教育，事實上我在這方面寫了四種書，大力提倡「輕死重生、厚養薄葬」，尤其是環保自然葬。

(一)科學人文主義

西方有人堅信人文主義以反對基督宗教，我生長於臺灣，在地以民俗信仰爲大宗，信不信由人。人生行過花甲，心境幾經「改宗」，最終選擇相信「人死如燈滅」的徹底現世自然主義。但是身爲愛智門徒，以至後來的哲學教師，我在認知層面也同時服膺人文主義；起先是存在的人文主義，後來是科學的人文主義，如今則爲後科學人文自然主義。我所接觸科學人文主義的信念，來自物理學出身哲學家萊興巴哈的大作《科學的哲學之興起》，以及分子生物學家莫諾的名著《偶然與必然》。它們最終反映在我以英國科學哲學家波普為鑽研對象，先後撰成的碩士論文《自我與頭腦》、博士論文《宇宙與人生》之中。由此可見我在涉足哲學前二十年文理並重的心之所嚮，包括大學時選讀生物系為輔系。

(二)人文自然主義

後新儒家學者林安梧曾有「自然先於人，人先於自然科學」之說，頗能詮釋我的終極信念「後科學人文自然主義」，它簡稱「天然論」。自然科學由人所發明，屬於人文化成的文明成就，用於戡天利民，但應慎行以御物而不御於物。然而到如今人類已深陷科技羅網之中難以自拔，遂時興後現代式的後科學批判，但不應完全走到反科學的相對面。後科學人文自然主義是一套中道哲理，以自然之道為圓心，向外環次第發展出人文思想與科學知識。至於「後」之論述，主要在於要求保持多元開放的可能性，以免定於一尊。有人質疑科學已成現代宗教，但波普強調科學知識始終呈現開放之勢，容許各方批判，不斷演化修正，根本迥異於不容懷疑動搖的宗教。至於我選擇相信人文自然主義，跟我追求清風明月的稟性氣質有關，充其量不過是一己人生信念而已。

二、轉化

科學史暨科學哲學家孔恩看得很清楚，史學研究必須充分掌握客觀的史料方能開口，哲學研究卻只要批判別人思想的要害便站得住腳，這是指西方哲學傾向「求異」；相對地，中國的哲學家卻往往希望「存同」，盡可能把自己歸入儒道佛三家之中。因此有人結論說，西方沒有哲學只有哲學家，中國則只有哲學沒有哲學家。這些或許反映出學術圈的部分狀況，但我已自外於此，且以六經註我，開創自家本事，推廣融匯各方之長的光譜漸層式中道哲理，大可放手求同存異，以期活學活用。

(一)儒與佛

本論文揭示了我的哲理之四重轉化，各自從既有哲學背景議題中，勾勒出新穎意見與異見。如此標新立異是嘗試發掘其中的活水源頭，爲個人生命注入新力量。像我將自然主義轉化爲天然論，就是想重新建構天人物我的關係。人文主義和自然主義的提法都來自西方，百年前就受過西方教育的胡適寫中國哲學史，便把這些標籤貼在儒家跟道家思想身上，久之大家也習以爲常。說儒家是人文主義，表示它擁有深厚的人本關懷，這點其實佛家也具備。以孔子爲宗師的儒家，擇善固執地宣揚社會倫理，讓世人各安其位、各守其分。而以世尊爲祖傳的佛家，則教聖諦正道自渡渡人，從而離苦得樂。儒佛通過修行內證，各自成爲聖賢或覺者，更不忘推己及人，這是很貼切的人本關懷實踐。

(二)道與禪

相對於儒家與佛家的外爍實踐，道家與禪宗更看重內斂工夫，走向本心本性的順勢開顯。這種渾然天成的生命流露，對於個體生老病死的自我安頓，體現出較人文化成更細膩圓融的天然之道。它多以平常心呈現，卻是對大智慧的深刻領悟。本論文有意建構「天然論哲理學」，換個說法就是「後科學人文自然主義哲學諮商」；其前提乃係「由死觀生」，亦即「生死學」。傅偉勳洞悉道家與禪宗的深切關聯性，一如其所言：「莊子是心性體認本位的中國生死學的開創者，此一生死學後來由禪宗繼承，並獲更進一步的發展。」禪宗雖然屬於佛教八宗之一，但是它對出生入死的體認，卻已相當中土化；其解脫觀與道家，尤其是莊子思想有相通之處，反而跟業力流轉、輪迴果報的原始佛教教義不甚呼應。

三、天然論

「出生入死」爲老子言，係指人由生來向死去，自然而然，無須刻意造作。但老子對生死大事發揮不多，此乃莊子之擅場。莊子把生死學推展到由死觀生的極致，像交代死後薄葬，以及妻死鼓盆而歌的豁達態度，恐非一般人所能坦然接受。但是天然論所要提倡培養的，正是一種「雖不能至，心嚮往之」的開放胸懷，它指向「物我齊觀、天人合一」的天人物我關係。人們一旦對自己的生命本源有所領悟，「置之死地而後生」，對生活裏的枝枝節節，也就不會太執著計較了。

(一)物我齊觀

莊子寫〈齊物論〉有「天地與我並生，而萬物與我爲一」之語，呈現一套物我齊觀的學說。後世多解釋爲人與自然環境及諸事萬物要盡可能等量齊觀，不應太自我中心，亦即類似佛家的破除「我執」。此一道理相當理想化，卻也務實地體現在他的生死態度中。倘若人的生死即如氣聚氣散，那麼人死就當順其自然，何悲之有？然而我們一旦反身而誠，卻發現哀傷悲痛也是人之常情，又何必刻意壓抑？在天人物我之間，究竟何爲自然？似乎莫衷一是。西方人眼中的自然，乃是未經人工破壞的大自然環境；中國人講天人地三才，人終究無逃於天地之間，不事造作恐爲自然所吞噬。到底要如何拿捏身處世間頂天立地的分寸？如果把物我齊觀看作衆生平等、同體大愛，用關懷之心廣結善緣，未嘗不是妥善處世中道。

(二)天人合一

上述莊子之說，其實已經涵蓋各種天人物我關係，包括物我齊觀與天人合一，亦即「獨與天地精神往來，而不敖倪於萬物」，依然一體通透無所窒礙的心境流露。但是講天人合一也不能忽略儒家的貢獻，儒道融通正是中國人文自然主義的圓滿。儒家認爲萬物有情且相互感通，因此要通過禮樂教化的施行，跟世間萬物達於和諧處境。傳統之「天」究竟是超越還是內在的？自古至今爭議不斷。然而一旦要講天人合一，則把人人都賦予超越性似乎不妥。看來老子的「人法地，地法天，天法道，道法自然」更有參考價值。道家以「道、天、地、人」爲「四大」，若能與佛家的「地、水、火、風」相互輝映，有空融通，或許更能提供現代人自我安頓的開闊視野。而這一切是可以在人世間操作且互通有無的，此即我嘗試建構「哲理學」之用心所在。

肆、哲學諮商與哲理學

我提出「哲理學」之說並非巧立名目、強詞奪理，而是希望在標新立異中推陳出新。此說有明確在地根源，係我在爲撰寫教授升等論文而從事護理哲學研究時，發現臺灣護理界將來自西方的護理學說多稱作「護理哲理」，以示專業實務操作的理論基礎。這予我在思考生命教育及大智教化時頗有啓發；哲學可以務虛，哲理卻必須務實。我心目中的哲理學內涵，接近爲哲學實踐或應用提供理念基礎的哲學。這種實務背後的理念，近年廣被運用於哲學諮商，促使其步上「助人專業」途徑。

一、哲學諮商

哲學諮商興起於上世紀八〇年代的歐陸，進而推廣至全球，起初稱爲「哲學實踐」，屬於免費或收費的哲學解惑晤談服務。近年逐漸模仿心理諮商及治療，越發趨於專業化，也更增強操作技能。由於不願讓心理諮商專美於前，實務工作者努力想在兩者之間劃清界限，但至今效果不彰，只能從善如流，互利共榮。圈內多自稱「諮商師」，也有叫「諮詢師」，我則建議以「哲理師」爲名，以與同樣從事臨床工作的「倫理師」、「心理師」平起平坐；何況後者在臺灣所考授證照皆名爲「心理師」。

(一)心理諮商

哲學在西方歷史悠久，有史可載者長達兩千六百多年，而公元前四世紀的亞里斯多德，就已經在討論「有關靈魂的學問」，亦即心理學。心理學長期屬於哲學的分支，直至十九世紀後期始正式獨立爲一門科學學科，並以「科學心理學」自視，刻意跟哲學切割。但是後來受到精神醫學，尤其是佛洛伊德精神分析學派的影響，至少在美國於二戰後興起一陣心理輔導諮商之風。當時各門各派應運而生，終於開展出包括諮商、臨床、學校、軍隊、工商等等一系應用心理學方向。其中的輔導諮商路數，與其說源生於科學心理學，不如說是嫁接自基督教會的牧靈工作。這種情況一開始有點像臺灣的民俗療法，後來美國諮商學在一些有學理基礎的實務工作者努力建構下，已經蔚爲百花齊放的局面，光是可以操作執業的門派就多達十餘種。

(二)實踐哲學

心理學開出應用面向大約在一九六〇年代，而應用哲學則於八〇年代萌生。應用哲學接續歷史上的實踐哲學傳統，特重應用倫理學；尤其是醫療倫理、環境倫理、企業倫理三者，近年更擴充至資訊、傳播、科技、性別諸議題。然而應用哲學或實踐哲學多半仍在大學殿堂之內從事教學研究，倒是哲學實踐或哲學諮商已經走出校園，迎向社會，開始向消費大衆提供專業服務。步入人群採用詰問晤談，屬於蘇格拉底式的哲學實踐，其精神在今日得以復興，也象徵著哲學的自新。思辨玄想是哲學家在學院之內的工作，維根斯坦視之爲語言遊戲。人們對哲學的更多期望，是在於其能否就日常生活之種種提供解惑之道。這正是實用主義的初衷，在羅逖心目中，被打造成爲一套自我教化的哲理途徑。

二、轉化

哲學諮商引入臺灣已有十餘年，主要據點是輔仁大學哲學系，在前任校長黎建球的推動下，已培養出一批從事相關研究及實作的博士，並成立專業學會。但它畢竟是西方產物，即使納入一些東方元素，要能推廣普及仍亟待努力。這並非杞人憂天，而有事實爲證。心理學家黃光國曾指出，「九二一」震災後，心理學界組團到災區進行創傷撫慰，卻始終乏人問津；反倒是收驚婆的民俗治療門庭若市，應接不暇。此種現象值得哲學諮商參考警惕並未雨綢繆。要像當年楊國樞等人的遠大企圖，不能只搞西方心理學本土化，而是要建構本土心理學。

(一)兼濟渡人

心理學屬於科學故難有土洋之分，而哲學在臺灣原本就具備東方與西方的不同取徑；哲學諮商即使不能全盤改由本土進路出發，走向「文理並重、東西兼治；儒道融通、天人合一」的實踐仍有可能。本論文正是嘗試初步建構這方面的理念與實務，它們以「天然論哲理學」爲名實，引領有心人從獨善自渡到兼濟渡人，使人我皆能達於安身立命、了生脫死的境地。兼濟渡人並非一廂情願或使命必達，歷史上有太多兼善天下卻導致天下大亂的例證。所以兼濟要能循序漸進，以期更上層樓，最終止於至善。重點在於個人修持以利社會公益。社會學家葉啓政近年花費極大工夫著書立說，就是想爲個體在後現代商品經濟下的社會生活找尋出困之路，從而發現「愛與關懷」的價値修養。

(二)社會服務

心理諮商、社會工作、護理照顧，甚至殯葬管理，均可被歸爲「助人專業」，哲學諮商也有心加入行列。這在西方國家已經實現，問題是於臺灣有此需要嗎？諮商心理師、臨床心理師、社會工作師、禮儀師等，都需要考授國家證書並領取執業執照，哲學諮商師呢？對此我一方面樂見其成，另一方面則嘗試建構另類的社會服務模式，此即主要以成人及社會人士爲對象的大智教化。大智教化由生命教育擴充升級而來，它不像學校生命教育放在教室裏面教，而是開發一套社會性的自我教化活動。它類似於羅逖的個人教化，卻可以在社會上推廣普及，方法則參照哲學諮商所爲。其實早在哲學諮商興起前，心理諮商中的某些流派便不斷汲取哲學源泉，如今哲學諮商也可以部分改造成更爲本土化的哲理學。

三、哲理學

西方哲學諮商的創始人爲德國哲學家阿亨巴赫，他不贊成通過嚴謹的方法將之打造成一門專業技能。其主張開放心胸、超越方法，跟案主像朋友般喝咖啡輕鬆對話。但這並非空談閒聊，而是協助對方通過反思自身的「世界觀」來解決實際困境。世界觀係對於宇宙與人生的理解，正是哲學教誨的基本內涵。但是它的範圍太大，不甚切身攸關，或難以在短時間內對焦。我建議另行發展以生死觀爲關注的哲理學，助人有效從事存在抉擇。當存在主義者海德格指出人乃是「向死存有」，而卡繆更認爲自殺是唯一重要且迫切的哲學問題時，生死觀的釐清便有著相當關鍵的啓蒙作用。

(一)哲理術

哲理學是大智教化的哲理，歸於愛智慧見，其核心價值於我是後科學人文自然主義，亦即天然論。哲理學可開出哲理術，培育哲理師；它主要通過自我學習修練，不一定需要複雜學理及建制組織的導引，只要具備基本哲理素養並由有經驗者示範即可。哲理術用於協助有心求援者釐清生死觀，可以將結婚、生產、養育、老齡、受病、臨終、喪葬等一系人生發展歷程倒轉過來檢視，由死觀生，漸次釐清人死觀、人生觀、世界觀、宇宙觀。以我為例，我的天然論哲理學大致師法莊子順應天道、回歸自然的生死觀，由此反身而誠，遂拈出環保自然葬、安寧療護或安樂死、老人安養、無後主義等一系主張。我結婚三十載但一開始就跟太太約定無後，老來想去住養生村，希望臨終前少受病痛折磨，死後骨灰灑海縱浪大化。這些想法背後有著一定哲理在，它正是我的存在抉擇，從十五歲接觸哲學至今不曾或忘。

(二)哲理師

本論文鼓勵有心者、有緣人首先成為自助式的哲理師，行有餘力再推己及人，像我寫這篇文章當作大智教化講義的用意便是如此。一般諮商師在出師行道前，都要先接受別人的諮商。我在此所倡議的實用哲理學、提供的簡明哲理術，大致上人人可以為之；不過最好要具備一些基本哲理修養，或由有經驗者導引入門。俗話說「一種米養百樣人」，人各有志，且往往自行其是。但人生不如意者即使沒有十之八九，也有十之五六或四五，總之一半一半。倘若我們擁有一些哲理常識，遇到身邊的人面臨困擾煩惱，用思想當工具助其一臂之力，不正是愛與關懷的體現嗎？四十七年前我就嚮往存在主義、道家及禪宗的孤獨高妙意境，始終如一，於今尤甚，不能不說「吾道一以貫之」。此道乃是我自生命實踐中所醞釀的無過與不及之中道哲理，形諸文字以誌之。

結語：語重心長

讀者閱讀此文若以為我的標新立異是因憤世嫉俗或為譁眾取寵，那就成了我的罪過不是；但我真的想表達一份語重心長，因為死亡始終是生命中難以承受之重。上臺講授生死學多年我越發心虛，想到自己一生平順，從未有過大死一番的體驗，教學生涯將何以爲繼且推陳出新？加上專研生死哲學的老友鄭曉江於兩年多前墜樓猝亡，予我極大衝擊，乃一度不願再奢言談生論死。近年我於海峽兩岸到處遊走，樂訪名山大川；同時在中國古典文人的著作內尋覓熟悉的聲音與身影，終於又長了些見識，多了份領悟。本論文試著拼貼那份稍縱即逝的心靈點滴，不免掛一漏萬，我一方面擔心言不及義，一方面又對讀者受衆的智慧充滿信心。正如維根斯坦受禪宗啓發所言：「我說的固然重要，但更重要的是我沒說出來的那部分。」謹以一心之所得與諸君分享。

延伸閱讀

王邦雄（1985）。《緣與命》。臺北：漢光。
李天命（1990）。《存在主義概論》。臺北：學生。
孟祥森（譯）（1978）。《哲學新世界》（A. Kaplan著）。臺北：水牛。
徐敏雄（2007）。《臺灣生命教育的發展歷程：Mannheim知識社會學的分析》。臺北：師大書苑。
張國清（1995）。《羅逖》。新北：生智。
張紹乾（譯）（2010）。《哲學診治——諮商和心理治療的另類途徑》（S. C. Schuster著）。臺北：五南。
許尤娜（2001）。《魏晉隱逸思想及其美學涵義》。臺北：文津。
許雅喬（2013）。《莊子喪葬及生死思想》。臺北：文津。
陳美利（1996）。《陶淵明探索》。臺北：文津。
陳曉郁等（譯）（2010）。《哲學諮商——理論與實踐》（P. B. Raabe著）。臺北：五南。
傅偉勳（1993）。《死亡的尊嚴與生命的尊嚴——從臨終精神醫學到現代生死學》。臺北：正中。
傅偉勳（1994）。《學問的生命與生命的學問》。臺北：正中。
鈕則誠（2006）。《波普》。新北：生智。
鈕則誠（2007）。《觀生活——自我生命教育》。新北：揚智。

鈕則誠（2009）。《殯葬與生死》。新北：空中大學。
葉啟政（2008）。《邁向修養社會學》。臺北：三民。
葉啟政（2013）。《象徵交換與正負情愫交融——一項後現代現象的透析》。臺北：遠流。
鄭曉江（1999）。《超越死亡》。臺北：正中。
韓少功、韓剛（譯）（1988）。《生命中不能承受之輕》（M. Kundera著）。臺北：時報。
羅中峯（2001）。《中國傳統文人審美生活方式之研究》。臺北：洪葉。

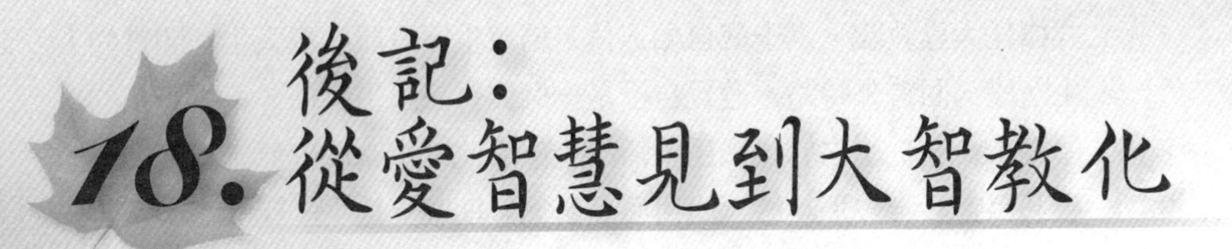

18. 後記：從愛智慧見到大智教化

（2015）

- 引言：愛智即生活
- 壹、文理並重
- 貳、東西兼治
- 參、儒道融通
- 肆、天人合一
- 結語：教化亦生活

引言：愛智即生活

我於二十歲時進入輔仁大學哲學系就讀，前後歷經十五年，共修得學士、碩士、博士三個學位，其間包括五年服役與就業。三十五歲起正式擔任大專教職，六十歲自願退休，結束生涯發展，步入生趣閒賞的人生階段。回首來時路，發覺自己是一個靠哲學謀生餬口、不折不扣的哲學從業員，哲學之於我幾爲生活的全部。此一生路歷程原本不成問題，我甚至在五十歲那年於《應用心理研究》期刊上爲文，暢談三十載哲學生活故事。但是人生迤邐又過了十二年，離退之後不時捫心自問：我究竟所爲何事？又所爲何來？想起任教之初因爲職務需要，曾到企業管理研究所進修，並且意外代理過資訊管理系主任。而哲學與資訊的唯一交集似乎只有邏輯，這正是我所講授的課程。身爲哲學教師，我便趁機觀察自己跟電腦教師到底有何異同？

哲學裏的邏輯課講思維方法及推理過程，雖然專技性很強，但畢竟還是可以涉及人生；而資管系有門叫「數位邏輯」的課，教的則全爲電路設計。值得深思的是，在今天這個知識分工極細的時代和社會裏，從事電路或程式設計的人才需求不減，但有意傳授人生哲理的學者卻可能僧多粥少陷於無業。當年情形還好，我算是幸運的，畢業未久便謀得一職；雖非本行科系，但仍有發揮空間，亦即通識教育。通識課爲大學生必選，卻屬於年輕人心目中的「營養學分」；有些老師因此教得頗感無奈，我則覺得提供心靈養分也是一件饒有意義的工作。通識相對於專門或專業，範圍極廣，甚有傳統哲學無所不包的意味，挺適合我的「雜家」性格。近年通識結合上作爲新興德育的生命教育，彷彿替哲學工作者多開了一扇窗、一道門，也爲「愛智即生活」帶來更多可能。

壹、文理並重

我從愛好智慧的門徒學起，到出師授課及至離退整整四十載，累積了不少經驗看法意見，願藉出版新書之際稍事表達。「愛智即生活」之於我乃長期學習和任教，如今哲學雖被劃歸文科，但傳統哲學與現代通識的基本精神相彷，都必須強調「文理並重」，也就是不能忽視科學。科學雖然很專門，不過修習一兩科入門課並非難事，目的則爲開拓人生視野。我認爲人既無逃於天地之間，就應學會如何頂天立地，包括瞭解天地宇宙自然之種種。對此我倒是身體力行，念哲學系同時選生物系爲輔系，並且把化學、物理學、微積分一併修過，程度約當理科大二生。後來我就憑著這點微薄的科學基礎去鑽研科學哲學，接連寫出碩士、博士及教授論文，倒也運行無礙。

我這篇後記主要討論通識教育、生命教育，以及我所倡議的「大智教化」，亦即本書主題。在我看來，它們最適當的內容還是「華人應用哲學」。一名哲學博士倘若無法在哲學系安身立命，就可能到圈外去打拚，此時必須通達而非專精，方能產生潛移默化的效果。爲達此目的，首先不能在教學上畫地自限，反而必須全方位盡可能地面面俱顧，無所偏廢。但是學無止境，尤其現今隔行如隔山，如何有可能撈過界？好在二十一世紀的時代精神足以包容接納「後現代狀況」，讓科際對話成爲可能。後現代既歷時又共時，多指現代之後或現在當下的多樣及多元可能性。它有時不免脫離理性走向情意，並不爲崇尙理性的廣大科學家們所喜，反對者甚至斥之爲「高級迷信」。但正是面對如此普遍的傲慢與偏見，方爲通識教育尋求對話的最佳契機。

如今在臺灣，哲學博士像我這般長期任教通識課程的情況比比皆是，各人有必要全盤瞭解大環境教育生態再做生涯規劃。西方通識教育理念興起於上世紀五〇年代，爲彌補大學之內「兩種文化」隔閡割裂的困境而發，亦即指科學與人文領域彼此不聞不問。晚近更有人加上社會科學，提出「三種文化」應互通聲息，如是方爲學界正道。平心而論，自然科學與社會科學諸學科，在歷史上多少都跟哲學有著一定的淵源。如果我們能夠把哲學史和科學史交織地讀，相信較容易融會貫通，而達到文理並重、無所偏廢的治學目的。此外近年科學普及讀物蔚爲流行，讓外行人能夠有系統地涉獵新知，也是一種增長見識的作法。總之，文理並重屬於彼此對話以促進相互瞭解，不單廣義的人文社會領域要向自然領域求緣，科學技術人員的藝術人文修養亦不可或缺。

貳、東西兼治

本書具有論集性質，彙整五年前我從大陸休假研究返臺至今的十七篇議論文章，它們可視爲華人應用哲學的系列書寫，目的是將我的「愛智慧見」應用於華人生命教育，亦即「大智教化」。愛智慧見可作「愛智慧・見」及「愛智・慧見」兩解，前者屬哲理意見，後者爲自覺慧觀。我花了四十多年嘗試從前者走向後者，於今總結出「文理並重、東西兼治；儒道融通、天人合一」四句教。大智教化亦可作「大智教・化」及「大智・教化」兩解，我以本書作爲四句教的註腳指向前者，希望有緣並有心的讀者能通過後者自我證道。我在此宣揚的是一套天人哲理而非宗教信仰，此一哲理除了強調文理並重，並且要求東西兼治，像我在書中一篇論文內所列出東西方文士的慧見便是例證。

應用哲學屬西方學術，我標榜華人是希望它至少能爲全球五分之一人口所用。哲學於西方和中土皆歷史悠久，源遠流長，在資訊流通、文化融滲的新世紀，擁抱主體性並無不妥，但固執本位則大可不必。回想我從十五歲有識之日起，便受到存在主義、道家、禪宗等思潮的影響，從而有志專攻哲學。自弱冠成爲愛智門徒以至爲人師表的三十年間，主要研究及講授西方哲學。後來有機會在中國大陸傳道授業，發心正本清源，便開始向中華文化補課。我心目中理想的中華文化乃是文史哲不分家，而西方哲學則包含科學，此乃我主張東西兼治的基礎。當然我並未忽略「術業有專攻」的現實處境，而是倡議開展「生命的學問」應該有容乃大，切勿畫地自限。這正是我所體會的哲學教師與電腦教師不同之處。

學術中人有升等壓力，此刻治學延續撰寫學位論文的策略，講究「小題大作、避重就輕；畫地自限、自圓其說」並無可厚非，我也是如此一路走來。而當四十三歲取得教授資格後，前景便顯得海闊天空光明起來，令我得以從主流走向另類而無後顧之憂。當時我所從事的教研工作，相對於主流學界顯得十分另類，那便是生死學，甚至涉足殯葬學，至今仍從事包括殯葬教育在內的生命教育。這些探討生老病死的生命學問具有強烈民族文化底蘊，令我的西學路線益顯不甚相應，從而面臨必須改弦更張，走向東西兼治的途徑。西方的應用哲學主要對焦於應用倫理學，尤其是有關生死抉擇的生命倫理學。我所發展的華人應用哲學要求東西兼治，需要納入中國人生美學，讓處理善與美的哲學價值論圓滿豐富起來。

參、儒道融通

我主張華人應用哲學必須兼顧倫理善和人生美，這其中所涉及群體與個體關係的問題，在東西方都是剪不斷理還亂。最近讀到葉啓政《象徵交換與正負情愫交融》一書，年逾七十的葉教授是臺灣社會學前輩，一生治學由哲學轉至心理學再走向社會學，最終將之融會貫通，且不斷著書立說，予我相當啓發。他所關注者乃是身處二十一世紀後現代的人們，如何妥善地將個體自我安頓於群體社會之內。他建議以「愛與關懷」的生命觀代替「自我利益」的追求，逐漸消融個人在社會中不免陷入「結構／能動」二元互斥的弔詭。這是指自由主義看見個體的主動能動性；另一方面社會學主義則認定社會群體先於個體而存在，並且制約住人們的思想言行。社會學於近兩百年前由法國哲學家孔德所創，此一論爭於焉開始。但將之放在中華文化的脈絡裏面看，同樣問題於儒道相爭其來已久。

從現今觀點考察，儒家思想具有社會倫理規範的企圖與作用，而道家尤其是莊子的思想，則強烈想掙脫各種道德規範的束縛，以彰顯真我本性的自由。年過花甲後我對此捫心自問，個人稟賦氣質果然始終都是親近道家的。但身為大學哲學教師，我不能完全以個人意向指引教學研究。然而回顧既往，我還是在有意無意間體現出心之所嚮，本書中的大智教化論述，即反映吾道一以貫之。由於儒家思想類似基督宗教之於西方人，已內化為華人圈的基本生活方式，不能視而不見；但是道家思想又為助人安身立命、了生脫死的良藥神丹，我乃以「儒陽道陰、儒顯道隱、儒表道裏」概括儒道融通的可能，作為生命教育以至大智教化的核心價值。「文理並重、東西兼治」於此乃是基礎入門進路，「儒道融通、天人合一」方為恢宏理想境界。

這般儒道融通之道，我稱之為「後現代儒道家」。後現代既歷時又共時，它標幟出現當代人生處境的可能性與限度。後現代被視為「晚期資本主義的文化邏輯」自有其深意，它雖然昭示出資本主義已經無所不在，卻又允諾多元價值的充分彰顯。在此後現代狀況下，將儒道兩家的大智大慧，結合西方的愛好智慧哲學傳統，熔匯於一爐而為「大智教」，用以施行社會教化，最終落實於自我完善，無疑相當可行。大智教是人生信念而非宗教信仰，具有高度包容性與開放性，主要用於自我調適與安頓。我不希望使用時下流行的「療癒」之說，此乃醫學化的產物，認為人生偏離主流路線就彷彿是一種病癥，這實在是矯枉過正的看法。舉例來說，我的無後主義和提倡骨灰灑海的環保自然葬，在傳統儒家看來豈止是離經叛道，但於後現代卻已經蔚為流行呢！

肆、天人合一

儒道融通只是在華人文化圈內的思想統整，一旦放大至東西兼治與文理並重的要求下，佛禪觀點、存在主義、人文關懷、自然哲學，甚至哲學諮商等，都應予以正視與重視。在更大範圍的觀照下，我便將之總其成為「天人合一」的存在抉擇與人生實踐。天人地謂之「三才」，人既無逃於天地之間，就應學會如何頂天立地，並與天地合其道。在此我跟堅定為儒家衛道的韓愈意見相左，我心目中的道與德始終是道家成分大於儒家，是私利多於公義的。對此我非但不承認自己唯利是圖，更強調追求私利是為獨善其身，並反對濫用公義之名以兼濟天下卻導致天下大亂。認眞地想，這其實正是民主政治的眞諦。民主體制是用庶民意向取代菁英天啓，倘若能夠通過法制有效遏阻民粹氾濫，倒不失為長治久安之計，較之革命路線或獨裁專制來得有人性且有意義得多。

天人合一的「天」，於東西方傳統中大多指向超自然的神明或神秘且強大力量，但時至後現代，它可以只是大自然本身，以及順乎自然的生活之道。以研究黑洞神秘且強大力量聞名的英國宇宙學家霍金堅持無神論，但是身為東方人的我們，似乎無須太在乎這方面的爭議。保持一種無所謂或不可知的態度，或許是華人應用哲學的適當因應之道。華人容或燒香念經禮佛求神拜菩薩，然與西方人不同的是鮮少皈依教團。這種「舉頭三尺有神明」的素樸民俗信仰，跟儒家倫理道德同樣具有強大的生命力；相形之下，道家的自然無為彷彿缺少一些吸引力。但也正是這種不事造作的生活態度，在全球暖化、環境污染、世事紛擾、人心浮動的今天，適足以產生一定的醍醐灌頂之效，以及改革創新契機。

「自然先於人，人先於自然科學」，後新儒家學者林安梧如是說。我於學習哲學之初即不忘向自然科學求緣，此後更以科學哲學為長期研究方向。及至成為教授後，始逐漸由認知走向情意，涵泳並實踐生命的學問。但無論是通過認知心理還是情意感受，追求天人合一之道始終爲我心之所嚮；博士論文以「宇宙與人生」爲題，以至本書倡行「大智教化」，均有嚮往自然、回溯本源、反璞歸眞之意。不過雖說「我手寫我心」，但是哲學教師的確比電腦教師更難做到知行合一，畢竟人生哲理說得容易實難操作。二十年前我開始講授「生死學」通識課程，其後又推動生命教育，就面臨知行不一的窘境。爲此我努力反身而誠，通過自我精進不斷內證，終於悟出大智教化的實踐途徑；一如既往地愛好智慧，天人合一雖不能至，仍始終心嚮往之。

結語：教化亦生活

用五千字長文來爲本書撰寫後記，實爲效法我私淑的學術導師當代英國科學哲學家波普，他是我從事碩士及博士論文寫作的研究主題人物。波普曾爲自己的成名代表作寫下厚厚三巨冊後記，堪稱空前絕後。他的思想縝密、理路清晰，更難得地文字精簡，深爲我所欣賞。有人譏諷哲學家最大本領是把簡單道理說得極其複雜，令人望而止步，卻自以爲是且洋洋得意。我沒有這般本事，更從未立志成爲哲學家，始終安於做個哲學從業員。離退之後，剩餘價值若得利用，生趣閒賞之餘，「教幾個小小蒙童，寫幾篇小品文章」，於願足矣。這兩年我領悟出大智哲理，希望施行教化之道，實受惠於本書中所羅列的幾位東西方精神標竿：陶淵明、白居易、蘇東坡；叔本華、齊克果、卡繆等。在他們雋永深邃的文字激勵下，我嘗試文以載道，借題發揮，乃有本書諸文章的結集出版。

杜威提倡「哲學即生活」、「教育即生活」，我衷心認同，遂於本書後記拈出「愛智即生活」、「教化亦生活」之回應。我承認哲學是系統嚴謹知識，但更期盼它以鮮活的大智大慧彰顯於世，讓人們嚮往追求愛好。我以大半生在學校內學習和任教，但期望有更多人在校外通過社會力量終身學習，並且擇善固執地進行自我教化。從接觸、學習到講授及書寫哲學，走過漫長的四十七載，回顧既往，用我自己的話說：「一開始我選擇了哲學，到頭來則是哲學選擇了我。」八年前我曾出版《觀生活》一書，以哲理小品形式呈現自己的人生哲學。如今本書以《大智教化》爲名，則標幟出我以華人應用哲學爲基礎，開展出一系體制內外的教化之道，包括通識教育、生命教育、教師教育、殯葬教育等等。謹以本後記忠實記錄下五年來用心之所得，以利讀者欣賞玩味。

國家圖書館出版品預行編目資料

大智教化：生命教育新詮 / 鈕則誠作. -- 初版. -- 新北市：揚智文化, 2015.07
面； 公分. -- (生命．死亡教育叢書)

ISBN 978-986-298-189-4(平裝)

1.生命教育 2.教育哲學 3.文集

528.5907 104010771

生命．死亡教育叢書

大智教化——生命教育新詮

作　　者／鈕則誠
出 版 者／揚智文化事業股份有限公司
發 行 人／葉忠賢
總 編 輯／閻富萍
地　　址／新北市深坑區北深路三段 260 號 8 樓
電　　話／(02)8662-6826
傳　　真／(02)2664-7633
網　　址／http://www.ycrc.com.tw
E-mail／service@ycrc.com.tw
印　　刷／鼎易印刷事業股份有限公司
ISBN／978-986-298-189-4
初版一刷／2015 年 7 月
定　　價／新台幣 400 元

＊本書如有缺頁、破損、裝訂錯誤，請寄回更換＊